[사회복지행정론]

이성기 저

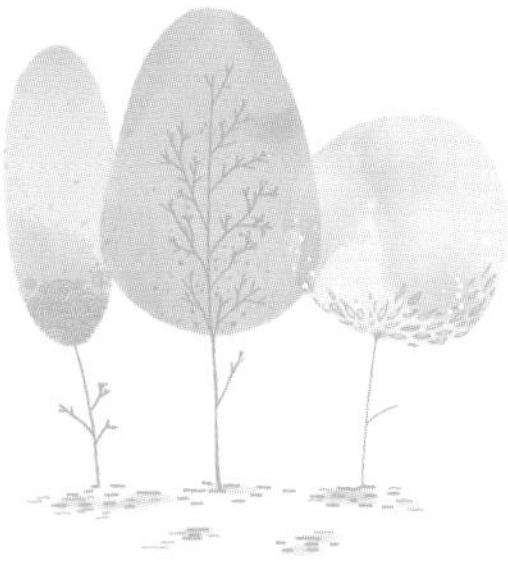

Social Welfare Administration

학지사

머리말

"짧게 써라. 그래야 사람들이 읽을 것이다.
명료하게 써라. 그래야 사람들이 이해할 것이다.
그림 그리듯 써라. 그래야 사람들이 기억할 것이다.
무엇보다 정확하게 써라. 그래야 사람들이 그 빛에 이끌릴 것이다."

'퓰리처상'을 만든 미국의 전설적인 언론인 조셉 퓰리처(Joseph Pulitzer)가 말한 글쓰기에 관한 명언이다. 그러나 이처럼 글을 짧게, 명료하게, 그림 그리듯, 정확하게 쓰기란 쉬운 일이 아니다. 저자가 항상 사회복지행정론 교재의 필요성을 느끼면서도 쉽사리 교재를 준비하지 못한 것은, 바로 이러한 글쓰기의 어려움 때문이었다.

저자가 『사회복지행정론』의 집필을 학지사와 계약한 것은 1999년이다. 1997년 인제대학교 사회복지학과 교수로 부임하여, 1998년부터 전공필수 과목으로 '사회복지행정론'을 가르치면서 기존의 교재를 사용하였다. 그러나 기존의 교재는 내용의 대부분이 미국의 사회복지기관 운영을 중심으로 편성되어 있어서, 정부부문을 포함하여 전체적으로 사회복지행정을 이해하기는 어려웠고, 이를 보완할 수 있는 교재의 필요성을 느꼈었다. 그러나 교수생활을 시작하면서 강의와 함께 학과의 운영, 대학원과 사회복지대학원의 개설, 김해발전연구소의 운영, 사회복지연구소의 설립, 김해시종합사회복지관의 개관 등 여러 가지 일이 겹쳐지면서, 사회복지행정론 교재에 대한 생각은 잊어버리고 말았다.

그러다가 최근 다시 사회복지행정 교재에 대한 생각을 하게 되었는데, 그 이유는 그동안 강의를 하면서, 또 사회복지행정기관을 실제로 운영하면서 느꼈던 것을 정리하고 싶다는 생각이 들었기 때문이다. 따라서 이 책은 가능하면 현재 한국의 사회복지행정을 실질적으로 이해할 수 있는 내용을 담아, 학생들이 사회복지 현장에 나갔을 때 도움이 될 수 있게 하고자 노력하였다. 특히 사회복지행정은 사회복지사가 되기 위한 1급 자격시험의 필수과목이기 때문에 학생들이 이해하기 쉽고 자격시험에도 도움이 되도록 정리하였다.

이 책은 전체 3부로 구성되었다. 1부 '사회복지행정의 이해'는 사회복지행정을 전체적으로 이해하기 위한 장들로, 1장 사회복지행정의 개념과 특성, 2장 사회복지행정의 역사, 3장 사회복지행정의 체계로 구성하였다.

2부 '사회복지조직의 이해'는 사회복지행정을 담당하는 사회복지조직을 이해하기 위한 장들로, 4장 사회복지조직의 이론, 5장 사회복지조직의 구조, 6장 사회복지조직의 환경으로 구성되어 있다.

3부 '사회복지기관의 운영'은 실제로 사회복지기관을 운영하기 위한 내용으로, 사회복지행정의 기능인 POSDCoRBE의 순서에 따라, 7장 기획과 의사결정, 8장 조직화와 조직문화, 9장 인사관리와 직무관리, 10장 리더십과 슈퍼비전, 11장 정보관리와 마케팅, 12장 재무관리, 13장 책임성과 평가로 구성하였다.

이 책이 나오기까지는 많은 사람의 도움이 있었다. 특히 오랜 친구인 원석조 교수의 조언과 응원은 이 책을 준비하는 데 절대적인 도움이 되었다. 그리고 사회복지행정론 수업을 하면서 내용을 같이 검토해 준 인제대학교 학생들의 의견도 많은 도움이 되었다. 이 책에서 모자라는 부분은 앞으로 계속 보완해 나갈 것이다. 특히 빠르게 변화하는 사회복지행정의 현장을 최대한 신속하게 반영하여, 현장을 준비하는 사회복지학과 학생들에게 꼭 필요한 내용을 담을 수 있도록 노력하겠다.

2019년 2월

이성기 씀

차례

2부 사회복지조직의 이해

3부 사회복지기관의 운영

1부
사회복지행정의 이해

1부는 사회복지행정을 전체적으로 이해하기 위한 장들로 구성되어 있다. 제1장에서는 사회복지행정의 개념과 사회복지행정이 추구하는 가치에 대하여 알아보고, 이로 인한 사회복지행정의 특성과 일반행정과 차이점을 분석해 보고, 사회복지행정이 이루어지는 과정에 대해서 살펴본다. 2장에서는 사회복지행정이 역사적으로 어떻게 발전해 왔는지를 미국과 한국의 사례를 통하여 살펴본다. 3장에서는 사회복지행정체계의 현황과 사회복지행정체계를 구성하는 원칙을 살펴보고, 이에 따른 개선전략을 분석한다.

1장

사회복지행정의 개념과 특성

오늘날 사회복지는 정부나 민간의 공식적인 기관을 통해서 이루어진다. 따라서 사회복지행정이란 '사회복지를 목적으로 이루어지는 공식적인 기관의 행정'을 의미하며, 사회복지행정은 사회복지를 목적으로 한다는 '목적적 특성'과 행정기관의 운영이라는 '일반적 특성'을 동시에 갖게 된다.

제1장에서는 먼저 사회복지행정의 개념과 범위 그리고 유사개념들을 살펴보고, 사회복지를 목적으로 하는 행정이 추구하는 가치를 분석해 본다. 그리고 사회복지행정이 갖는 특성과 일반행정과 같은 점은 무엇이고 다른 점은 무엇인가를 검토해 보고, 마지막으로 사회복지행정이 이루어지는 과정에 대해서 살펴본다.

1절 사회복지행정의 개념

우리나라 사회복지행정의 개념은 미국의 사회사업행정에서 유래하였다. 한국전쟁 이후 우리나라의 초기 사회복지는 미국 사회사업기관의 원조에 절대적으로 의존했었기 때문에, 사회복지행정도 초기에는 미국의 사회사업행정의 많은 영향을 받았다. 그리고 미국의 사회사업행정은 사회사업기관의 운영에 초점이 맞춰져 있어, 우리나라의 사회복지행정의 개념도 초기에는 기관운영을 중심으로 논의되어 왔다. 그러나 점차 유럽의 사회정책이나 사회행정의 개념이 소개되면서, 우리나라 사회복지행정의 개념도 확장되어 갔다.

1. 사회복지행정의 개념 정의

사회복지행정(social welfare administration)은 사회복지(social welfare)와 행정(administration)이 합쳐진 개념으로, '사회복지를 목적으로 하는 행정'이라고 할 수 있다. 사회복지의 영역은 크게 3영역으로 나눌 수 있다. 즉, 사회복지가 추구하는 가치를 구체화하는 '정책의 영역'과 사회복지정책을 급여와 서비스로 구체화하는 '행정의 영역', 그리고 현장에서 사회복지 급여와 서비스를 통해서 사회복지의 가치와 목적을 실천하는 '실천의 영역'이다. 따라서 사회복지행정은 '사회복지정책이 추구하는 가치나 목표를 사회복지 실천현장에서 필요한 사회복지 급여와 서비스로 전환하는 영역'이라고 할 수 있다. 이러한 정의의 대표적인 학자는 미국의 Kindeigh(1950)이다. 그는 사회복지행정이란 '사회복지정책을 사회복지서비스로 전환시키는 과정이며, 이 과정에서 얻은 경험을 사회복지정책의 개선에 활용하는 것'이라고 정의하였다.

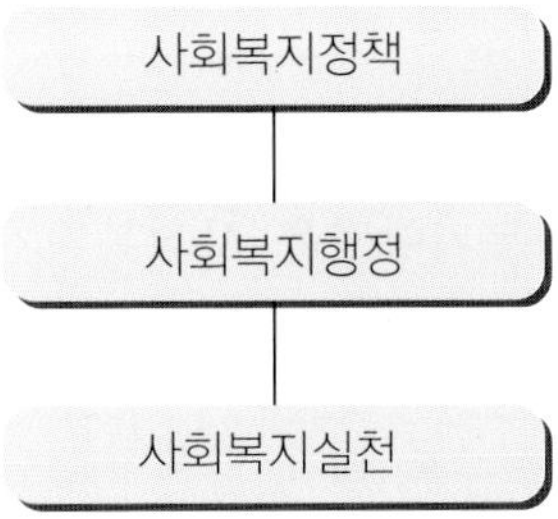

[그림 1-1] 사회복지행정의 과정

그러나 이러한 포괄적인 개념 정의와는 달리, Trecker(1971: 24-25)는 사회복지행정의 개념을 사회복지기관의 운영에 초점을 맞추어 정의하고 있다. 즉, 사회복지행정이란 '사회복지기관의 관리자가 기관의 목표를 성취하기 위하여, 기관의 내부 조직관계와 활동에 대해 의식적으로 지도력을 행사하는 과정'이라고 하면서, 다음과 같이 정의하였다.

① 사회복지행정은 일련의 역동적인 과정이다.
② 그 과정은 공통의 목적 또는 목표를 달성하기 위한 것이다.
③ 공통의 목적이나 목표를 달성하기 위해 인적 · 물적 자원이 동원된다.
④ 인적 · 물적 자원의 동원을 위해 협력과 조정이 필요하다.
⑤ 사회복지행정의 주요 요소는 기획, 조직화, 리더십이다.

이처럼 사회복지행정의 개념은 학자들에 따라 다양하게 정의되고 있지만, 크게는 광의의 개념과 협의의 개념으로 나누어 볼 수 있다.

2. 광의의 개념

광의의 개념에서는 사회복지행정을 '사회복지기관의 효과적인 운영을 포함하여, 국가의 사회복지정책을 사회서비스로 구체화시키는 데 필요한 사회복지 분야의 총체적 활동'으로 넓게 이해하는 개념이다. 현대사회에서는 다양한 사회문제에 대처하기 위하여 공공 및 민간의 사회복지기능이 확대되고 있기 때문에, 사회복지행정의 범위도 지속적으로 확대되고 있는 개념으로 이해하여야 한다는 것이다. 즉, 광의의 사회복지행정은 '공공과 민간에서 시행하는 전체적인 사회복지정책을 구체화하는 총체적인 활동'으로 이해하는 개념이다(Patti, 1983: 25).

3. 협의의 개념

협의의 개념은 사회복지행정을 '사회사업 실천방법의 하나'로 보는 것이다. 이는 사회복지행정을 '사회복지기관의 목표를 효과적으로 달성하기 위하여, 기관의 운영자가 기관의 업무에 체계적으로 개입하는 과정'으로 이해한다.

Spencer(1959: 26)는 사회복지행정을 '지역사회의 인적 · 물적 자원을 확보하고, 이를 지역사회서비스 프로그램에 투입하는 과정'이라고 정의를 하였다. 여기서 자원의 확보와 활용은 이사회, 집행부, 직원, 자원봉사자, 후원자들을 기관 활동에 활발하게 참여시키는 것을 말한다. 또한 Stein(1965: 26)도 사회복지행정을 '기관의 목표를 설정하고 달성하는 과정'이라고 협의로 정의하였다. 그는 특히 행정의 과정을 중시했는데, 행정의 과정이란 목표의 설정, 목표의 달성, 관련자의 참여 활성화 등을 의미한다.

4. 유사 개념

사회복지행정의 개념을 명확히 이해하기 위해서는, 사회복지행정의 유사 개념에 대해서도 이해가 필요하다. 사회복지행정의 유사개념으로는 사회사업행정(social work administration), 사회복지매니지먼트(social welfare management), 사회행정(social administration), 복지행정(welfare administration) 등이 있다(원석조, 2018: 22-25).

1) 사회사업행정

사회사업행정(social work administration)은 미국에서 주로 사용되는 개념으로, 사회복지행정의 개념과 유사하지만, 강조하는 점이 다르다. 즉, 사회사업행정에서는 사회사업의 3대 방법론인 케이스워크(case work), 그룹워크(group work), 지역사회조직(community organization)에 관한 지식과 기술을 강조하며, 사회사업행정을 이러한 사회사업의 방법론을 효과적으로 실천하기 위한 기술로 이해한다.

그러나 사회복지행정에서는 휴먼서비스조직(human service organization)[1]을 관리하는 데 필요한 사회과학적 지식을 강조한다. 따라서 사회복지행정은 사회복지기관을 관리 · 운영하는 데 필요한 지식보다 더 광범위한 지식을 요구한다. 사회복지행정에서 필요한 지식과 기술은 개인과 집단의 행동을 변화시키는 범위를 넘어, 사회복지정책이나 행정 영역의 사회과학적 지식을 활용한다는 것이다.

따라서 사회복지행정은 사회사업과 사회과학 사이에 놓여 있다고 할 수 있다. 이 경우 사회복지행정에서는 사회사업의 임상기술 및 지식과 함께, 사회과학적 경영관리와 의사결정의 기법과 과정, 기관 운영의 사정과 분석,

1) 휴먼서비스조직은 보건, 정신보건, 교육, 사회복지서비스 관련 조직을 의미하며, 최근 들어 사회복지행정 분야에서 많이 사용되는 용어이다(Patti, 2000: 5).

정보가 중요해진다.

2) 사회복지매니지먼트

최근 미국에서는 사회복지매니지먼트(social welfare management)라는 용어가 많이 사용되고 있다. 매니지먼트는 경영 또는 관리를 의미하며, 경영학의 핵심 개념이다.

그동안 사회복지분야에서는, 매니지먼트라는 단어가 전통적으로 내포하고 있는 통제와 이윤추구의 의미 때문에, 매니지먼트보다는 행정이라는 용어가 일반적으로 사용되어 왔다. 그러다가 1970년대 후반부터 두 용어는 혼용되기 시작하였고, 1990년대 이후에는 행정이라는 용어보다 매니지먼트라는 용어가 더 선호되고 있다. 최근에 미국에서 출간된 교재에서는 매니지먼트와 행정을 구별하지 않고 사용하고 있다.

1970년대 이후 매니지먼트라는 용어가 선호되기 시작한 것은, 당시 기업을 중심으로 확산된 경영효율을 강조하는 사회적 분위기 때문이었다. 사회복지기관도 이런 분위기의 영향을 받아 기관의 경영관리를 중시하기 시작하였으며, 이와 함께 사회복지기관의 운영자들은 자신을 이윤추구 기업의 경영자와 동일한 위치에 있다고 생각하였다. 그리고 경영학자들도 기업에서의 경영관리기법이 비영리기관에도 유용할 것이라고 믿었다. 대표적인 학자는 저명한 경영학자 Peter Drucker이며, 그는 『비영리조직의 경영: 실천과 원리(Managing the Non-profit Organization: Practices and Principles)』라는 저서(1990)에서, 비영리기관의 경영관리의 중요성을 강조하였다(Patti, 2000: 4-5).

3) 사회행정

사회행정(social administration)은 주로 영국에서 사용되는 용어이다. 영국에서는 사회행정이 사회정책(social policy)과 거의 같은 의미를 갖고 있다. 영국의 사회행정이나 사회정책은 우리나라의 사회복지정책과 동일하고, 영국 대학의 학과 명칭인 사회행정학과와 사회정책학과도 이와 동일하다. 따라서 사회정책을 학문적으로 나타내는 용어 중의 하나가 사회행정이다.[2)]

사회행정의 지식과 기술은 사회과학의 범위뿐만 아니라, 거시적인 사회제도들의 가치, 우선순위, 자원과 연관되어 있다. 따라서 사회행정은 국가의 자원을 사회복지 욕구충족에 분배하는 사회복지정책, 기획, 행정에 초점을 둔다. 따라서 사회행정은 사회복지 전문직의 수준을 넘어 국가제도나 사회복지제도와 연관되어 있다.

사회행정을 다루는 사회행정가는 주로 사회복지기관의 이용자와 소비자 집단의 사회적 욕구, 특히 충족되지 않는 사회적 욕구의 해결을 위해 개입한다. 사회행정가는 상위 의사결정자와 정책을 일선에서 수행하는 실무자의 중간적 위치에 있다. 사회행정의 목표는 사회사업행정이나 사회복지행정보다 거시적이며, 사회복지의 제도적 기능 위에서 새로운 사회복지 급여와 서비스를 창출하는 데에 목표를 둔다. 그리고 새로 창출된 사회복지 급여와 서비스의 분배에 필요한 행정체계의 개발을 위하여 노력한다(Hanlan, 1978: 55-56).

4) 복지행정

복지행정(welfare administration)은 정부의 공공행정의 한 분야라고 할 수 있다. 일반적인 공공행정 중 사회복지 부문의 행정을 담당한다는 점에서는 사회복지행정과 매우 유사하다. 복지행정은 경제, 재정, 국방, 교육, 보건, 문화, 체육 등과 같이 정부 행정의 한 분야로서, 우리나라의 경우에는 주로 보건복지부의 행정을 의미한다.

---

2) 영국 최초의 사회복지학과인 런던정치경제대학(London School of Economics and Political Science: LSE) 사회복지학과에 1951년 최초의 교수로 부임한 R. M. Titmuss는 기존의 사회과학과를 사회행정학과로 개칭하고, 사회행정가와 사회복지사 양성을 목표로 삼았다(원석조, 2018: 23).

보건복지부는 사회복지정책을 사회서비스로 전환하는 것을 주된 임무로 삼고 있다. 사회복지행정이나 복지행정은 정책을 서비스로 전환하는 기능을 수행한다는 점에서는 같다. 그러나 복지행정은 행정학의 한 분야로서 '정부의 사회복지정책'을 서비스로 전환하는 과정에 초점을 두고 있다면, 사회복지학의 한 분야인 사회복지행정은 '공공과 민간의 사회복지행정체계'를 포괄하고 있다는 점에서 다르다.

2절 사회복지행정의 가치

사회복지는 가치지향적이다. 따라서 사회복지행정의 가치는 '사회복지행정이 지향하는 가치'를 의미한다. 사회복지행정을 '사회복지를 목적으로 하는 행정'이라고 정의한다면, 사회복지행정이 지향하는 가치는 사회복지가 지향하는 가치인 '목적적 가치'와 행정이 지향하는 가치인 '수단적 가치'로 나누어 볼 수 있다.

1. 사회복지행정의 목적적 가치

사회복지행정의 목적적 가치는 사회복지의 가치에서 유추해 볼 수 있다. 사회복지가 지향하는 가치는 '인간의 존엄성 보장과 이를 위한 삶의 조건 개선과 성장 · 발전'이라고 할 수 있다. 따라서 이러한 사회복지의 가치를 구체화하는 사회복지행정에서는 인간의 존엄성을 보장하기 위한 '평등과 기회 균등'이 목적적 가치가 될 수 있으며, 이를 실천하기 위해서는 구체적인 기준으로 공평성과 접근성을 확보하여야 한다.

1) 공평성

공평성(equity)은 '공정한 평등'으로 공정과 평등이 합쳐진 개념이다. 우리가 사는 현실에서 '무엇이 공평한 것인가'를 실제로 판단하기는 쉽지 않다. 사회복지행정에서 추구하는 공평성은 '동일한 욕구를 가진 대상자에게는 동일한 혜택을 제공하여야 한다.'는 것과 '다른 욕구를 가진 대상자에게는 다른 혜택을 제공하여야 한다.'는 것을 의미한다. 따라서 공평성은 형식적으로도 공평해야 하지만 실질적으로 공평하여야 한다. 따라서 공평성은 '형식적 공평성'과 '실질적 공평성'으로 나누어 볼 수 있다.

(1) 형식적 공평성

형식적 공평성은 '동일한 것을 동일하게 대우하는 것(equal treatment for equals)'을 의미한다. 형식적 공평성은 모든 인간은 인간의 존엄성을 갖고 평등하게 태어났기 때문에, 평등한 대우를 받아야 한다는 것이다. 사회복지행정에서는 일정 범주에 해당되면, 성별, 나이, 재산상태 등 대상자의 속성에 관계없이 급여를 지급하는 수당제도가 가장 대표적이다.

(2) 실질적 공평성

실질적 공평성은 '다른 것을 다르게 대우하는 것(unequal treatment for unequals)'을 의미한다. 실질적 형평성은 모든 인간이 인간의 존엄성에서는 평등하지만, 성별, 나이, 재산상태 등 속성이 다르기 때문에, 속성에 따라 다르게 대우하는 것이 공정하다는 것이다. 사회복지행정에서는 대상자의 속성에 따라 급여를 다르게 지급하는 공공부조제도가 가장 대표적인 제도이다.

2) 접근성

접근성은 사회복지행정에서 대상자가 사회복지의 급여나 서비스를 용이하게 이용할 수 있도록 하는 것이다. 이러한 접근성은 지리적 접근성뿐만 아니라, 심리적, 물리적 접근성과 정보의 접근성도 포함한다.

사회복지기관이 충분한 시설과 프로그램을 갖추고 있다 하더라도, 지리적으로 멀리 떨어져 있거나 적절한 교통수단이 없으면, 대상자들의 접근이 어려울 수 있다. 또한 기관의 직원이 지나치게 고압적이거나 관료적이면, 대상자들이 심리적으로 위축되어 이용을 기피할 수 있다. 그리고 사회복지기관에 대한 알림이나 정보가 부족하다면, 효과적인 이용이 이루어지지 않을 수 있다.

2. 사회복지행정의 수단적 가치

사회복지행정의 수단적 가치는 행정이라는 수단이 갖는 가치로서, 사회복지행정은 사회복지행정의 목적을 효과적이고 효율적으로 달성하여야 한다는 것이다.

1) 효과성

효과성은 '목표 달성의 정도'를 의미한다. 즉, 사회복지기관의 급여나 서비스가 대상자의 욕구충족이나 문제해결에 얼마나 유효한가를 의미한다. 이러한 효과성을 측정하기 위해서는 우선 기관이 달성하고자 하는 목표를 명확하게 설정하여야만 한다. 사회복지행정은 '인간의 존엄성 보장과 이를 위한 삶의 조건 개선과 성장 · 발전'이라는 사회복지의 가치를 현장에서 최종적으로 실천하는 과정이기 때문에, 사회복지행정의 효과성은 매우 중요한 의미를 갖는다.

2) 효율성

효율성은 '비용과 산출의 정도'로, 최소의 비용으로 최대의 산출을 내고자 하는 것이다. 효율성은 자원의 투입이 한정되어 있는 사회복지행정에서 중요한 가치이다. 그러나 사회복지행정은 대상자의 욕구충족이나 문제해결을 위한 것이기 때문에, 지나치게 효율성을 강조하는 것은 욕구충족이나 문제해결에 미흡한 결과를 가져올 수 있다.

3절 사회복지행정의 특성

사회복지행정은 사회복지의 가치를 목적으로 하는 가치지향적 행정이기 때문에, 가치중립적인 일반행정과 다른 특성을 갖으며, 이러한 특성에 따라 일반행정과는 다른 속성을 갖는다.

1. 사회복지행정의 특성과 속성

사회복지행정은 사회복지의 가치인 '인간의 존엄성 보장과 이를 위한 삶의 조건 개선과 성장 · 발전'을 목적으로 하기 때문에, 일반적인 행정과 다른 두 가지 특성을 갖는다(Hansenfeld, 1983: 1).

첫째, 사회복지행정은 인간을 대상으로 한다. 즉, 사회복지행정은 인간을 대상으로 직접적으로 사회서비스를 제공하거나, 사회문제를 개선하여 삶의 질을 향상시키는 역할을 담당한다.

둘째, 사회복지행정은 인간의 복지를 유지하고 향상시키기 위한 역할을 사회로부터 위임받았고, 이러한 역할을 수행할 때 존재가 정당화된다.

사회복지행정은 이러한 특성에 따라, 다음과 같은 일반행정과는 다른 속성을 갖는다(Hansenfeld, 1983: 9-11).

1) 사회복지행정은 가치지향적이다

사회복지행정은 인간을 대상으로 하기 때문에, 사회의 지배적인 가치에 의해서 제약을 받을 뿐만 아니라, 도덕적으로도 정당해야 한다. 또한 인간은 자율적이고 사회적·문화적 정체성을 가지고 있기 때문에, 인간에 대한 개입에도 한계가 있을 수밖에 없다. 따라서 사회복지행정은 자율적으로 행동하는 존재인 인간인 대상자가 자발적인 참여를 유도할 수 있는 수용체계(compliance system)를 마련하여야 한다.

2) 사회복지행정의 목표는 불확실하고 애매모호하다

사회복지행정이 지향하는 목표는 가치, 규범 또는 이념과 관련되어 있기 때문에, 목표가 불확실하고 계량화하기도 어렵다. 또한 사회복지행정의 과업환경은 다양한 이해관계를 가진 사회집단으로 구성되며 이들은 독자적인 가치체계를 갖고 있기 때문에, 목표가 서로 다를 수 있으며 애매모호할 수 있다. 또한 사회복지행정의 목표에 대해서 내부적으로 합의를 이끌어 내기 어려우며, 이러한 어려움은 사회복지행정의 서비스 기술이 다양하고 복잡할수록 더욱 커진다.

3) 사회복지행정의 기술은 불확실하다

사회복지행정은 인간을 바람직한 방향으로 변화시키거나 유지하고자 한다. 그러나 바람직한 결과를 가져올 수 있는 기술은 아직 불확실하며, 그 이유는 다음과 같다.

첫째, 인간은 아주 복합적인 존재이며 사람마다 속성이 다르기 때문에, 가변적이고 불안정하다.

둘째, 인간이 어떻게 기능하고, 인간을 어떻게 변화시켜야 하는가에 대한 지식은 아직 단편적이고 불완전하다.

셋째, 인간의 속성에는 관찰하거나 측정할 수 없는 것들이 많다.

4) 사회복지행정의 활동은 현장에서 이루어진다

사회복지행정의 핵심적인 활동은 일선 사회복지사와 대상자의 관계에서 이루어진다. 일선 사회복지사와 대상자의 관계는 대상자의 욕구 측정과 판정, 개입, 목표달성을 위한 핵심적인 수단이 된다. 따라서 일선 사회복지사와 대상자 관계의 성격과 질적 수준은 사회복지행정의 성공과 실패를 규정하는 결정적인 요인이 된다. 이와 같이 일선 사회복지사와 대상자의 관계가 사회복지행정의 핵심적인 활동이기 때문에, 일선 사회복지사의 지위와 역할은 매우 중요하며 많은 재량권을 갖는다. 이러한 이유로 사회복지조직을 '일선정부조직(street level bureaucracy)'이라고 부르기도 한다(Lipsky, 1980).

5) 사회복지행정은 전문성이 필요하다

사회복지행정은 전문성을 가진 사회복지사를 필요로 한다. 사회복지행정에서 사회복지사의 전문성을 필요로 하는 이유는 다음과 같다.

첫째, 사회복지행정이 다루는 인간의 문제는 복잡하고 불확실하기 때문에 과학적이고, 이론적이며, 실천적인 전문지식을 필요로 한다.

둘째, 사회복지행정의 목표인 인간의 복지증진을 위해서는 투철한 사명감과 책임감을 바탕으로 한 전문성을 필요로 한다.

6) 사회복지행정의 효과를 측정할 수 있는 척도가 부족하다

사회복지행정의 효과를 측정할 수 있는 신뢰성과 타당성이 있는 척도가 부족하다. 사회복지행정의 효과성 측정에 어려움을 겪는 원인은 인간 속성에 대한 관찰과 측정의 어려움, 목표의 다양성과 모호성, 사회복지서비스 기술의 불확실성 등을 들 수 있다. 그러나 사회복지행정에 대한 책임성이 강화되면서, 효과성 측정이 제대로 이루어지지 못한 경우 사회복지행정의 필요성에 문제가 제기될 수 있다.

2. 일반행정과의 비교

사회복지행정은 '사회복지를 목적으로 하는 행정'이라는 점에서, 사회복지가 갖는 목적적 특성과 행정이 갖는 일반적 특성을 동시에 갖는다. 따라서 사회복지행정은 일반 행정이 추구하는 가치와 원리(평등성, 공정성, 효과성, 효율성 등)의 틀을 크게 벗어나지 않는다는 공통점도 있지만, 사회복지행정의 대상(클라이언트), 지식(사회복지학), 기술(사회사업기술) 등이 독특하기 때문에, 사회복지행정과 일반행정은 차이가 날 수밖에 없다(한국사회복지행정학회 편, 2003: 30).

1) 공통점

사회복지행정과 일반행정의 공통점은 어떤 기관에서나 행정의 기능이 필요하고 그 기능은 동일하다는 것이다. 예를 들어, 교육기관의 교육행정, 보건기관의 보건행정, 문화단체의 문화행정이 각기 추구하는 목표와 행정서비스의 대상자는 다르지만, 기관이 추구하는 목표를 달성하기 위해 수행하는 기획, 예산편성 및 집행, 직원배치 및 인사관리, 프로그램과 서비스 평가 등 기본적인 행정기능은 동일하다는 것이다. 이러한 사회복지행정과 일반행정의 공통점을 정리하면 다음과 같다.

① 문제해결을 위한 일련의 과정이다.
② 상호 관련된 부분으로 이루어진 체계이다.
③ 관련된 부분들은 협력하여야 한다.
④ 인적, 물적 자원을 동원하고 조직화하는 기능을 갖는다.
⑤ 평등성, 공정성 등 공공의 가치를 실현하고자 한다.

2) 차이점

사회복지행정의 특성을 강조하는 입장에서는 일반행정과의 차별성을 강조한다. 사회복지조직은 기본적으로 휴먼서비스조직으로서 일반적인 조직의 성격과는 다르다는 것인데, 급여나 서비스를 단순히 전달하는 것을 넘어 사회복지행정의 대상자의 변화를 목표로 한다는 점에서 특수하다는 것이다. 그리고 사회복지조직은 일반 행정가가 아니라 사회복지 전문직으로 구성되고, 사회복지사뿐만 아니라 의사, 간호사, 교사 등 다른 전문직과 함께 일하는 조직이라는 점에서도 특수하다. 또한 사회복지사는 경우에 따라 대상자의 권익을 대변하고 옹호하는 역할까지 수행해야 한다는 점에서도 일반행정가와 차이가 난다. 이러한 사회복지행정과 일반행정의 차이점을 정리하면, 다음과 같다.

① 사회복지행정은 인간의 욕구해결을 목적으로 한다.
② 인간에 대한 전문적인 지식과 변화를 위한 관리기술이 필요하다.
③ 사회복지사와 대상자의 관계가 매우 중요하다.
④ 많은 전문직이 함께 일하면서 조정과 통합의 능력이 강조된다.
⑤ 정치 · 경제 · 사회 변화에 대한 이해와 함께 지역사회에 대한 이해가 필요하다.

4절 사회복지행정의 기능

사회복지행정은 일반행정과 마찬가지로 기획(planning), 조직화(organizing), 인사(staffing), 지시(directing), 조정(coordinating), 보고(reporting), 재정(budgeting), 평가(evaluating)라는 기능을 수행한다. 행정학에서는 이러한 행정 기능의 머리글자를 따서 'POSDCoRBE'라고 한다(Ehlers et al., 1976: 14-24).

1. 일반적 행정의 기능

1) 기획(planning)

기획이란 목표의 설정, 목표달성을 위한 과업 및 활동, 과업 수행을 위해 필요한 방법을 결정하는 것이다. 목표를 달성하기 위한 방법은 목표에 따라 달라질 수 있다.

2) 조직화(organizing)

조직화는 조직을 구성하고 직무를 할당하는 것이다. 다시 말해 업무분담이 규정·조정되는 공식적인 구조를 만드는 일이다. 그리고 기관의 구조는 일반적으로 정관의 규정이나 운영지침서에 규정되며, 역할과 책임이 분명하지 않을 때는 직원 간의 갈등이 초래되고 비효율적이고 비효과적인 기관이 된다.

3) 인사(staffing)

인사는 직원의 채용과 해고, 훈련, 활동조건의 유지를 말한다. 행정가는 인사를 책임지며, 효과적인 훈련 프로그램을 만들어 직원을 훈련시키고, 구성원 간의 열린 커뮤니케이션 네트워크를 유지해야 한다.

4) 지시(directing)

지시는 직원을 지휘하는 것이다. 이를 위해 행정가는 합리적인 의사결정 능력과 기관 목표에 대한 적극적인 관심과 목표달성을 위한 헌신적인 태도를 지녀야 하며, 직원들이 이룬 업적을 칭찬하고, 그들의 승진을 돕는 능력, 책임과 권한을 효과적으로 위임하는 능력, 개인과 집단의 창의성을 고취하는 능력 등을 보유해야 한다.

5) 조정(coordinating)

조정은 기관 활동의 다양한 부분들을 상호 관련시키는 기능으로서 기관의 여러 부서와 직원들 간에 효과적인 의사소통의 통로가 만들어지고 유지되도록 해야 한다.

6) 보고(reporting)

보고는 기관이 처한 상황을 직원, 이사회, 지역사회 후원단체 등에게 알리는 일로서 기록 유지, 정기적 감사, 조사연구 등이 요구된다.

7) 재정(budgeting)

재정은 기관의 운영에 소요되는 재원을 조달하고 이를 집행하는 일이다. 재정 건전성의 유지가 중요한데, 이를 위해 지출에 대한 권한과 책임 소재가 분명해야 하고, 임금지급계획, 수입확보방안, 지출통제방법에 입각해 예산이 수립되어야 하며, 재정에 관한 기록이 확실히 유지되어야 한다.

8) 평가(evaluating)

평가는 기관의 목표에 따른 활동의 전반적인 결과를 사정하는 과정이다. 효과성 평가 또는 효율성 평가가 활용된다.

2. 사회복지행정의 기능

이러한 일반적인 행정의 기능을 사회복지기관의 운영에 초점을 맞추어 보면, 다음과 같다.

① 사회복지기관과 프로그램의 목표를 설정하고 기획한다.
② 지역사회의 사회적 조건들을 맞추어 기관의 조직 구조를 만든다.
③ 직원을 충원하고 직무를 관리한다.
④ 직원을 지휘하고 기관의 목표를 달성하도록 유도한다.
⑤ 기관 활동의 다양한 분야를 조정한다.
⑥ 기관의 활동을 기록으로 남기고, 이를 적극적으로 알린다.
⑦ 기관의 재정을 충당하고, 예산의 집행과 회계, 감사를 실시한다.
⑧ 기관과 프로그램을 평가하고 결과를 환류한다.

그 밖에 설정된 목표를 달성하는 데 필요한 노력들을 조정하고, 효과성과 효율성을 제고하기 위한 기관 내부의 절차들을 모니터하고 개선하며, 기관의 정책을 서비스로 구체화하는 기능도 수행한다(Zastrow, 2000: 54-55).

2장
사회복지행정의 역사

사회복지행정이 어떠한 역사적 과정을 거쳐 발전해 왔는지를 살펴보는 것은 사회복지행정을 이해하는 데 매우 중요한 부분이다. 사회복지행정의 현재의 모습은 사회복지행정의 과거의 모습과 연장선상에 있기 때문이다.

사회복지행정이 사회복지학 분야에서 하나의 독립된 학문으로 발전해 온 나라는 미국이다. 2장에서는 우선 미국에서 사회복지행정이 성립되고 발전해 온 과정을 살펴본 후, 우리나라에서 사회복지행정이 도입되고 발전해 온 과정을 살펴본다.

1절 미국 사회복지행정의 역사

미국은 자유를 찾아 신대륙으로 건너간 이민자들과 그 후손들이 세운 나라이다. 따라서 이들에게는 국가의 통치보다는 개인의 자유가, 국가의 간섭보다는 스스로의 자조가 더 중요한 가치였다.[1)]

미국의 역사를 관통하고 있는 두 개의 키워드는 '개인주의'와 '실용주의'이다. 따라서 미국에서는 사회복지에서도 국가보다는 민간이나 지역사회 차원의 '자발적인 접근'이 선호되었으며, 문제의 해결도 국가의 개입보다는 '개별적인 접근'이 강조되었다. 또한 사회문제의 해결에서도 정책적이고 제도적인 접근보다는 구체적인 대상자의 문제해결을 위한 '실용적인 접근'이 선호되었다.

그러나 미국은 1930년대 대공황을 겪으면서, 국가가 개인의 삶에 개입하는 뉴딜정책을 시행하게 되었으며, 제2차 세계대전 이후에는 경제성장에 따라 사회복지제도도 발전하게 된다.

1. 진보의 시대(1880~1910년대)

미국은 19세기 중반 남북전쟁에서 북부가 승리함으로써, 국가 분열의 혼란을 극복하고 다시 하나의 나라로 통합되었다. 그리고 이러한 남북통합을 바탕으로 미국은 강력한 산업화를 추진하게 되고, 이에 따라 많은 도시가 생겨났다. 이 시기(1880~1920)는 미국의 역사에서 진보의 시대(progressive

1) 1880년에 창설된 미국노동연맹(AFL)의 지도자 S. Gompus 역시 자원주의(自願主義, voluntarism)에 집착하여 노동운동에서도 반(反)국가보호주의를 주장하였다.

era)로, 주택, 아동 및 모자복지, 노동조건의 규제 및 산재보험 등 여러 분야에서 많은 변화와 개혁이 이루어진 시기이다. 그러나 산업화와 도시화의 결과로 많은 사회문제도 생겨나게 되었다.

도시에서는 학교, 박물관, 공중보건기관, 병원, YMCA, YWCA 등과 같은 민간비영리단체도 크게 늘어났으며, 이러한 민간단체는 이사회의 대표이사인 이사장의 리더십에 의해 운영되었다. 이사장은 주로 재계의 부유한 남성들로서 가장 큰 재정적 후원자였으며, 이사장직을 장기간 역임하는 것이 통례였다. 이 중에서 대표적인 단체가 자선조직협회(Charity Organization Society: COS)였다.

미국의 COS는 H. Spencer의 사회진화론(Social Darwinism)[2]과 영국의 런던 COS(1869년)의 영향을 받아 설립되었다. 미국의 COS는 1877년 H. Gurteen 목사의 지도 아래, 뉴욕(New York)주 버팔로(Buffalo)시에서 최초로 조직되었다. 그 후 COS 지부는 1894년 92개로 늘어났고, 1904년에는 모두 150개의 지부가 생겨났으며, 주로 동북부 대도시 지역에 밀집되어 있었다.

COS는 '과학적 자선(scientific charity)'을 목적으로 하였으며, 공공 구빈시설의 무능과 부패 등 공공부문의 실패에 대한 반작용으로 출발하였다. COS의 주도자들은 대부분 부유한 기업의 리더들이었으며, 기업 경영의 경험을 사회사업기관에 접목시켜 운영의 효과성을 제고시키고자 했다. COS는 직원을 채용하여 개인과 가족이 도움을 받을 만한 가치가 있는지 여부를 조사하는 책임을 맡겼다. 그리고 기업의 리더들은 자선단체의 이사회를 통해 운영과 재정의 책임을 졌다. COS 지부들은 대부분 대도시에 설립되었으며,

2) 사회진화론(Social Darwinism)은 19세기 찰스 다윈이 발표한 진화론에 입각하여 사회의 변화와 모습을 해석하려는 이론으로, Herbert Spencer(1820~1903)가 처음 사용한 개념이다. Spencer는 영국 출신의 사회철학자로, 영국 사회학의 창시자로 인정받고 있다. 사회진화론은 그 후 19세기부터 20세기까지 크게 유행하였으며, 인종차별주의나 파시즘, 나치즘을 옹호하는 근거와 신자유주의의 경제적 약육강식 논리에 사용되기도 하였다.

Herbert Spencer
(1820~1903)

기업의 경영기법을 적용한 최초의 전문적 사회사업기관이라는 점에서 미국 사회사업행정의 시발점이라고 할 수 있다.

COS가 사회사업행정에서 중요한 의미를 갖는 것은 두 가지 이유 때문이다. 하나는 COS가 수많은 자선단체 간의 조정과 협력을 통해, 낭비적이고 비효율적인 것으로 인식된 공공 구빈프로그램을 대체하려 했다는 것이고, 다른 하나는 자선단체의 직원인 빈민가족 조사원을 위한 훈련프로그램을 실시하였다는 것이다. 빈민가족 조사원은 이후 사회사업가(social worker)로 발전하게 된다.

초기 자선단체의 사무총장이나 임원은 존스홉킨스대학교의 박사과정 수료자들이었으며, 이들은 대부분 하버드대학교나 다른 사립대학의 사회윤리학과를 졸업하였다. 사회사업기관 매니저로서 최초의 대학 졸업자로 잘 알려진 이는 A. Warner였다. 그는 존스홉킨스대학교 박사과정 재학 중, 1887년 볼티모어 COS 사무총장에 임명되었다. 대학에서 사회사업 교육을 받고 가장 큰 영향력을 발휘한 사회사업기관 매니저는 E. Devine이었다. 그는 펜실베이니아대학교 와튼경영대학원 출신으로, 29세에 뉴욕 COS 사무총장에 임명되었으며, 초기 사회사업가 교육에 크게 공헌했다(원석조, 2018: 50-51).

민간사회사업기관의 수가 크게 늘어났고, 여자대학을 나온 젊은 여성들이 조사원으로 채용되었으며, 이들에 대한 교육도 실시되었다. 1893년에 볼티모어의 COS 재무보조원으로 경력을 시작한 Mary Richmond[3]가 A. Warner의 후임으로 볼티모어 COS 사무총장에 임명되었다. 그녀는 '과학적 자선'의 발전을 주도하였다. 빈민이나 가난한 이민가정을 접한 경험이 없는 이들 신규 직원에게는 빈곤 가정이 처한 상황을 진단하는 '사회진단(social

3) Mary Richmond(1861~1928)는 1900~1909년까지 필라델피아 COS의 사무총장으로 일했다. 그녀는 여러 측면에서 최초의 사회사업기관 매니저였다. 그녀는 사무총장 월급으로 생활했고, 부유한 남편이나 가족의 후원금은 사회사업계에서 활동하는 다른 여성 지도자들을 지원하는 데 사용했다. 1909년 그녀는 새로 설립된 러셀 세이지(Russell Sage) 재단의 임원이 되어, 1929년까지 재단의 자선조직 담당 이사로 일했다(Austin, 2000: 31-23).

Mary Richmond
(1861~1928)

diagnosis)'을 통하여, 개별 가정의 문제점과 처한 상황뿐만 아니라 이들에게 도움을 줄 수 있는 가족, 교회, 이웃의 잠재적 자원에 대한 분석 능력을 교육하였다.

1897년 M. Richmond는 사회사업교육 훈련센터의 필요성을 역설했고, 1898년 뉴욕 COS의 E. Devine은 뉴욕 자선여름학교(the New York Summer School of Applied Philanthropy)를 개설했으며, 1910년에는 2년 과정의 사회사업가 교육기관으로 발전했다.

미국 최초의 사회사업 교육기관은 1898년 뉴욕 COS가 만든 여름자선학교(the Summer School of Philanthropy)의 6주간의 응용박애사업(applied philanthropy) 과정이었다. 이 학교는 사회사업 전문화의 기수였던 M. Richmond의 주도 아래 창설되었다. 그녀는 1897년에 자선교육훈련학교 설립계획을 세운 후 뉴욕 COS 사무총장인 E. Devine과 회장인 R. Forest의 지원을 받아 개교했다(원석조, 2018: 51). 이 과정은 1901년 뉴욕박애학교(the New York School of Philanthropy)로 발전했으며, 대상도 사회사업을 전공하려는 일반학생(사회사업 무경험자)으로 개방했고, 교육기간도 1년으로 늘어났다. 1910년에는 2년 과정으로 더 확대되었으며, 1919년에는 교명이 뉴욕사회사업학교(the New York School of Social Work)로 바뀌었고, 1940년에는 컬럼비아대학교에 합병되어 컬럼비아대학교 사회사업대학원(the Columbia University Graduate School of Social Work)으로 성장했다.

COS와 함께 인보관도 설립되었다. 미국 최초의 인보관은 S. Coit 박사와 C. Stover가 1887년 뉴욕의 동부지역에 설립한 인보길드(the Neighborhood Guild)였다. 1889년에는 Jane Addams[4] 와 그녀의 친구인 Ellen Starr가 영국

4) Jane Addams(1860~1935)는 미국의 사회운동가로 1931년 노벨평화상을 수상하였다. Addams는 1889년 시카고에서 미국 최초의 생활시설인 Hull House를 설립했다. Hull House는 1주일에 최고 2,000명을 수용할 수 있었으며, 성인을 위한 야간학교, 유치원, 어린이 클럽, 자선식당 등을 갖춘 대규모 시설이었다. 1915년에는 국제여성평화자유연맹 이사장으로 선출되었다.

Jane Addams
(1860~1935)

런던의 토인비 홀을 모델로 하여 미국에서 가장 유명한 인보관으로 발전하게 되는 헐 하우스(Hull House)를 시카고에 건립했다. 1910년경 미국 전역(주로 동부와 중서부 도시들)에 4백여 개의 인보관이 활동하고 있었다.

인보운동가들도 학교를 설립하였다. 시카고 헐 하우스의 J. Lathrop과 시카고 인보관의 G. Taylor의 주도로, 1901년 시카고대학교 사회학과에 특별과정을 개설했다. 이 과정은 1903~1904년 시카고대학교 사회과학부(the Institute of Social Sciences)로 편입되었다가 1907년 시카고 시민박애학교(the Chicago School of Civics and Philanthropy)로 독립했다. 시민박애학교는 1920년에 시카고대학교 사회사업대학원(the University of Chicago School of Social Work)으로 발전했으며, 현재는 시카고대학교 사회복지행정대학원(the School of Social Service Administration)으로 운영되고 있다(원석조, 2008: 126-128).

2. 민간비영리 사회사업기관의 변화(1920년대)

1920년대에는 민간비영리 사회사업기관에 중요한 변화가 있었다. 이 시기에는 민간비영리 사회복지기관의 서비스를 보다 효과적으로 조직하는 것에 대한 관심이 커졌는데, 그 방법의 하나로 사회사업기관의 집행부(executives)와 이사회(board of directors)의 관계를 보다 명확히 하자는 것이었다. 집행부와 이사회의 역할을 분명히 하자는 것은, 이사회는 정책을 수립하는 역할을, 집행부는 사회사업기관의 일상적인 업무에 대한 책임을 지자는 것을 의미했다.[5]

이사회는 전통적으로 프로그램 정책의 수립, 조직의 재정 확보, 예산의 감독 등의 기능을 수행했는데, 기본적으로 이러한 역할에는 변화가 없었다.

5) 이사회와 집행부의 관계를 보다 명확히 하는 방법으로 이사회 멤버를 주기적으로 교체하고, 장기 근무한 이사를 교체하는 방안이 강구되었다.

반면에 1920년대 들어 크게 발전한 지역사회모금(fund-raising) 캠페인과 함께 집행부의 역할에는 변화가 일었다. 기업의 리더들은 사회사업기관에게 일 년 내내 개인을 대상으로 장기간 호소하는 지역사회모금방법 대신 일 년에 한 번 집중적으로 모금 캠페인을 벌이는 방법을 권고하였다. 모금 캠페인에서 사회사업기관의 집행부는 기관을 대표하고 대변하였으며, 아동과 가족 분야의 전국 차원의 협회 결성에도 주도적인 역할을 하였다. 협회는 지역사회가 사회사업기관을 신설하는 것을 자문하였다. 그리고 사회사업기관의 집행부는 기업의 조직관리방법을 모델로 삼아 사회사업기관을 운영했다. 전반적으로 집행부의 역할과 독자성이 강화되는 방향으로 나아간 것이다(Austin, 2000: 33-34).

1920년대 들어 사회사업행정 교육과 관련해 약간의 움직임이 있었다. 당시만 해도 사회사업대학원에 사회사업기관 매니저를 양성하기 위한 교육 프로그램은 없었다. 그런 가운데 사회사업기관의 지도자, 조직가, 행정가를 위한 교육 프로그램이 필요하고, 사회사업행정을 주요 사회사업 기술에 포함시켜야 한다는 지적이 계속 있었다. 예를 들어, 시카고 Hull House(인보관)의 E. Abbott는 케이스워크만 중시하는 협소한 사회사업실천에 대해 비판적이었으며, 사회사업 학생들에게 직접적인 서비스뿐만 아니라 정책이나 행정에 대한 교육도 시켜야 한다고 주장했다. J. Hagerty도 케이스워크뿐만 아니라 사회사업 매니저를 양성하기 위한 사회사업행정 교육도 필요하다고 주장했다. 그럼에도 1930년대까지 케이스워크가 지배적인 방법론으로, 사회사업행정은 주변적인 것으로 인식되었고, 대학원 과정에서는 여전히 선택과목의 하나였다(Patti et al., 1988: 18-19).

이 무렵에 사회사업 교육기관의 협력단체인 사회사업교육협의회(the Council on Social Work Education: CSWE)(1919년 창설)와 사회사업가들의 이익단체인 사회사업가협회(the National Association of Social Workers: NASW, 1921년 창설)가 결성되었다. 전자는 사회사업 교육기관의 교과내용을 협의 · 조정하는 협회이며, 후자는 사회사업가의 자격을 관리하고 이익을 대변하는 협회로 발전하였다(원석조, 2018: 52-53).

1920년대는 이러한 민간 사회사업의 발전에도 불구하고, 공공의 구빈사업은 주정부의 주변적인 관심사였고, 연방정부는 이에 관여하지 않았다. 그러나 1929년 발생한 대공황은 미국이 산업사회에 내제하는 사회경제적 위험에 대처할 수 있는 아무런 준비가 없었음을 드러냈으며, 실업으로 인한 소득 상실에 대한 공적 보호수준은 최악이었다. 그 결과 대공황은 전반적인 미국인의 삶을 완전히 망가뜨렸다.

3. 대공황과 공공복지의 확대(1930~1950년대)

대공황의 혼란 속에서 1932년 말 대통령에 당선된 F. Roosevelt[6]는 사회경제적 위기를 극복하기 위하여 '연방정부가 시민의 생활에 개입하는 새로운 방식인 뉴딜(new deal)'을 시행하였다. 뉴딜의 정책적 기조는 '공공투자가 더 큰 민간투자를 유발한다.'는 케인즈의 유효수요이론에 입각한 것이었다. 뉴딜은 크게 두 가지로 진행되었다. 하나는 연방정부가 보조금을 통하여 곤궁에 빠진 시민들의 생계를 직접 돕거나 공공사업을 일으켜 일거리와 노임을 제공하는 구호사업이고, 다른 하나는 사회입법을 통하여 시민들의 삶을 제도적으로 보장하는 것이었다. 뉴딜의 구호사업은 초기(1932~1935)에는 보조금을 통한 직접구호(direct relief)와 공공사업을 병행하였으나, 1935년 공공사업청(Work Progress Administration)의 설립 이후에는 공공사업에 매진하였다(안병영 · 정무권 · 신동면 · 양재진, 2018: 68).

6) Flanklin Roosevelt(1882~1945)는 미국의 32대 대통령(1933~1945)이다. 그는 임기 동안 대공황과 제2차 세계대전을 경험하였으며, 대공황을 극복하기 위하여 뉴딜정책을 제안하였다. 제2차 세계대전에서는 연합국에 동참하여 전쟁의 승리를 이끌었다. 미국 대통령 중 유일한 4선 대통령으로 12년간 재임하였다.

Flanklin Roosevelt
(1882~1945)

이러한 공공사업과 함께 1935년 「사회보장법(Social Security Act)」이 제정되었으며, 이에 따라 사회보장연금과 실업보험과 같은 사회보험이 신설되고 조세로 재정을 충당하는 공공부조 및 사회복지서비스 프로그램이 확대되었다. 그러나 재계와 민간 사회복지기관의 운영자들은 연방정부가 사회보장세로 운영하는 사회보험 등 사회보장제도에 대해서 의구심을 표명하였다. 주정부는 학대 및 방임 아동을 위한 아동복지 프로그램을 신설하였으며, 특히 민간 아동복지기관이 없는 지역의 주정부는 더욱 적극적이었다.

「사회보장법」 아래 신설된 여러 복지 프로그램 중 사회복지행정과 관련해서는 공공부조인 ADC(Aid to Dependent Children)[7]가 중요하다. ADC의 신설은 특히 G. Abbott 등 시카고 Hull House 설립자들과 시카고대학교 사회복지행정대학원 설립자들의 역할이 컸다. 그리고 공공부조 프로그램과 아동, 장애인, 노인을 위한 사회복지서비스 프로그램의 확대로 전국적인 공공사회복지행정체계가 만들어졌다. 여기에는 루스벨트 대통령의 측근인 사회사업가 H. Hopkins가 결정적인 역할을 하였다.

새로운 공공부조 프로그램과 사회서비스 프로그램은 민간비영리 자선기관에 위탁하지 않고 정부가 직영하였다. 주정부와 군정부는 공공부조와 사회서비스 프로그램의 운영을 위해 공공사회복지기관을 신설하였으며, 예산은 주정부와 군정부가 부담하였다. 관료제와 전문사회사업을 혼합한 공공사회복지기관은 민간사회사업기관을 모델로 삼았다. 사회사업가들은 정부의 공공부조 프로그램을 민간사회사업기관 업무의 외연이 확대된 것으로 생각했다. 주정부와 군정부는 민간사회사업기관의 사회사업가들을 공무원으로 특채했다. 이들 중 시니어들은 슈퍼바이저와 매니저가 되었다.

공공사회복지기관들은 케이스워크 실무에 중점을 둔 사회사업적 슈퍼비전 대신 공공행정의 절차에 따라 일을 처리해 나갔다. 주정부 및 군정부의 공

7) ADC는 이후 AFDC(Aid to Families with Dependent Children)로 개편된다.

공사회복지기관은 대공황 직후에는 응급구호 행정에 초점을 두었으나, 점차 아동, 장애인, 노인 등 요보호대상자를 위한 행정으로 자리 잡아 나갔다.

그러면서 점차 사회복지 분야는 두 부문, 즉 민간사회복지기관과 공공사회복지기관으로 분명히 분리되기 시작했다. 민간사회복지기관은 소규모, 민간, 비영리 서비스 조직으로서, 직원은 전문사회사업가로 구성되고 집행부는 전문적으로 경험을 쌓은 시니어 사회사업가로 구성되었다. 공공사회복지기관은 규모가 큰 주정부 및 군정부의 공공복지사무소들로서, 많은 예산을 요하는 프로그램을 운영하고, 직원은 사회사업가와 사회사업 분야 외의 직원들로 구성되었다.

민간사회사업기관과 공공사회복지기관의 분리는 1931년 공공복지행정가들이 전국공공복지협회(the American Public Welfare Association: APWA)를 결성한 데에서 잘 드러났다. 공공사회복지기관의 직원들이 주축이 되어 만든 APWA는 1929년 대공황으로 야기된 대량 실업과 이에 대처하기 위해 만든 공공복지에 대해서 사회사업가협회(NASW)가 보인 무관심에 대한 반작용이었다.

사회복지행정의 민간모델에서는 사회복지행정가가 되기 위한 조건으로 전문적 교육과 직접적인 서비스 경험을 요구했다. 그리고 민간기관 매니저들은 직원 채용과 같은 인사행정의 책임을 졌고, 무급 자원봉사자인 이사들을 후원자로 잘 활용했으며, 지역사회의 재계 인사들과도 좋은 관계를 유지했다.

반면에 공공모델 행정책임자는 직접적인 서비스 경력이 없는 경우도 있었으며, 대규모 관료조직을 관리하고 표준화된 절차에 따라 프로그램을 운영했다. 프로그램 운영, 인사행정과 재무행정이 중시되었다. 제2차 세계대전 이후는 이런 공공조직의 행정책임자로 퇴역 장교들이 많이 임명되었다(Austin, 2000: 34-37).

미국의 사회사업행정은 제2차 세계대전 이후 10여 년간 상당한 변화가 있었다.

첫째, 사회사업행정이 공공행정과는 다른 것으로 인식되었다. 사회사업행정에는 특수한 훈련과 전문적 지식이 필요하다는 인식이 확산된 것이다.

둘째, 케이스워크와 사회사업행정의 가치와 방법론을 연결시키기 위한 노력이 있었다. 클라이언트를 위한 행정을 권위주의적 명령을 통해 하는 것이 아니라 클라이언트를 중시하는 민주적인 절차에 따라 행정을 한다는 것이다.

셋째, 사회사업행정의 민주적·참여적 본질에 대한 관심에 의해 인간관계에 관한 기술을 개발할 필요성이 제기되었다. 이는 사회사업행정이 사회사업의 주류로 발전하는 다리가 되었다. 사회사업행정이 케이스워크, 그룹워크, 지역사회조직과 동일한 수준에 놓일 수 있는 계기가 되었다는 것이다.

1950년대에는 사회사업행정이 사회사업의 부수적인 방법론이 아니라, 없어서는 안 될 핵심적인 방법론으로 자리 잡게 되었다(Patti et al., 1988: 23-24).

4. 빈곤의 재발견과 공공사회복지의 확충(1960년대)

미국은 제2차 세계대전 이후 획기적인 경제성장에도 불구하고 1960년대 들어 빈곤문제 등 심각한 사회문제가 표출되기 시작하였다. 이에 대한 시민권 운동의 열풍 속에서 J. F. Kennedy[8] 대통령의 '뉴 프론티어(New Frontier)'와 Johnson[9] 대통령의 '위대한 사회(The Great Society)'라는 국가목표 아래 '대빈곤 전쟁(War on Poverty)'[10] 이 선언되었다.

J. F. Kennedy
(1917~1963)

Lyndon B. Johnson
(1908~1973)

8) J. F. Kennedy(1917~1963)는 미국의 35대 대통령(1961~1963)이다. 임기 중 암살되어 겨우 3년에도 못 미치게 대통령직에 있었지만, 미국의 자유주의에 대한 상징으로 기억되고 있다.

9) Lyndon B. Johnson(1908~1973)은 미국의 36대 대통령(1963~1969)이다. 1963년 대통령이던 J. F. Kennedy가 피살되자 대통령직을 승계하였으며, 1964년 선거에서 재선되었다. '위대한 사회' 건설을 주장하며, 교육, 주택, 교통, 환경 등에서 개선이 있었으며, 흑인 투표권 법을 승인하였다.

10) 대빈곤전쟁 프로그램은 빈곤의 원인을 해소하기 위한 정책으로서 빈민가족 자녀의 교육기회를 확대하고, 중퇴 학생의 교육과 직업훈련 및 취업을 지원하는 데 중점을 두었다.

이에 따라 직업훈련, 식품권(Food Stamp), 고령자의료보험(Medicare), 저소득자의료보험(Medicaid), 정신보건프로그램 등 다양한 복지프로그램이 등장하였으며, 정부가 재정을 지원하는 비영리 지역사회복지기관의 수가 크게 늘어났다. 지역사회복지기관의 매니저로 비영리기관에서 사회사업행정 경력을 쌓은 사회사업가들이 영입되었다. 그리고 1960년대 후반 정부의 비영리기관인 지역사회정신건강센터(community mental health centers)가 크게 늘어났는데, 이 기관의 매니저로 많은 사회사업가가 취직하였다.

그리고 비영리, 지역사회에 기반을 둔 대안적 사회복지조직이 도시에 많이 설립되었다. 여성폭력, 홈리스, 정신병원 퇴원 환자, 에이즈 환자 등을 위한 조직이었다. 이들 조직은 기존의 관료적인 위계서열 행정에 매우 부정적이었다. 유급 직원과 자원봉사자 간의 구별이 모호했고, 자유로운 집단적 의사결정이 공식적 조직에 의한 의사결정을 대신했다.

1970년대 초에는「사회보장법」제20조가 개정되어 AFDC 수급자격 결정 업무와 지지적 사회사업서비스(supportive social work services)[11] 가 분리되었다. 그리고 데이케어, 가족계획 등과 같은 '하드(hard)' 서비스가 사회사업상담서비스 같은 '소프트(soft)' 서비스를 대체하였다. 그에 따라 AFDC 대상자를 위한 사회사업 상담서비스가 폐지되었다. 그리고 빈민의 식품구입비를 바우처로 지원하는 식품권(Food Stamp) 프로그램이 보편주의적 공공부조프로그램으로 시범사업을 거쳐 전국적으로 확대되었다.

전반적으로 연방정부 사회복지 프로그램이 확대되면서 사회복지기관 매니저와 프로그램 조정에 대한 관심이 증대되었다. 이 무렵 연방정부가 공공사회복지기관의 매니저를 위한 직무심화 교육훈련 프로그램의 운영을 위해 일부 사회사업대학원의 사회사업행정 프로그램과 미국공공복지행정협회에 예산지원을 했는데, 여기서 이런 사실이 확인된다. 복수의 문제

11) 클라이언트와 가족을 지지하는 서비스. 가족치료, 상담, 집단치료, 정신치료 등을 말한다.

를 가진 가족과 만성 정신질환자를 대상으로 하는 케이스매니지먼트(case management)의 중요성이 부각된 것도 이때이다. 케이스매니지먼트는 100년 전 COS가 실시한 개별 빈곤가구를 대상으로 한 케이스판별회의(district case conference, 클라이언트의 수혜 자격여부와 수혜 내용을 결정하는 회의)와 매우 유사했다(원석조, 2018: 55-56).

5. 오일쇼크와 사회복지의 축소(1970년대 후반~1980년대)

1973년 오일쇼크로 촉발된 세계적인 경기후퇴의 여파로 1980년대 들어 사회복지에 대한 사회적 분위기가 역전되었다. 복지국가에 반대하고, 사회복지를 축소하고자 하는 신자유주의(new liberalism)의 바람이 거세게 불어닥친 것이다. 신자유주의 이념의 영향으로 연방정부의 다양한 사회복지 프로그램의 예산은 삭감을 당했다. 사회복지의 체계적인 침식과 후퇴가 시작된 것이다.

이런 사회적 분위기 속에서 사회사업기관들은 기관의 유지와 나아가 생존을 위해 보다 효율적인 운영에 관심을 기울이지 않을 수 없게 되었다. 사회사업기관 매니저들은 전문 사회사업가 자격증보다는 재무관리, 프로그램 평가기법, 비용-효과분석법, 컴퓨터를 활용한 자료 분석방법 등 경영학적 · 전산학적 방법을 중시하게 되었다.

그리고 정부예산 삭감으로 상당한 재정적 압박을 받은 전통적인 비영리 사회복지기관은 예산절감형 관리에 관심을 두지 않을 수 없었다. 일부 기관은 무료로 제공하던 서비스의 요금을 받거나 수익을 낼 수 있는 사업으로 방향을 전환하였다. 많은 민간사회복지기관에 재정지원을 하던 유나이티드 웨이(the United Way, 우리나라의 공동모금회와 유사)도 수지균형 예산을 편성하기 시작했고, 사회복지기관에 대한 재정지원의 규모도 축소했다. 이와 함께 민간사회복지기관은 재무관리에 중점을 두었으며, 기관의 재무담당 매니저는 기업의 후원관계를 중시했다.

1980년대 Reagan 대통령[12]은 복지축소로 정책을 전환하였다. 즉, 미국의 재정위기를 타개하기 위하여 사회지출비용을 대폭 줄이고 시장기능을 활성화시키는 한편, 근로연계를 통하여 복지수급자들의 복지의존성을 줄이고 시장적응력을 키우는 방향으로 정책을 전환한 것이다.

이에 따라 사회복지행정에서도 공공복지서비스기관에 대한 대안으로 서비스 직접 제공자로서 민간 비영리사회복지기관에 대한 관심이 다시 높아졌다. 예를 들어, 정부 예산으로 운영되는 주정부와 군정부의 공공사회복지기관에 대한 정부의 직접적 지도 감독을 제한하기 위한 대안으로 정부가 예산을 지원하는 민간기관에게 지역사회정신건강센터의 운영을 맡기는 방식이 유력한 대안으로 부상한 것이다. 그리하여 1980년대 말이 되면서 정부와의 민영화 계약(정부 프로그램을 위탁 운영하는 계약)이 민간비영리 사회사업기관의 주된 재원이 되었다.

민영화 추세는 공공사회복지기관 매니저, 특히 공공아동복지기관과 공공지역사회정신건강센터 매니저의 민간계약 관리, 예컨대 정부와 민간기관과의 민영화 계약과 프로포절 등에 대한 실무적 이해를 요구하였다. 그리고 민간 사회사업기관의 집행부는 재정을 유지하는 일이 가장 중요한 임무가 되었다.

아울러 1980년대 들어 기업의 근로자 복지프로그램이 확대되어 비영리기관에서 행정실무 경력을 쌓은 사회사업가들에게 새로운 일자리를 제공했다(기업의 복지담당 매니저). 그리고 1990년대 이후 보건의료기관에서의 이윤을 높이기 위한 관리의료(managed care)와 관리보건의료(managed behavioral

12) Ronald W. Reagan(1911~2004)은 미국의 40대 대통령(1981~1989)이다. Reagan은 영화배우 출신으로 최고령(70세)으로 대통령에 당선되었으나, 1980년 신자유주의의 기수로 미국의 전통적인 가치를 수호한 대통령으로 인정받고 있다.

R. W. Reagan
(1911~2004)

health care)[13]가 확대되면서 정신건강센터와 보건의료기관에서 전문적인 행정 경험을 쌓은 사회복지 매니저들의 일자리가 늘어났다(Austin, 2000: 38-40).

6. 신보수주의 이후(1990년대 이후)

Clinton 대통령[14]의 민주당 정부에서 1996년 제정한 「개인책임과 근로기회조정법(Personal Responsibility and Work Opportunity Reconciliation Act)」은 근로복지연계를 더욱 강화하여, '현금급여의 무조건 자격'을 폐지하고 경제활동의 참여를 수급조건으로 강화하였다. 그 결과 미국의 대표적인 빈곤정책이었던 AFDC는 주정부의 임의성이 강화된 TANF(Temporary Assistance for Needy Families)로 바뀌었다.[15] TANF에서는 수급기간이 평생에 걸쳐 5년으로 제한되고, 수급자에게 2년 이내 취업이 강제되며, 취업 거부 시에는 수급자격이 박탈된다. 클린턴이 취임연설에서 천명한 "우리가 알고 있던 복지의 종말(end welfare as we know it)"을 실천한 것이다. 클린턴 정부의 경제회

13) 사회복지 분야의 케이스매니지먼트와 성격이 거의 같다.

14) Bill Clinton(1946~)은 미국의 42대 대통령(1993~2001)이다. 46세의 나이로 대통령에 당선되었으며, 건강보험의 개혁에는 실패하였으나 북미자유무역협정과 복지개혁을 추진하였다. 세계화와 정보화를 주도하면서 미국이 다시 세계질서를 재편하는 계기를 마련하였다.

Bill Clinton(1946~)

15) TANF는 1996년「개인책임과 근로기회조정법(Personal Responsibility and Work Opportunity Reconciliation)」의 제정에 따라 연방정부가 관할하던 기존의 AFDC(TANF 신설 전까지 미국 연방정부의 대표적인 공공부조 프로그램), 긴급부조(Emergency Assistance), 취업기회 및 기초기술훈련제도(Job Opportunity and Basic Skills: AFDC 수급자에게 직업교육 및 직업훈련을 제공하던 프로그램)를 대체한 것으로 공공부조 수급자의 근로를 권장하고, 수급조건을 강화한 주정부 공공부조 프로그램이다. TANF의 도입으로 수급기간이 일생 동안 통산 60개월로 제한되었고, 모든 주는 2002년까지 수급자의 50%를 근로활동에 참가하도록 만들거나 복지급여의 대상으로부터 탈피할 수 있게 유도해야 하며, 이러한 목표를 달성하기 위해 주정부는 해당 주의 수급자 수를 어느 수준까지 감소시킬 것인지를 결정하고 이를 연간 목표로 제시해야 했다. 그리고 TANF 수급자들은 주정부로부터 근로활동에 참가할 준비가 되었다고 인정받거나 급여수급 24개월 경과 후 주정부가 명하는 근로 또는 직업훈련 프로그램에 참여해야만 하고, 주당 20~35시간을 의무적으로 근로해야 한다(강제근로)(원석조, 2008: 190).

복과 흑자재정의 대가는 소득의 불평등과 빈곤의 심화였다(안병영 외, 2018: 92).

2008년 금융위기를 극복하는 과정에서 오바마 행정부는 과감한 경기부양책을 시행하였으며 사회지출을 확대하였다. 무엇보다도 오바마 대통령은 루스벨트 이후 미국의 오랜 숙원이었던 전국민의료보험제도를 도입함으로써, 사회보장의 중요한 제도적 개혁을 시도하였다. 그러나 오바마케어로 알려진 새로운 의료보험제도는 중하위 저소득층을 위한 차상위 공적 의료부조의 성격을 갖고 있으며, 재정을 세금으로 충당한다는 점에서 '확대된 메디케이드에 불과하다는 비판'도 있다. 그리고 이마저도 트럼프 대통령 취임 이후 상당 부분 축소되었다.

7. 신보수주의 이후 사회복지행정의 변화

1990년대 이후 사회복지행정에는 주목할 만한 변화가 일어났다. 민간기관과 공공기관의 경계가 모호(blurring)해지는 현상이 나타난 것이다(Gibelman, 2000: 125). 공공기관과 민간기관의 분리는 전술한 대로 1930년대 이후 대세였다. 그런데 두 기관의 재정과 기능이 유사해지면서 그 경계가 무너진 것이다. 그것이 준-공공기관과 준-민간기관이다. 준-공공기관은 정부와의 계약하에 공공 프로그램을 운영하는 비영리기관으로 정부보조금에 전적으로 의존하기 때문에 독립성이 약하다. 준-민간기관은 자체 강령에 따라 이사회의 권한과 책임 아래 운영되는 영리, 비영리조직으로서 정부로부터 상당한 재정지원을 받는다. 준-공공기관과 준-민간기관은 정부의 재정지원을 받는다는 점에서 같다. 그러나 준-공공기관은 공적자금에 전적으로 의존하는 반면에 준-민간기관은 일부를 지원받는다는 점에서 다르다. 공공기관과 민간기관의 성격이 혼합된 것을 하이브리드모델(hybrid model)이라고 한다.

이러한 변화는 1990년대 이후 미국 사회가 신보수주의적인 성격이 강해지면서, 사회복지에서 지속적인 비용감축과 함께 사회복지행정의 효율성을 강조한 결과라고 할 수 있다. 1990년대 이후 미국의 사회복지행정의 관련된 환경의 변화는 다음과 같이 정리할 수 있다(최성재 · 남기민, 2016: 69).

① 기획에서 서비스 전달까지 직접 담당했던 거대 공공관료조직의 퇴조
② 계약이나 서비스 구입을 통한 민간 부문의 서비스 역할 증대
③ 민간과 공공의 엄격한 조직적 구분의 퇴조
④ 서비스의 효율적 제공을 위한 기관 통합의 필요성 증가
⑤ 서비스 제공의 책임성 강화

이와 같이 진행되는 사회복지의 환경변화로 인해, 미국의 사회복지행정도 상당히 변화하고 있다. 특히 사회복지기관의 관리자들의 역할이, 과거와 같은 전형적인 개별 사회복지기관 내부의 관리자로서의 기능에서 전략적 · 환경적 관리자로서의 기능으로 변화하고 있는 것이다(김영종, 2017: 68).

8. 사회사업행정의 교육과 조직

19세기 중후반 자선조직협회와 인보관을 설립 운영한 민간사회사업기관의 개척자들은 전문사회사업가 양성을 위한 사회사업 교육기관도 창설하였다. 그러나 초창기 사회사업 교육 커리큘럼에 사회복지행정 과목은 들어 있지 않았다. 아직 하나의 전문 교과목으로 인정받지 못한 것이다. 이후 상당 기간 동안 사회사업 교육의 핵심은 케이스워크였으며, 교육의 목표도 전문사회사업가의 양성에 있었다.

당시 교육모델을 전통적 모델이라고 하는데, 사립대학의 사회사업대학원(school of social work)이 주축이 된 케이스워크 교육 중심의 교육모델이다.

전문적인 케이스워커의 양성에 교육 목표를 두었으며, 사회사업기관 매니저의 양성에는 무관심했다(Austin, 2000: 42-44).

그러나 이러한 전통적 교육모델에 변화가 일기 시작했다. 그 계기는 1930년대 사회사업 학부교육의 확대였다. 1935년「사회보장법」에 의거 공공사회복지기관이 늘어나자 거기서 일할 사회사업가의 수요가 급증했고, 이에 대응하기 위해 주정부는 주립대학에 사회사업 학부과정을 개설하였으며, 특히 사회사업대학원이 없는 주에서 먼저 개설하였다. 이에 대해 전통적인 교육모델을 고수한 기존의 사회사업대학원 측에서는 수준 낮은 전문가가 대량 배출되지 않을까 해서 우려의 눈길을 보냈다. 공공사회복지기관과 공공사회복지사의 증가는 당연하게도 사회사업행정에 대한 관심을 끌어올렸다. 그러나 사회사업행정이 사회사업 교육의 메이저 과목이 되기 위해서는 시간이 좀 더 필요했다.

사회사업행정이 사회사업 교육과정에 포함된 것은 1960년대 들어서이다. 그 계기는 1961년 CSWE에 제출한 Eveline Burns의 보고서였다. E. Burns는 케이스워크 중심의 교과과정을 비판하며 사회사업행정을 교육과정에 포함시킬 것을 제안했다. 이에 자극받아 1962년 CSWE는 커리큘럼 연구에 착수했는데, 검토 끝에 사회사업행정 교육의 필요성을 인정하게 되었다. 그리하여 CSWE는 각 회원 대학원에 공문을 보내 사회사업행정을 교과목에 포함시킬 것을 권고했다. 이런 권고에 따라 상당수 대학원이 사회사업행정을 지역사회사업과 함께 묶어 매크로 실천과정으로 개설했다. 여러 대학이 사회사업대학원 박사과정을 신설한 것도 영향을 주었다. 대표적인 예가 1959년에 브랜다이스대학교에서 개설된 플로렌스헬러대학원 고급사회복지과정(박사과정)이었는데, 정치학, 정책분석, 양적 연구 등을 포함한 매크로 사회과학 과목들을 개설하였다. 이 과정을 수료하고 박사학위를 취득한 사람들이 여러 대학의 교수로 진출하여 매크로 과정을 확대하는 데 앞장섰다. 이처럼 사회사업행정에 대한 관심이 커지자 NASW도 이를 수용하여 1963년 협회

산하에 사회사업행정위원회(the Council on Social Work Administration)를 설치하였다.

한편, 1970년대 들어 공공사회복지 부문이 확대되면서 훈련받은 사회사업기관의 매니저에 대한 수요가 증가하자 사회사업대학원들이 공공사회복지기관 매니저를 양성하기 위한 단기과정을 개설하였다. 이는 「사회보장법」 제20조에 의거, 주정부의 공공사회복지 직원개발훈련에 필요한 예산을 연방정부가 지원한 것에 따른 것이었다.

그러나 사회사업행정 전공 학생의 수는 매우 적었다. 1971년 사회사업행정 전공 학생이 전체 사회사업대학원 학생의 2%에 불과한 것으로 조사된바 있고, 1970년대를 통틀어 사회사업대학원 학생의 5%만이 매크로 실천(지역사회조직, 정책분석, 사회사업행정)을 전공한 것으로 나타났다. 그리고 사회사업행정 과정을 개설한 대학원의 수도 그리 많지 않았다. 1975년 84개 사회사업대학원 중 19개 대학원에서만 사회사업행정 과정을 개설했고, 1977년 35개로 증가하였다(Patti et al., 1988: 31).

그리고 1976년에는 사회사업행정 학자들과 사회사업기관 매니저들이 주축이 되어 사회사업행정 전문학술지인 『사회사업행정(Administration in Social Work)』을 창간하였다. 『사회사업행정』은 현재 사회사업행정학 분야의 가장 권위 있는 전문학술지로 인정받고 있다.

1980년대가 되어 사회복지 프로그램의 민영화와 비영리 사회복지조직에 대한 관심이 커지면서 비영리조직의 경영관리를 다루는 대학원 교육과정이 늘어났다. 이 프로그램들은 대부분 행정대학원이나 공공정책대학원, 사회사업대학원, 경영대학원이 공동으로 개설한 것이었다. 이들 대학원에서는 사회복지조직과 보건의료서비스조직뿐만 아니라 박물관, 대학, 재단 등 여러 비영리기관의 경영관리를 가르쳤으며, 경제학, 모금, 재정학, 재무관리 등 사회사업대학원 커리큘럼에 들어 있지 않은 과목들을 개설했다.

1998년 CSWE의 조사에 의하면, 사회사업대학원 석사과정 학생(약 34,000명)

의 14% 정도가 매크로 실천을 전공하였고, 대학원 수는 감소(1988년 매크로 실천 개설 대학원 59개, 1991년 44개로 감소)한 것으로 나타났다(Austin, 2000: 45-46).

다른 한편, 사회사업기관의 증가 및 사회사업행정 교육의 발전과 함께 사회사업기관 매니저들의 조직도 결성되었다. 초창기 민간사회사업기관의 매니저들은 사회사업행정을 사회사업 방법의 하나가 아니라, 아동복지, 가족복지, 정신보건 등과 같은 사회사업의 한 분야로 인식했다. 그리고 공공사회복지기관의 행정가들도 전문 매니저라는 의식이 없었다. 그래서 전술한 대로 공공사회복지기관의 행정가들은 개인 자격으로 전국공공복지협회(APWA)의 회원으로 가입했으며, 민간사회사업기관의 매니저들도 자체 조직을 만들지 않고 각자 관련 분야의 협회에 가입해 활동하였다. 그러다가 1980년대 들어 민간 및 공공 사회복지기관의 매니저들이 공통의 관심사를 협의하기 위하여 단체를 만들기 시작했다. 예를 들어, 1980년 주정부 아동복지기관의 행정가들이 APWA 산하에 아동복지행정협회(the National Association of Child Welfare Administration)를 결성했으며, 1985년 공공사회복지기관 매니저와 연방정부 사회복지기관 매니저들이 사회사업매니저네트워크(the Network for Social Work Managers)를 조직해 개인자격으로 가입하였다. 1998년에는 공인사회사업매니저학회(the Academy of Certified Social Work Managers)가 결성되었는데, 주 목적은 사회사업기관 매니저 공인자격증 프로그램을 운영하는 것이었다.

사회사업행정 교육자들도 협회 결성에 나섰다. 1987년 사회사업행정과 지역사회조직을 가르치는 대학 교수들이 지역사회조직 · 사회행정협회(the Association for Community Organization and Social Administration: ACOSA)를 만들었다. 이 협회는 CSWE가 매크로 실천을 등한시한 것에 반발해 조직된 것이었다. 그러나 현재는 ACOSA 회원 교수들이 CSWE의 연례 심포지엄(대학 교수 중심, 기관 실무자는 불참)에 참여하고 있으며, CSWE로부터 재정적

지원도 받고 있다(Austin, 2000: 42-43).

"행정과 사회사업은 역사적으로 볼 때 마지못해 맺어진 파트너이다. 사회사업 분야는 행정을 매우 서서히 받아들였다."는 말이 있다. 사회사업실천과 행정의 관계를 아주 적절히 표현한 것 같다. 앞에서 우리가 확인한 바와 같이 케이스워크를 중시하는 전통적 사회사업은 사회사업행정의 중요성을 인정하지 않으려 했으며, 대공황이나 신자유주의 등 사회복지를 둘러싼 환경의 변화에 대응하기 위해 '마지못해' 사회복지행정을 하나의 방법론으로 수용하였다. 그러나 사회복지기관의 증가와 민영화 · 상업화와 함께 조직과 프로그램의 효과적 · 효율적 운영에 필요한 경영기법, 외부로부터의 재정적 지원을 끌어내기 위한 전략적 기획, 기관과 프로그램의 마케팅, 서비스와 프로그램에 대한 객관적 평가에 대한 수요가 늘면서 사회사업행정의 중요성과 필요성은 날로 커지고 있다(원석조, 2018: 58-61).

2절 한국 사회복지행정의 역사

한국에서 근대적 의미의 사회복지는 1945년 이전 미국 선교단체의 간헐적인 활동에서 시작되었으나, 이에 관한 기록은 거의 남아 있지 않다. 1945년 이후 미군정은 해방과 함께 돌아온 많은 귀국 동포를 위한 응급구호에 치중하였다. 1948년 대한민국 정부 수립 이후 사회부를 중심으로 사회복지행정이 시작될 무렵, 1950년 한국전쟁이 발발하여 모든 행정기능은 전쟁 수행과 전재민의 구호에 집중되었다. 1950년대는 전후 복구에 전념하였으며, 1960년대에 산업화에 매진하고, 1970년대 이후 경제성장이 압축적으로 이루어지면서 많은 문제가 발생하게 되는데, 사회복지행정도 이러한 경로를 따라 발전하였다.

1. 사회복지행정의 역사 개관

1) 일제강점기와 조선구호령

일제강점기의 구호사업은 식민정책의 일부로, 정치적 목적을 가진 시혜의 의미에서 시행되었다. 1910년 한일합방이 이루어지면서 조선시대의 구호사업은 소멸되었으며, 1921년 조선총독부 내무국에 사회과를 신설하여 구호사업을 전담하였다.

일제는 빈민문제가 사회문제로 심각하게 되자 빈민조사를 실시한 후, 1927년 12월부터 방면위원제도를 실시하였다. 방면위원제도의 주된 내용은 빈민생활실태조사, 상담지도, 보호구제, 보건구호, 직업알선, 호적정리 등이었다. 또한 일본에서 실시하던 구호법(1929년 제정)을 원용하여, 1944년

3월 1일에 조선구호령을 실시하였다. 그러나 이와 같은 제도들이 우리나라에서 시행된 것은 구빈 목적이라기보다는, 전시동원체제하의 식민지 통치의 효율성 제고를 위한 것이라고 볼 수 있다(남기민, 2005). 조선구호령은 광복 후 1961년 생활보호법이 제정되기까지 우리나라 공공부조의 근거가 되었다.

2) 미군정과 응급구호

1945년 8월 15일 광복 이후 1948년 8월 15일 정부수립까지, 미군정 3년간의 구호사업은 주로 북한에서 월남한 피난민과 해외에서 귀환한 전재민 및 국내 거주의 요구호 빈민들에 대한 식량, 의료 및 주택 등 응급구호에 치중하였다. 당시 빈곤인구의 규모는 최소한 200만 명 이상으로 추정된다. 이 같은 숫자는 광복 당시 남한 인구 1,600만 명의 12.5%에 달하는 것이었다(이영환, 1989).

미군정기의 복지행정은 군정청 보건후생부가 담당하였다. 보건후생부의 주요 업무는 ① 위생업무, ② 사변재해의 구제, ③ 일반 빈곤자에 대한 공공부조, ④ 아동의 후생 및 기타 필요한 보호, ⑤ 노무자의 후생 및 은급제도, ⑥ 주택 문제, ⑦ 귀국 및 실직한 한국인의 보호 및 귀향, ⑧ 기타 한국내 점령군의 목적달성에 필요한 공공후생계획 및 경영 등이었다(하상락, 1989).

또한 미군정기간 동안 복지에 대한 공적인 대책이 크게 부족하였기 때문에, 무계획적인 민간 구호단체와 시설이 증가하였고 외국자선단체와 기관들도 많이 들어왔다.

3) 정부수립과 한국전쟁

1948년 8월 15일 대한민국 이승만[16] 정부가 수립되어 제1공화국이 출범하고, 사회부가 신설되어 보건, 후생, 노동 및 부녀 등에 관한 행정을 관장하였다. 그 후 1949년 3월에 보건부가 창설되어 사회부에서 관장하던 보건행정을 분할하여 주관하였으나, 1955년 2월에 보건 및 사회 양부는 다시 보건사회부로 통합되었다.

정부 수립 당시 제정된 우리나라 헌법 제19조에는 국민의 생존권을 명문으로 규정하였다. 그러나 헌법에서 규정한 국민의 생존권을 보장하는 관계법률이 제정도 되기 전에 1950년 한국전쟁이 돌발하여, 신생 대한민국으로서는 도저히 물적으로나 인적으로나 감당하기 곤란한 일대 궁지에 빠지게 되었다. 즉, 요구호자가 일시에 급격히 증가하는 반면, 소요물자와 자금은 극히 제한되어 있어, 전쟁 중에는 주로 요구호자들의 최소한의 생명유지를 위한 응급구호에 치중할 수밖에 없었다.

1951년 3월에 전국난민 일제등록을 실시한 결과, 전국적으로 783만여 명의 구호대상자가 등록하였으며, 1952년과 1953년에는 더욱 증가하였다. 정부는 재정부족 때문에 요구호자 구호를 위해 외국원조단체들의 협조를 받지 않을 수 없었다. 미군정 때부터 한국을 원조하고 있던 국제원조처, 경제협력처, 전시 긴급원조 한국민간구호단체, UN 한국재건단 등의 외국원조단체는 중앙구호위원회(KAVA)를 조직하여 응급구호를 실시하였다. 지방에서

16) 이승만(1875~1965)은 대한민국의 1 · 2 · 3대 대통령(1948~1960)이다. 대한제국 시절 독립협회 활동을 하다가 수감되었으며(1899~1904) 수감 시절 개신교로 개종하여 사면 후 미국에서 국제정치학 박사학위를 취득하였다. 하와이에서 교육계몽운동을 하면서 외교독립론을 주장하였고, 임시정부의 대통령직을 역임하였다. 해방 후 반공과 자유민주주의, 시장경제체제의 남한 단독 정부의 수립을 지지하였으며, 초대 국회의장을 역임하였다. 1952년 대통령 직선제 발췌개헌, 1954년 사사오입 개헌 등 두 차례 헌법 개정으로 대통령을 3회 역임하였다. 1960년 3 · 15 부정선거로 인한 4 · 19 혁명에 의해 대통령에서 사임하였다.

이승만
(1875~1965)

도 구호위원회를 조직하여 부산지역에 우선 피난민 수용소를 설치하여 수용보호하고, 거제도와 제주도에는 집단 수용소를 설치하여 피난민 응급구호를 하였다. 한국전쟁으로 시설수용보호를 필요로 하는 난민이 다수 생겨났으며, 이와 같은 사회적 요구에 따라 고아시설, 양로시설, 모자원 등의 각종 후생시설이 급속히 증가하여, 1959년에는 총 686개의 각종 시설이 설립되었다(하상락, 1989: 90).

한국전쟁은 우리나라 사회복지에 두 가지 큰 변화를 가져왔다. 첫째는 정부수립 후 단계적 · 계획적으로 준비해 오던 사회부의 모든 정책이 무산되고, 임시적 · 응급적 정책으로 전락하였다는 점이고, 둘째는 막대한 외국 원조로 인해 우리 사회에 의존적 구제방식을 심화시켜 놓았다는 점이다. 이와 같이 정부수립 이후 1950년대 우리나라 사회복지는 임시 응급구호와 전후 복구에 급급하였으며, 진정한 의미의 사회복지행정이 제대로 자리를 잡지 못하였던 시기였다.

4) 박정희정부와 유신체제

1960년 4 · 19 혁명에 의해 이승만정부가 붕괴된 후 탄생한, 제2공화국 민주당정부는 나름대로 자주적이고 민주적인 발전의 길을 모색하였다. 그러나 반목과 대립 속에서 정치 · 사회적 혼란이 그칠 줄 몰랐고, 그 와중에서 무정부적 혼란 현상을 청산한다는 명분으로 1961년 5월 16일 군부가 쿠데타를 일으켰다. 군사 정부는 절대 빈곤을 해소한다는 정치적 혁명공약의 실천을 위해, 1962년부터 제1차 경제개발 5개년 계획을 추진하였고, 1963년에는 박정희[17] 정부의 제3공화국이 출범하였다.

---

17) 박정희(1917~1979)는 대한민국의 5 · 6 · 7 · 8 · 9대 대통령(1963~1979)이다. 박정희는 대구사범학교 교사로 재직하다가 만주국 육군군관학교와 일본 육군사관학교를 졸업하고 장교로 근무하였다. 해방 후 국군장교로 지냈으며, 여순반란 사건에 연루되어 사형을 선고받았으나 사면되었다. 5 · 16 쿠데타를 주도하여 국가재건최고회의 의장이 되었으며, 1963년 12월부터 1979년

박정희
(1917~1979)

1962년부터 시작한 경제개발로 도시화 및 산업화 현상이 나타나고, 도시 빈곤층, 가출 및 비행, 미혼모문제, 주택 부족 등 과거와는 다른 여러 가지 사회문제가 드러나기 시작하였다. 그러나 당시 정부당국자들은 한정된 재원을 경제개발에 집중하기 위해서, 사회복지에 대해서 소극적이었다. 한편, 노동자계층의 미성숙으로 노조의 조직력이 미약했고 노동자계층의 권익을 추구하기 위한 이익표출은 거의 없었으며, 일반 국민의 경우도 사회복지에 대한 이해나 주장은 거의 없었다(남기민, 2005).

단지 1960년대에, 특히 군사정부 시절에는 국민의 지지를 얻기 위해 여러 가지 사회복지 관련법들을 제정 공포하였다. 사회보험 부문에서 「공무원 연금법」(1960), 「선원보험법」(1962), 「군인연금법」(1963), 「산업재해보상보험법」(1963), 「의료보험법」(1963)이 제정되었고, 공공부조의 부문에서 「생활보호법」(1961), 「군사원호보상법」(1961), 「재해구호법」(1962), 「국가유공자 및 월남 귀순자 특별보호법」(1962), 사회복지서비스 부문에서 「아동복리법」(1961), 「윤락행위 등 방지법」(1961), 「자활지도에 관한 임시조치법」(1968) 등이 제정되었으며, 그 밖에 특히 1963년에는 「사회보장에 관한 법률」이 제정되었다.

이와 같이 1960년대는 전례 없이 사회보험 및 생활보호를 중심으로 한 근대적인 사회복지법제를 마련하였다. 이와 같은 사회복지법제는 그 내용상으로는 비교적 장기적인 안목과 효율적인 합리성을 결하고 있었지만, 적어도 형식적인 사회복지법제의 도입이라는 측면에서는 의의가 있었다. 즉, 사회복지행정이 구빈적 · 단편적 성격으로부터 벗어나 국가중심의 체계적인 사회복지행정으로 자리를 잡는 계기는 되었으나, 시행은 성공적이지 못하였다.

10월까지 장기 집권하였다. 국가재건사업을 추진하여 경부고속도로, 중화학 공업 건설, 새마을 운동 등 근대화를 성공적으로 추진하였으나, 3선개헌과 유신체제로 독재체제를 유지하다가 1979년 중앙정보부장에게 피살되었다.

1972년 박정희 대통령이 유신헌법을 제정함으로써 제4공화국이 시작되고, 대통령의 권한을 대폭 강화하여 유신체제를 유지하자 이에 대한 체제 도전이 끊임없이 일어났다. 따라서 체제의 정통성 확립을 위해 무언가 최소한 국민들에 대하여 지지를 받을 수 있는 유인을 제공하지 않으면 안 되는 정치적 상황이었다.

경제 · 사회적 상황을 보면 1960년대 제1차 및 제2차 경제개발 5개년 계획이 성공적으로 수행됨으로써 산업화, 도시화 현상이 나타나기 시작했고, 절대빈곤에서 탈피하여 고도의 경제성장을 이룩하게 되었지만, 산업화, 도시화 현상은 필연적으로 각종 사회문제를 가져왔다. 특히 빈부의 격차가 심해져 상대적 박탈감 및 위화감이 사회에 팽배하여 사회적 불안이 조성되었다. 이런 상황하에서 1972년부터 시작된 제3차 경제개발 5개년 계획부터는 본격적으로 사회개발정책을 수행하게 되었다.

1970년대에는 사회보험부문에서 「사립학교 교원연금법」(1973), 「국민복지연금법」(1973), 「개정의료보험법」(1976), 「공무원 및 사립학교교직원 의료보험법」(1977), 「월남귀순자 특별보상법」(1978)이 제정되었으며, 사회복지서비스 부문에서 「사회복지사업법」(1970)이 제정되었다.

한편, 1970년 「사회복지사업법」이 시행되면서 그간 재단법인 등에 의해 운영해 오던 사회복지기관들이 「사회복지사업법」에 규정된 사회복지법인으로 변경됨으로써, 사회복지행정체계가 일부 확립되었으며 사회복지시설과 단체들이 정부의 보조를 받을 수 있게 되었다. 또한 이 시기는 외원단체의 원조활동이 점차 줄고 정부의 재정부담이 늘어나면서, 사회복지행정의 토착화 기반을 조성한 시기였다.

5) 전두환 · 노태우 정부

1979년 10 · 26 사건으로 박정희 대통령의 유신체제가 종말을 고하고, 1980년 5 · 17 군사 쿠데타로 전두환정부의 제5공화국이 출범하였다. 제5공화국은 민주주의의 토착화, 정의사회구현, 교육혁신 및 문화창달과 더불어 복지사회의 건설을 국정지표로 내세웠을 뿐만 아니라, 1982년부터 시작된 제5차 5개년 개발계획에서도 경제와 사회의 균형적인 발전을 기본목표로 삼았다.

제5공화국은 부족한 체제정통성을 확보하기 위하여, 일단의 사회복지 입법을 단행하였다. 사회복지서비스 부문에서 「사회복지사업기금법」(1980), 「심신장애자복지법」(1981), 「노인복지법」(1981)이 제정되었고, 「아동복리법」을 「아동복지법」으로 개정하였으며(1981), 「사회복지사업법」을 전면 개정하여(1983) 사회복지종사자를 사회복지사로 명칭을 변경하였고 사회복지사 자격을 1급, 2급, 3급으로 구분하였다. 그리고 공공부조 부문에서는 「생활보호법」을 개정하여(1983), 생활보호 유형에 자활보호와 교육보호를 추가하였고, 「최저임금법」(1986)을 제정하였다.

1988년 출범한 노태우정부의 제6공화국은 제5공화국의 사회보험제도를 대부분 확대시행하여, 국민연금제도(1988), 전국민의료보험제도(1989), 최저임금제도(1988)를 시행하였다. 제6공화국 정부에서 제정 또는 개정된 사회복지 관련법으로는 「모자복지법」 제정(1989), 「심신장애자복지법」을 「장애인복지법」으로 개정(1989), 「노인복지법」 개정(1989), 「장애인고용촉진 등에 관한 법률」 제정(1990), 「의료보호법」 개정(1991), 「영유아보육법」 제정(1991), 「고령자고용촉진법」 제정(1992), 「사회복지사업법」 개정(1992) 등이 있다.

제6공화국의 사회복지제도 발전의 특징을 요약하면 다음과 같다. 첫째, 국민연금제도, 최저임금제도, 그리고 전국민의료보험제도의 실시 등 소득 및 의료보장의 확대가 이루어지기 시작하였다. 둘째, 1988년 서울 장애자 올림픽 이후 장애인 종합대책을 수립하였으며, 이어서 「장애인 고용촉진 등에 관한 법률」을 제정하여 장애인복지에 대한 변화를 시도하였다. 셋째, 지역복지의 중추적인 사회복지행정체계인 사회복지관을 전국적으로 확대 실시하였다. 넷째,「영유아보육법」이「아동복지법」과는 별도로 제정되면서 영유아보육사업이 크게 부각되었다. 다섯째, 재가복지를 중시하여 재가복지봉사센터가 급격하게 증가되었으며, 1987년부터는 사회복지전문요원을 영세민 밀집지역의 동사무소에 배치하기 시작하였다.

6) 김영삼정부

김영삼정부는 1993년 아시아태평양경제협력체(APEC) 정상회담 이후 개방과 무한경쟁을 의미하는 세계화를 정책목표로 설정하였으나, 1960년대 이후 계속된 우리나라의 관주도 압축성장은 많은 문제점을 내포하고 있었다. 이 중에서도 가장 취약한 부분은 외환 금융부분이었다. 외환 금융부분에서 시작된 외환위기로 인하여 김영삼정부는 국제통화기금(IMF)의 구제금융을 요청할 수밖에 없었고, 한국경제는 최악의 침체와 함께 상당 부분을 외국의 자본에 의존하게 되었다.

김영삼정부는 1993년 신경제 5개년계획의 사회복지부문에서, 우리나라 제7차 경제사회발전 5개년계획 복지정책의 기본방향을 국가발전수준에 부응하는 사회복지제도의 내실화에 두고 국민복지를 증진시킬 것을 제시하였다. 또한 1995년에는 성장 위주의 정책에서 벗어나 삶의 질과 생산적인 국민복지에 적극적인 관심을 기울여야 할 것이라고 강조하였으나, 실질적인 성과는 미미하였다.

김영삼정부에서 제정 또는 개정된 사회복지 관련법들은 다음과 같다. 사회보험 부문에서「고용보험법」제정(1993), 사회복지서비스 부문에서「정신보건법」제정(1995),「사회복지 공동모금법」을 제정(1997)하였고, 과거의「사회보장에 관한 법률」을 폐지하고「사회보장기본법」을 제정(1995)하였다. 김영삼정부의 사회복지제도에서 가장 큰 변화는 사회보험부분으로, 전 국민을 대상으로 국민연금제도의 확대 실시와 더불어 전 사업장에 대한 고용보험제도의 적용, 전국민의료보험의 실시 등으로 기존의 산재보험제도를 포함한 4대 보험체계를 완성하였다는 것이다.

7) 김대중정부

1997년도 IMF 체제는 우리나라가 산업화 이후에 경험하지 못한 경제침체와 대량실업, 가족해체, 노숙자 문제 등을 가져왔으며, 기존의 사회복지제도로는 이러한 문제들을 해결할 수 없었다. 이러한 과제를 안고 1998년 출범한 김대중정부의 사회복지정책에서 가장 큰 변화는 1999년 「국민기초생활보장법」을 제정한 것이다.

종전의 「생활보호법」은 급여대상을 노동능력이 없으며, 부양의무자가 없거나 있어도 부양능력이 없으며, 재산과 소득이 일정 기준 이하의 빈곤층만을 대상으로 하였다. 그러나 이러한 수급자격으로는 외환위기 상황에서 발생한 장기실업자와 대량빈곤의 문제를 해결하기에 한계가 있었다. 새롭게 재정된 「국민기초생활보장법」에서는 수급자격에서 노동능력의 여부를 삭제하였으며, 급여내용에서도 주거급여가 신설되었다는 점에서 종전의 「생활보호법」과 큰 차이가 있었다. 그러나 노동 가능한 사람들에 대한 부조를 제공하는 데 대한 논란으로 법 제정 과정에서 노동 가능한 사람에 대한 자활후견사업이 추가되었다.

의료보험은 1997년 12월 「국민의료보험법」을 제정하여 1998년 10월부터 공무원 및 사립학교 교직원 의료보험과 지역의료보험을 통합하였고, 12월에는 「국민건강보험법」을 제정하여 2000년 7월부터는 직장의료보험까지 통합하여 건강보험으로 개편되었다. 농어촌까지 확대되었던 국민연금은 1999년 4월부터는 도시 자영업자까지 확대 적용함으로써 전 국민 연금시대를 열었다. 그러나 소득 파악의 문제와 납부예외자의 인정으로 연금 사각지대의 문제는 여전히 남아 있다.

김대중정부에서 제정 또는 개정된 사회복지 관련법들은 다음과 같다. 사회보험 부문에서 「국민건강보험법」 제정(1999), 「산업재해보상보험법」 개정

(1999), 공공부조 부문에서 「생활보호법」을 폐지하고 「국민기초생활보장법」 제정(1999), 「의료보호법」을 「의료급여법」으로 전문 개정(2001), 사회복지서비스 부문에서는 「모자복지법」을 「모·부자복지법」으로 전면 개정(2003)하였다.

8) 노무현정부

노무현정부는 외환위기 이후 심화된 경제양극화와 빈부격차를 해소하기 위하여, 3대 국정목표 중 하나로 '더불어 사는 균형발전사회'를 제시하고, 이에 따른 사회안전망을 구축하기 위하여 '기초생활보장의 내실화 등 취약계층 보호지원'을 100대 국정과제 중 하나로 추진하였다. 그리고 취약계층의 보호지원을 위하여 ① 사각지대 해소를 위한 제도개선과 차상위계층 보호, ② 일을 통한 탈빈곤 지원, ③ 사회적 취약계층의 보호강화, ④ 사회복지전달체계의 확대 개편을 추진하였다(이성기 · 원석조, 2018: 80-81).

이와 함께 급속히 진행되고 있는 고령화에 대비하여, 2005년 6월 「저출산 · 고령사회기본법」을 제정하고, 이에 기초한 제1차 고령사회기본계획을 마련하여 범정부적 대응체계를 구축하였다. 기본계획은 4대 분야, 70개 이행과제, 242개 세부과제로 구성되어 있으며, 4대 분야는 ① 출산과 양육에 유리한 환경 조성, ② 고령사회 삶의 질 향상 기반 구축, ③ 저출산 · 고령사회의 성장동력 확보, ④ 저출산 · 고령화 대응 사회분위기 조성이다.

2007년에는 저부담고급여 구조의 국민연금제도를 개혁하고자 하였으나 급여수준을 일부 조정하는 수준에서 그쳤으며, 노인들의 연금사각지대를 해소하기 위하여 기초노령연금제도를 도입하였다. 그러나 계속 논의되어 오던 공무원, 군인연금의 개혁은 끝내 이루지 못하고 다음 정부로 넘기게 되었다. 노무현정부에서 제정 또는 개정된 사회복지 관련법들은 다음과 같다. 사회보험 부문에서 「기초노령연금법」 제정(2007), 「노인장기요양보험법」 제정(2007), 공공부조 부문에서 「긴급복지지원법」 제정(2005), 사회복지서비스 부문에서는 「건강가정기본법」 제정(2005), 「노인복지법」 개정(2007) 등이 있다.

2. 사회복지행정의 발전

우리나라에 진정한 의미의 사회복지행정이 시행된 것은 1980년대 사회복지관의 확대와 공공사회복지행정체계의 등장에서 비롯된다.

1) 사회복지관의 확대

사회복지관은 1980년대 후반 정부의 사회복지관 지원정책에 따라 1988년 정부의 사회복지관운영 국고보조사업지침이 만들어지고, 그에 의거하여 39개 사회복지관이 신설되면서 비약적인 발전을 맞이한다. 그 무렵 정부가 사회복지관 신설을 적극 지원한 이유는 영구임대아파트 단지 등 저소득층 주민 밀집지역의 사회복지 욕구의 해결을 위해 민간 사회복지관을 활용하자는 데 있었다.

그 후 사회복지관의 효과성이 입증되면서 증가하기 시작하여 2014년 441개로 크게 늘어났다(보건복지부, 2014). 이제 사회복지관은 사회복지서비스 전달체계의 최일선 민간조직으로 발전해 저소득층 지역주민의 사회복지 욕구 해결뿐만 아니라 다양한 사회문제를 예방할 수 있는 역량을 갖추었고 이용계층도 다양해졌다. 더욱이 사회복지관은 가족복지, 지역사회보호, 지역사회조직, 자활지원, 교육문화사업 등 매우 다양한 사회복지사업을 전개하고 있으며, 우리나라 민간 사회복지기관의 중추라 할 수 있다.

그러나 정부의 지원을 받는 과정에서 민간기관으로서의 독자성과 자율성이 약화되었다. 그리고 주민자치센터가 생기면서 지역사회 교육문화 업무가 이관되었고, 건강가족지원센터가 신설되면서 기존 사회복지관의 역할과 기능을 놓고 경쟁하는 상황이 되었다. 게다가 각 시 · 군에 자원봉사센터로 신설되어 자원봉사 관련 업무도 빼앗기고 있는 등 도전을 받고 있다(한국사회복지관협회, 2004: 262). 대부분의 사회복지관은 사회복지법인(민간 사회복지단체)이 토지를 국가에 무상 증여하고, 정부가 건물신축비와 운영비의 상당 부분을 지원하는 형태로 설립·운영되고 있다. 정부가 건물신축비(유지보수비 포함)와 관리운영비를 대고 실제 운영은 민간법인이 맡고 있다는 점에서 민영화의 한 형태라고 볼 수 있다.

2) 사회복지공무원제의 도입

우리나라에 공공사회복지행정체계가 처음 갖추어진 것은 1987년의 사회복지전문요원제도이다. 원래 우리나라 공공부조 행정은 일반 행정조직(시·도, 시·군·구, 읍·면·동사무소)을 통해 이루어졌다. 그러나 1980년대 들어 빈민을 포함한 요보호대상자의 사회복지 욕구가 증대되면서 사회복지 전담기구와 전담요원의 필요성이 제기되었다. 그와 함께 일본의 복지사무소를 모델로 한 일선 사회복지전담조직의 신설이 검토되었으나 예산 문제로 연기되고, 1987년부터 우선 사회복지전문요원을 일부 읍·면·동 사무소에 배치하여 사회복지업무를 담당케 했다. 이후 사회복지전문요원들의 수가 늘어 1990년 2,900여 명으로 증가했고, 2016년 말 기준 사회복지전담공무원의 수는 약 1만 8천 명에 이르고 있다. 처음에는 별정직 7급으로 특채되었으나, 1999년 사회복지 직렬이 신설되어 별정직에서 일반직으로 전환되었고 이와 함께 직급도 9급으로 변경되었으며, 명칭도 사회복지전담공무원으로 바뀌었다.

대학의 사회복지학과를 졸업하고 사회복지사 자격을 취득한 전문직을 공공행정체계에 투입한 이유는 사회복지 전문성을 살려 보다 수준 높은 서비스를 대상자에게 제공하자는 것이었다. 그러나 현장에서는 과중한 업무와 공공조직의 관료적 분위기로 인해 전문성을 살리기는 매우 어려운 실정이다. 이들은 공무원의 신분을 가지고 사회복지사 역할을 수행하는 데 따르는 정체성 갈등을 겪고 있으며, 최근에는 관료화하는 경향마저 보이고 있다. 무엇보다 먼저 정부는 사회복지전담공무원의 수를 늘려 이들의 업무 과중을 해결해 주어야 한다. 그래야 이들의 소진(burn out)을 방지하고, 정부가 기대하는 질 높은 서비스를 담보할 수 있을 것이다.

3) 사회복지행정학의 발전

1990년대 이후 학문으로서의 사회복지행정학도 비약적으로 발전했다. 그것은 사회복지기관에서 사회복지행정 수요가 촉발된 데 기인한다. 다시 말해 정부가 사회복지기관의 질적 수준을 한 단계 높이기 위해 사회복지시설을 평가하여 상호 경쟁을 유도하고자 한 정책의 결과이다. 이러한 정책변화에 따라 민간복지재단(삼성재단, 사회복지공동모금회 등)이 재정적 지원을 위해 프로포절을 엄격히 심사해 우수한 프로그램으로 선정된 시설에만 지원하기 시작했고, 정부도 사회복지시설에 대한 평가제를 실시하여 시설의 책임성, 효과성, 효율성을 평가하였다.[18)]

이런 상황에서 사회복지기관은 사회복지 프로그램, 프로그램 개발, 프로그램 평가, 사업계획서에 관심을 가지지 않을 수 없었다. 나아가 사회복지기관을 운영하는 데 필요한 현대적 경영관리기법에 대한 관심도 커졌다. 이 모든 것은 사회복지행정학의 영역에 속한다. 이에 따라 대학의 사회복지행정학 전공교수들은 중앙정부와 지방정부의 사회복지시설 평가 작업과 민간복지재단의 프로포절 심사에 활발히 참여했고, 이는 사회복지행정학의 발전으로 이어졌던 것이다.

우리나라 사회복지 교육의 역사는 꽤 오래되었다. 1947년 이화여자대학교의 기독교사회사업학과, 1953년 중앙신학교의 사회사업학과, 1959년 서

18) 1997년「사회복지사업법」을 개정하여 보건복지부장관이나 시 · 도지사는 사회복지시설을 3년에 1회 이상 평가하도록 만들었다. 이에 따라 1999년 한국보건사회연구원은 사회복지시설에 대한 평가지표를 개발하였고, 2000년 전국 사회복지시설에 대한 평가가 실시되었다.

울대학교 학부과정의 사회사업학과가 생겨났다. 그러나 학부교육에서 사회복지행정학에 대한 관심은 별로 없었다. 1954년 미국 미네소타대학교의 사회사업대학원장인 Kidneigh 박사가 우리나라를 방문하여 미국식 사회사업행정 교육의 중요성을 역설한 것이 계기가 되어 1961년부터 서울대학교에서 3학년 과목으로 사회사업행정이 개설되었다는 기록이 있다. 그 후 다른 대학에서도 사회사업행정을 선택과목으로 개설·운영하였으며, 1980년대 들어 지방에 4년제 대학들이 폭발적으로 증가하면서 사회복지학과의 수도 크게 늘어났다. 그러나 여전히 대부분의 사회복지학과는 사회복지행정을 그리 중시하지 않았다. 그러다가 전술한 정부의 새로운 방침에 따라 사회복지행정학의 수요가 늘어나면서 대학의 사회복지행정학 수준도 비약적으로 향상되었으며, 1999년 한국사회복지행정학회의 창설로 이어졌다(원석조, 2018: 65-67).

3장
사회복지행정의 체계

사회복지행정은 '추상적인 사회복지정책을 구체적인 사회서비스로 전환하여 서비스를 필요로 하는 대상자에게 제공하는 활동'이라고 할 수 있다. 사회복지행정이 이러한 활동을 효과적이고 효율적으로 수행하기 위해서는 적절한 행정체계를 갖추어야 한다.

3장에서는 1절에서 사회복지행정체계를 공공과 민간 부문으로 나누어 살펴보고, 1990년대 이후 공공부문의 민영화에 대하여 논의하고자 한다. 그리고 2절에서는 사회복지행정체계의 현황을 살펴보고, 3절에서는 사회복지행정체계를 구축하는 데 고려하여야 하는 원칙과 개선전략을 분석해 보고자 한다.

1절 사회복지행정체계의 구성

사회복지행정체계는 공공행정체계와 민간행정체계로 나눌 수 있다. 공공행정체계와 민간행정체계는 주체는 다르지만, 비영리를 목적으로 복지를 위해 활동한다는 점에서는 유사하다. 즉, 양자는 모두 공익을 위해 시민들에게 사회서비스를 제공하는 복지공급자(welfare providers)라는 것이다.

사회복지행정체계를 공공과 민간 부문으로 구분하는 전통적인 기준은 운영주체와 재정조달방식이다(Burchardt, Hills, & Propper, 1999). 공공부문의 운영주체는 정부(중앙정부 및 지방정부)이며, 정부는 지배적이고 독점적인 권한을 행사한다. 민간부문의 운영주체는 민간이며, 민간단체가 정부의 간섭 없이 자율적으로 운영한다. 그리고 공공부문은 재정을 조세로 충당하고, 민간부문은 자체자금, 후원금, 기부금, 이용자 부담금 등 기업과 시민사회, 개인의 지원금으로 재정을 조달한다. 그러나 신자유주의 이후 이런 전통적인 구분에 변화가 생겼다. 순수 공공부문과 순수 민간부문이 혼합된 혼합부문(welfare mix)이 나타난 것이다.

1. 공공 사회복지행정체계

공공 사회복지행정체계는 중앙정부와 지방정부의 사회복지 부서와 정부 산하 공공사회복지기관인 공공부조기관, 사회보험기관, 아동복지기관 등과 같은 공공조직이다. 공공사회복지기관에도 전문사회복지사가 근무한다. 이들은 공무원 신분을 가지고 정부를 위해 일하며, 공무원 직무규정의 규제를 받는다. 공공사회복지기관은 합법성과 공공성을 중시한다.

1) 미국의 공공 사회복지행정체계

미국의 공공사회복지기관은 연방, 주, 지역 수준에 설치되어 있다. 예를 들면, 연방정부 보건복지부나 제대군인을 위한 보훈병원 네트워크는 연방정부 수준에, 공공아동복지기관과 공공노인복지기관은 주정부 수준에 설치되어 있다. 대부분의 공공사회복지기관은 주정부의 관할 아래 있다.

연방정부 수준에서 사회복지를 담당하는 기관은 보건복지부(Department of Health and Human Services: HHS)이다. 보건복지부는 1953년 교육보건부로 설립되었으나, 1980년 교육부와 분리되었다. 보건복지부는 공공보건서비스를 담당하는 8개 부서와 휴먼서비스를 담당하는 3개 부서를 합쳐, 총 11개의 부서(operating division)로 구성되어 있다(www.hhs.gov).

미국의 공공 사회복지행정체계에서 특히 중요한 기관은 사회보장청(Social Security Administration: SSA)이다. 사회보장청은 사회보장급여(은퇴연금, 신체장애연금, 유족연금)와 생활보조금(65세 이상 노인, 시각장애인, 신체장애인을 위한 급여), 메디케어를 담당하고 있으며, 1995년 보건복지부로 분리되어 독립적으로 운영되고 있다. 사회보장청은 위원장(commissioner)을 필두로, 약 6만여 명의 직원이 일하고 있다. 본부는 메릴랜드주 볼티모어에 있으며, 10개의 광역사무소와 1,230개의 지역사무소를 두고 있다(www.ssa.gov).

미국의 대표적인 공공사회복지기관으로는 공공아동복지기관(public child welfare agency)을 들 수 있다. 전통적으로 미국에서는 민간사회사업기관의 비중과 역할이 크지만, 아동복지부문만큼은 공공아동복지기관이 중심에 있다. 민간아동복지기관, 법원, 기타 조직들(정신보건, 아동학대 예방, 보건의료, 교육, 가정폭력 등의 조직)은 공공아동복지기관의 파트너로 활동한다. 공공아동복지기관의 역할은 아동학대와 방임의 신고 처리, 아동학대와 방임을 야기하는 가정의 문제해결 지원, 아동의 안전과 보장, 아동의 가정이탈 예방, 가정이탈 아동의 보호와 가정복귀 지원, 가정복귀 불가능 아동에게 항구적인 가정을 찾아주는 일 등이다. 공공아동복지기관의 직원 대부분은 대학 또는 대학원에서 사회사업을 전공한 사회사업가(social worker)이다.

2) 한국의 공공 사회복지행정체계

한국에서 중앙정부 차원의 사회복지를 담당하고 있는 부서는 보건복지부이다. 보건복지부는 4실(기획조정실, 보건의료정책실, 사회복지정책실, 인구정책실), 6국(건강보험정책국, 건강정책국, 보건산업정책국, 장애인정책국, 연금정책국, 사회보장위원회사무국)으로 구성되어 있다.

이 중 사회복지행정과 관련된 부서는 사회복지정책실(복지정책관, 복지행정지원관, 사회서비스정책관), 인구정책실(인구아동정책관, 노인정책관, 보육정책관), 건강보험정책국(보험정책과, 보험급여과, 보험약제과, 보험평가과), 장애인정책국(장애인정책과, 장애인권익지원과, 장애인자립지원과, 장애인서비스과), 연금정책국(국민연금정책과, 국민연금재정과, 기초연금과), 사회보장위원회사무국(사회보장총괄과, 사회보장조정과, 사회보장평가과)이다(www.mohw.go.kr).

지방정부에서는 사회복지행정체계가 일반행정체계에 포함되어 있다. 일반행정체계란 교육(교육청), 경찰(경찰청)이나 보건(보건소)처럼 별도의 전문행정체계를 갖지 않고, 시 · 도, 시 · 군 · 구의 일반행정체계에 포함된 것을 의미한다. 공공사회복지행정체계가 미국의 사회보장청이나 일본의 사회복지사무소처럼 전문행정체계로 운영되면, 일반행정체계에 비하여 전문성을 확보할 수 있다는 장점이 있으나, 일반행정체계의 포괄적인 인력과 예산 운용, 행정 협조나 정보 활용에 있어서 한계가 있다는 단점도 있다.

우리나라의 대표적인 공공사회복지행정의 분야는 공공부조행정이다. 원래 공공부조행정은 일반행정체계(시 · 도, 시 · 군 · 구, 읍 · 면 · 동사무소)를 통하여 이루어졌다. 그러나 1980년대 들어 빈민을 포함한 요보호대상자의 사회복지 욕구가 증대되면서 사회복지 전담기구와 전담요원의 필요성이 제기되었다. 그와 함께 일본의 복지사무소를 모델로 한 일선 사회복지전담조

[그림 3-1] 보건복지부 조직도

직의 신설이 검토되었으나[1] 예산과 효율성 등의 문제로 연기되고, 1987년부터 사회복지전문요원을 일부 읍 · 면 · 동사무소에 배치하여 사회복지업무(기존의 읍 · 면 · 동 사회담당 공무원의 업무를 대신)를 담당하게 만들었다.

2. 민간 사회복지행정체계

민간 사회복지행정체계는 사회단체나 개인이 자체적인 자금, 기부금, 후원금 또는 정부 보조금을 재원으로, 자신의 목적과 자신의 일정에 따라 사회복지사업을 전개하는 조직을 의미한다. 민간사회복지조직은 자선조직협회, 인보관 등 초창기 민간사회복지조직, 가톨릭, 개신교, 유대교, 이슬람, 불교 등 종교에 기반을 둔 사회복지조직, 개인이나 집단의 인도주의 · 박애주의 · 이타주의 조직 등을 포함한다. 원래 민간사회복지조직은 비영리를 가장 큰 특징으로 했으나, 20세기 후반 신자유주의의 영향으로 영리를 목적으로 하는 조직의 수가 꾸준히 증가하였다. 민간사회복지조직은 대부분 비영리조직(non-profit organization: NPO)의 형태로 운영되고 있다.

1) 비영리조직

비영리조직(NPO)은 영리 이외의 것을 목적으로 하는 조직으로, 수입을 조직의 회원들에게 이윤 또는 배당으로 배분하지 않고 자신의 목적 또는 사명을 위해 사용한다. 이런 이유로 비영리조직은 조세감면의 대상이나 자선단체의 지위를 갖는다. 비영리조직 중에는 자선조직이나 사회봉사조직이 많다. 이들은 법인, 기업, 신탁, 협동조합, 비공식조직 등의 형태로 존재한다. 많은 사람이 비영리조직과 자선조직을 동일시한다. 하지만 비영리조

1) 1992년 「사회복지사업법」의 개정으로 복지전담기구를 읍 · 면 · 동에 설치할 수 있는 규정을 만들었다. 복지사무전담기구의 사무의 범위, 조직, 기타 필요한 사항은 당해 시 · 군 · 구의 조례로 정하게 되어 있다.

직의 범위는 넓다. 자선조직뿐만 아니라 사립학교, 사설박물관, 사설도서관, 민간병원 등과 같은 휴먼서비스조직(human service organizations)을 포함한다. 비영리조직은 경제적 성공보다는 회원 또는 사회에 가치 있는 일을 하는 것을 목적으로 한다. 따라서 비영리조직은 다음과 같은 특징을 갖는다.

첫째, 비영리조직의 특징 중 하나는 후원자(constituencies)이다. 후원자들은 비영리조직의 목적에 공감하여 조건 없이 일정한 금전이나 자신의 재능을 기부하는 평범한 시민들인 경우가 많다. Drucker(1990)는 비영리조직과 영리조직의 근본적 차이의 하나로 비영리조직이 영리조직에 비해 많은 후원자를 가지고 있다는 것을 꼽았다.

둘째, 많은 비영리조직은 이윤 창출보다 사회봉사를 중시한다. 하지만 비영리조직이 이윤 창출을 전혀 안 하는 것은 아니다. 비영리조직도 필요하면 수익사업을 통해 이윤을 추구할 수 있다. 그러나 기업의 이윤은 주주의 배당금이나 기업개선 자금 등 기업과 주주를 위해 배타적으로 사용되는 반면에, 비영리조직은 수익사업을 통해 이익이 생겨도 배당을 하지 않고 자체 프로그램이나 서비스에 필요한 재정에 투입한다.

셋째, 많은 나라에서 비영리조직은 조세감면 혜택을 받고 있다. 소득세나 기타 세금을 면제 또는 감액받는 혜택을 누린다. 비영리조직이 공공조직이 아님에도 공익을 추구하기 때문에 정부는 이를 권장하기 위해 이런 혜택을 준다. 하지만 비영리조직이 난립하는 것은 바람직하지 않다. 겉으로는 비영리지만 실제로는 영리를 도모하고 여기에 세금 특혜까지 받는 것도 용납할 수 없다. 이런 이유로 많은 나라가 비영리조직의 설립과 운영을 규제하는 법률을 갖고 있다. 대형 비영리조직은 매년 자신의 수입과 지출 내역을 담은 재무보고서를 공표한다.

2) 비영리사회복지조직

대부분의 사회복지조직은 비영리조직이다. 비영리사회복지조직은 전국규모의 조직도 있지만, 지역사회에 기반을 둔 경우가 대부분이다. 비영리사회복지조직은 지역사회와 자원봉사자의 참여 아래 운영되고 있으며, 기부금, 후원금, 정부보조금, 서비스 이용료 등으로 프로그램의 재원을 삼고 있다. 미국의 경우 대부분의 비영리사회복지조직들이 수급자로부터 서비스 이용료를 받고 있는데, 수급자의 경제적 능력에 따라 요금을 차등화한 슬라이딩스케일(sliding scale)을 적용하고 있다.

(1) 비영리사회복지조직의 기능

비영리사회복지조직은 아동보육서비스, 정신건강서비스, 장기요양서비스 등 다양한 서비스를 제공한다. 이들이 제공하는 서비스의 수급자는 일반인이면 누구나 다 겪을 수 있는 위기(human risks), 즉 실직, 질병이나 정신질환, 저임금, 열악한 주거환경 등으로 고통받는 사람들이다. 그리고 비영리조직은 공공부문이 경제적 보장에 초점을 두는 것과 달리 단기적 위기상황에 처한 사람을 돕는 데 주력하고, 특정한 상황 하에서 공공부문의 서비스를 보충하는 데 중점을 둔다. 노인요양원, 장애인재활서비스, 정신건강서비스, 아동복지서비스 등이 그것이다. 군인과 군인가족을 위한 서비스(적십자), 가족계획서비스, 응급구호(구세군), 지역사회복지관이 제공하는 지역사회개발, 성인교육, 사회화, 레크리에이션 프로그램도 여기에 속한다.

(2) 비영리사회복지조직의 필요성

Dolgoff & Feldstein(2000: 280-281)은 사회복지 분야에서 비영리조직이 존재하는 이유를 다음과 같이 말했다.

첫째, 비영리조직은 시장과 공공부문이 공급하지 않는 상품과 서비스를 제공하기 위해 존재한다. 이러한 상품과 서비스는 사회가 보편적으로 요구하는 것이 아니라 특수한 공동체만이 필요로 하는 것이다. 따라서 사회가 다원화되면 될수록 비영리 부문의 필요성은 커진다.

둘째, 비영리조직은 영리를 추구하지 않기 때문에 수익성보다는 서비스의 질을 중시한다. 그러므로 가장 취약한 계층인 노인과 장애인을 보호하는 데 강점을 발휘할 수 있다. 또한 필요한 경우 정부에 대항하면서까지 수급자의 대변자나 옴부즈맨(ombudsperson)이 된다. 좋은 사회에서는 반드시 필요한 일이다.

셋째, 비영리조직은 영리 추구로부터 자유롭기 때문에 개입대상과 개입방법을 특정화할 수 있다. 그리고 특수한 욕구를 가진 사람을 대변하고, 자조집단이나 기타 소비자를 보호하기 위한 집단을 조직할 수 있다.

넷째, 비영리조직은 공공부문의 문제점인 관료화, 경직성 및 비인격성을 최소화할 수 있다.

다섯째, 비영리조직은 특정한 인종집단이나 이익집단만을 위한 특화된 서비스(sectarian services)를 제공한다. 가톨릭이 가톨릭 청소년을 대상으로 취미 · 레저 프로그램을 운영하는 것이나, 흑인 비영리조직이 흑인들의 뿌리 찾기나 역량강화를 위한 프로그램을 운영하는 것이 좋은 예이다. 공공부문은 이러한 특화된 서비스를 제공하기가 어렵다.

여섯째, 비영리조직은 최근 들어 그 중요성이 커진 알코올중독극복집단과 같은 자조집단을 운영한다. 자조집단은 자원봉사자를 활용하고, 재정을 자체 충당하며, 독특한 프로그램을 운영한다. 공공부문이 이런 조직을 운영할 수는 없다.

그러나 비영리조직이라고 해서 한계가 없는 것은 아니다. 비영리조직은 특정한 문제, 집단, 개인에게만 초점을 맞춤으로써 서비스의 수준이 일관되지 못하고 자주 바뀌며, 자원이 한정되어 있다.

3) 영리사회복지조직

원래 사회복지서비스는 공공조직과 민간비영리조직의 배타적인 영역이었다. 그러나 1980년대 이후 사회복지서비스 행정체계에서 활동하는 영리조직들이 갈수록 증가했다. 사회복지사업을 영리를 목적으로 하는 조직을 영리사회복지조직이라 한다. 영리사회복지조직은 매우 미국적이다. 미국에서는 이를 휴먼서비스경영조직(human service executives)이라고 한다.

휴먼서비스경영조직은, 요양원 체인회사인 베벌리엔터프라이스(Beverly Enterprise)나 외래정신치료센터 체인회사인 사이키아트릭인스티튜트(Psychiatric Institute)에서 보듯이, 사회복지사업을 기업방식으로 한다. 이들도 비영리사회복지조직과 마찬가지로 사회복지사나 간호사를 고용한다. 휴먼서비스경영조직은 사회복지서비스를 기업 관점, 영리적인 관점에서 접근한다. 사회복지 관료조직이 국가의 기획과 규제 기능을 중시한다면, 휴먼서비스경영조직은 자원 배분과 프로그램 평가에서 시장의 합리성을 중시한다.

미국에서 휴먼서비스경영조직은 메디케이드(Medicaid, 빈민을 위한 의료급여)와 메디케어(Medicare, 사회보장연금 수급 노인을 위한 건강보험)가 장기요양원과 병원에 환자의 진료 및 케어 비용을 지급한 1960년대 후반부터 성장하기 시작했다. 말하자면 영리조직의 사회복지서비스 영역에의 진입을 연방정부가 허용한 것을 계기로 휴먼서비스경영조직이 출현했다는 것이다. 당시 연방정부는 자유시장과 자유경쟁을 통해 효율성을 증대하고 비용을 절감한다는 관념에 입각한 민영화 정책을 추진했다. 현재 이들 휴먼서비스 기업들은 장기요양원, 병원, 건강보험회사, 보육, 가정보호, 교정사업, 공공부조 등 여러 분야의 사업을 하고 있으며, 20세기 말 신자유주의 이후 크게 증가하였다.

미국의 클리닉사업(clinical entrepreneurs)도 영리사회복지조직의 좋은 예이다. 클리닉사업은 전문가 독점(professional monopoly)을 추구하는 사회복지사, 심리학자, 의사 등이 단독 또는 연합하여 개원한 사적 진료기관(private practice)이다. 이들 클리닉은 주로 의사나 정신과의사로부터 수급자를 의뢰받아 진료비를 받고 정신치료(psychotherapy)와 집단치료(group therapy)를 제공한다. 현재 미국에서는 심리치료의 상당 부문을 개원사회복지사가 담당하고 있다. 개원사회복지사의 성격은 개원의사와 유사하다. 개업해 풀타임으로 일하는 경우도 있고, 다른 사회복지조직에서 풀타임으로 일하는 사회복지사가 파트타임으로 와서 일하는 경우도 있다. 클리닉을 개업해 심리학자와 정신과의사와 파트너를 이뤄 정신치료와 집단치료를 제공하는 사회복지사도 있고, 심리학자나 정신과의사가 개업한 정신치료 및 집단치료 클리닉에 고용되어 일하는 사회복지사도 있다. 개원사회복지사는 사회사업석사(MSW) 학위와 사회복지조직에서 수년간 상담가로 일한 경력이 있어야 한다. 치료비 또는 상담비는 건강보험회사에서 지불하고, 건강보험 미가입자는 본인이 지불한다. 1970년대 이후 사회복지사의 개원이 증가하기 시작해 현재 미국 사회복지서비스 행정체계의 한 축을 이루고 있다(Karger & Stoesz, 2002).

이처럼 영리사회복지조직이 증가하자 영리를 목적으로 하는 조직이 사회복지 목적에 얼마나 잘 부합되는가 하는 비판이 제기되었다. 전통적인 사회복지 주창자들은 영리사회복지조직의 부상에 매우 부정적이다. 영리 동기와 사회복지 정신(ethos)이 양립할 수 없다는 것이다. 이런 도덕적 거부감을 가진 사람들은 영리조직이 사회복지행정체계의 효율성을 증대시키고 또 효과적인 수단이 된다는 사실을 인정하지 않는다.

많은 사회복지조직이 영리를 추구하면서 영리조직과 비영리조직의 경계가 모호해지고 있다. 이런 상황에서는 정부의 역할이 중요하다. 정부는 비영리조직의 공공친화적인 강령이 유지될 수 있도록 적절히 지원하고, 영리사회복지조직이 지나친 영리추구를 하지 못하도록 적절히 규제해야 한다(Gibelman, 2000: 128-129).

3. 사회복지조직의 민영화

사회복지조직의 민영화는 정부 소유의 사회복지시설의 소유권과 운영권을 민간에게 모두 이양하는 완전 민영화 방식은 거의 없고, 정부가 사회복지시설의 소유권은 유지한 채 운영권의 전부 또는 일부를 민간에게 위임하는 방식이 대부분이다. 구체적으로 말해서 정부가 공공사회복지시설의 운영권을 민간에게 이양하고, 운영을 위임받은 민간(사회복지법인)은 정부 대신 시민이나 요보호대상자들에게 서비스를 제공하며, 그 비용은 정부로부터 지급받는 방식의 민영화이다.

1980년대 이후 영국과 미국에서는 복지개혁(welfare reform)이라는 이름하에 사회복지서비스 부문에서 이런 형태의 민영화가 광범위하게 이루어졌다. 이것은 사회복지 역사에서 상당히 중요한 의미를 갖는다. 왜냐하면 정부가 사회복지서비스 공급자(provider)라는 자신의 전통적 역할을 포기하고 구매자(purchaser)로 역할을 바꿨기 때문이다.

정부가 사회복지서비스의 구매자가 된 계기는 1967년 미국「사회보장법」개정이다. 이 개정으로 중앙정부와 지방정부가 민간비영리조직으로부터 서비스를 구매할 수 있게 되었다. 서비스 구매자로서 정부는 민간비영리조직과 계약을 맺어 이들로 하여금 서비스를 제공케 하고 그 대가로 비용을 지불하였다. 이를 프로그램 민영화라고 한다. 이후 신자유주의에 힘입어 공공사회복지서비스의 민영화가 확산되었다. 이에 따라 비영리사회복지조직에 대한 정부보조금이 비약적으로 증가하여 비영리사회복지조직 재정수입의 반 이상을 차지하게 되었다. 민간비영리조직이 메디케어와 메디케이드 수급자에게 케어서비스를 제공하고 정부로부터 받는 돈도 매년 수십억 달러에 달하게 되었다.[2)]

2) 정부의 직접 서비스 제공자 역할이 감소되고 영리기관과 비영리조직 간의 경쟁이 심한 곳이 직업훈련 분야와 비영리병원 부문이다. 그리고 비영리조직에서 영리조직으로의 변환도 활발한데, 보건의료 분야, 특히 병원, 요양원, 건강관리산업 부문이 그렇다.

정부 지원이 이처럼 크게 증가하자 비영리조직의 프로그램이 다양해지고 수준이 향상되었으며, 정부를 상대로 벌이는 계약 협상기술과 재무관리기법도 비약적으로 발전하였다. 그리고 서비스 구매자로서 정부는 서비스의 결과(효과)와 전달과정에서의 문제점에 대한 감시·감독과 법적 규제를 강화했다. 이는 비용을 지불하는 자의 당연한 의무였다. 간혹 서비스 공급자인 영리조직이 불법을 저지르기도 하는데, 정부가 위임하는 프로그램의 사명이 공익에 있는 반면에 서비스를 제공하는 영리조직은 수익을 중시하기 때문에 발생한다.

사회복지 부문의 민영화는 비정부조직 선호(nongovernment preferences)가 반영된 것이다. 비정부조직 선호는 정부가 제공하는 서비스보다는 민간이 제공하는 서비스를 더 선호하는 것이다. 1970년대 중반 이후 민영화는 경제 부문뿐만 아니라 휴먼서비스 부문에서도 대세가 되었다. 민영화는 정부의 규모와 권한의 축소를 선호하는 정치적 이데올로기의 한 부분을 이룬다. 이러한 이데올로기는 정부조직에 대한 반감, 예컨대 수급자에 대한 관료적 규칙의 적용과 이용자 비친화적 시스템(user-unfriendly system)에 대한 반감과 민간부문에 대한 선호를 포함한다(Gibelman, 2000: 126).

사회서비스를 민간사회복지조직에게 민영화할 경우 사회서비스의 공급자는 민간사회복지조직이 되고, 서비스 수급자(수급자)는 소비자가 되며, 정부는 비용을 지급하는 제삼자가 된다. 그런데 수급자가 서비스 비용을 직접 지불하지 않기 때문에 자신에게 제공되는 서비스의 질이 적정한지 체크하기 어렵다. 게다가 수급자는 아동, 노인, 빈민 등 사회적 취약계층으로서 서비스에 대한 정보를 충분히 갖고 있지 않다. 제품(상품과 서비스)에 관한 정보를 소비자가 충분히 숙지하지 못해 시장 안에서 경쟁과 소비자 선택이 보장되지 않는 것을 계약의 실패(contract failure)라고 한다. 계약의 실패는 정보의 비대칭성 때문에 발생한다. 이렇게 제삼자가 비용을 부담하게 되면 서비스 질과 가격의 적정성이 담보되기 어렵다.

그리고 민간비영리조직이 정부의 민영화 정책(특히 프로그램의 민영화)으로 운영비의 상당 부분을 정부 보조금 형태로 지원받게 됨에 따라 재정의 정부 의존성이 커져 민간조직의 자율성과 독립성이 약화되는 부작용도 나타났다. 정부-민간조직의 협력관계 강화가 민간조직을 위협하는 것을 민간부문의 실패(voluntary sector failure)라고 한다(원석조, 2018: 120-121).

민간조직이 공공조직에 비해 서비스 대상자들에게 보다 더 다가가고, 보다 덜 관료적이며, 지역의 영향력 있는 집단에 보다 책임 있는 자세를 견지하는 것은 사실이다. 그러나 이것이 사회복지서비스 행정체계의 효율성을 제고하는 보증수표가 된다는 보장은 없다(Gilbert & Terrell, 2002: 157-159).

2절 사회복지행정체계의 현황

사회복지행정체계는 제공하는 사회복지급여의 종류에 따라 소득보장과 사회서비스의 영역별로 나눌 수 있으며, 사회복지행정의 운영주체에 따라 공공부문과 민간부문으로 나눌 수 있고, 사회복지행정의 범위에 따라 전국적인 체계와 지역 차원의 체계로 나눌 수 있다.

1. 사회복지행정체계의 영역별 현황

사회복지행정체계는 제공하는 사회복지급여에 따라 수급자격 기준이 다르고, 급여 유형도 다르기 때문에 다양한 형태를 갖는다. 사회복지행정의 영역은 사회권에 대한 요구가 커지면서 지속적으로 확대되고 있다. 즉, 전통적인 사회적 위험(social risk)에 대처하기 위한 소득보장제도와 취약계층을 위한 선별적 사회복지서비스에서 일반 국민들을 위한 보편적인 사회서비스로 확대된 것이다. 이러한 사회복지급여의 영역에 따라 사회복지행정체계를 분류해 보면, 〈표 3-1〉과 같다(안병영 외, 2018: 304-307).

표 3-1 사회복지행정체계의 영역별 현황

영역		수급자 특성	급여 유형	운영주체
소득보장	사회보험	• 사회보험 가입자 • 사회적 위험 발생	• 현금급여 • 서비스	• 중앙정부, 지방정부 • 공공기관
	공공부조	• 빈곤 가구	• 현금급여 • 서비스	• 중앙정부, 지방정부 • 민간기관(영리/비영리조직, 이웃)
사회복지	아동	• 빈곤 아동 • 일반 아동	• 현금급여 • 보육서비스	• 중앙정부, 지방정부 • 공공기관 • 민간기관(영리/비영리조직, 가족)
	노인	• 빈곤 노인 • 장기요양 노인 • 일반 노인	• 현금급여 • 요양서비스 • 돌봄서비스	• 중앙정부, 지방정부 • 공공기관 • 민간기관(영리/비영리조직, 가족)
	여성	• 한부모 여성 • 일반 여성	• 현금급여 • 서비스	• 중앙정부, 지방정부 • 공공기관 • 민간기관(영리/비영리조직, 가족)
	장애인	• 빈곤 장애인 • 일반 장애인	• 현금급여 • 서비스	• 중앙정부, 지방정부 • 공공기관 • 민간기관(영리/비영리조직, 가족)
	청소년	• 빈곤 청소년 • 일반 청소년	• 현금급여 • 서비스	• 중앙정부, 지방정부 • 공공기관 • 민간기관(영리/비영리조직, 가족)
보건 · 의료		• 국민 • 의료보험 가입자	• 의료서비스	• 중앙정부, 지방정부 • 공공기관 • 민간기관(영리/비영리조직)
교육		• 초 · 중 · 고 학생	• 교육서비스	• 중앙정부, 지방정부 • 공공기관 • 민간기관(영리/비영리조직)
고용		• 실직자 • 구직자	• 고용서비스	• 중앙정부, 지방정부 • 공공기관 • 민간기관(영리/비영리조직)
주거		• 국가유공자 • 빈곤 가구	• 주택 및 서비스	• 중앙정부, 지방정부 • 공공기관 • 민간기관(영리/비영리조직)

1) 소득보장행정체계

소득보장의 영역에는 사회보험과 공공부조가 있다. 사회보험은 사회보험 가입대상자의 역선택(adverse selection)을 막고, 위험분담(risk pooling) 범위를 최대화하기 위해 가입을 강제한다. 그리고 중앙정부가 보험공단 등 공공기관을 설치하여 사회보험료의 부과, 징수와 급여 제공 업무를 위임한다.

공공부조는 전국적으로 통일된 기준으로 시행하고 소득재분배를 위해 중앙정부가 조세를 재원으로 한다. 일반적으로 중앙정부와 지방정부가 공공부조 재원을 공동으로 분담하며, 지방정부는 중앙정부의 지침에 따라 수급자를 선발하고 급여를 제공한다. 최근 공공부조에서 근로능력이 있는 수급자의 자립과 활성화를 위해 지방정부가 고용서비스 제공을 민간기관에 위탁하기도 한다. 따라서 소득보장행정체계에서는 중앙정부와 지방정부, 공공기관이 사회보험과 공공부조를 운영하여 수급자에게 현금급여 제공자의 역할을 수행하고, 시민은 세금과 사회보험료를 납부하는 납세자이며 동시에 현금급여를 받는 수급자가 된다.

2) 사회서비스 행정체계

사회서비스의 영역에서는 대인서비스를 제공한다. 그러나 정부가 사회서비스를 제공하기 이전부터 이미 민간부문(영리 · 비영리조직/가족, 이웃)이 서비스를 제공해 왔고, 대다수 개인은 영리를 추구하는 민간기관을 통해서도 서비스를 제공받고 서비스 비용을 부담해 왔다. 따라서 정부가 사회서비스를 제공하고자 하는 경우, 다양한 선택을 할 수 있다. 국가가 무상으로 서비스를 제공하거나, 아니면 민간기관의 서비스를 이용하도록 요금을 지원하거나 바우처를 제공할 수 있다. 또는 서비스를 정부가 직접 제공하는 대신에 민간기관에 위탁하여 서비스 비용을 부담하거나, 민간기관의 서비스 제공에 대하여 보조금을 지원할 수도 있다.

사회서비스 행정체계는 서비스 공급자인 공공부문과 민간부문, 그리고 서비스 이용자인 시민으로 구성되어 있다. 중앙정부와 지방정부, 공공기관을 포함한 공공부문은 사회서비스 행정체계에서 사회서비스의 제공자와 위탁자, 민간부문에 대한 재정지원자와 규제자의 역할을 수행한다. 그리고 영리·비영리조직, 가족과 이웃을 포함한 민간부문은 서비스 제공자 또는 서비스 위탁제공자 역할을 담당한다. 사회서비스 행정체계에서 시민은 공공부문 또는 민간부문이 제공하는 서비스를 이용하고 서비스 비용을 부담하는데, 서비스 비용 부담 방식에 따라, 서비스 수급권자(무상), 사회서비스 이용자(본인부담금, 바우처), 민간서비스 구매자(개인부담) 역할을 한다.

2. 사회복지행정체계의 부문별 현황

사회복지행정체계의 운영주체는 공공부문과 민간부문으로 구분할 수 있고, 재원은 다양한 방식으로 충당된다. 〈표 3-2〉를 보면, 사회복지행정체계에서 공공부문은 중앙정부와 공공기관, 지방정부로 나눌 수 있고, 민간부문은 영리조직과 비영리조직, 비공식조직으로 나눌 수 있다. 사회복지행정체계에서 재원은 공공재원과 민간재원이 혼용되고 있다(안병영 외, 2018: 332-335).

1) 공공부문

(1) 중앙정부

중앙정부 차원에서 보건복지부는 사회보험(건강보험, 노인장기요양보험, 국민연금보험), 공공부조, 사회복지서비스를 포함한 사회복지정책을 총괄하고, 사회복지예산을 배분하는 역할을 담당한다. 국방부, 행정안전부, 교육부 등도 각각 군인, 공무원, 사립학교교직원을 위한 연금정책을 수립하고 특수직연금공단 운영을 감독한다. 고용노동부는 산재보험과 고용보험 정책을 수립하고 근로복지공단 운영을 감독한다. 그리고 국민기초생활보장제도의 맞

표 3-2 사회복지행정체계의 부문별 현황

	공공부문			민간부문		
	중앙정부	공공기관	지방정부	영리조직 (시장)	비영리 조직	비공식조직 (가족,이웃)
운영주체	• 보건복지부 • 고용노동부 • 국방부 • 행정안전부 • 교육부 • 국토교통부 • 교도소 • 국립정신건강센터 • 국립병원 • 국립재활원	• 국민연금관리공단 • 국민건강보험공단 • 근로복지공단 • 건강보험심사평가원 • 국립암센터 • 국립중앙의료원 • 서울의료원 • 서울시복지재단 • 서울시여성가족재단 • 서울시자원봉사센터	• 특별시 · 광역시 · 도 • 시 · 군 · 구 • 읍 · 면 · 동	• 민간병원 • 민간노인요양기관 • 민간유치원 • 민간어린이집 • 민간보험회사 • 민간양로원	• 사회복지법인 • 종합사회복지관 • 지역자활센터 • 다문화가족센터 • 건강가정지원센터 • 정신건강증진센터	• 가족 • 이웃
재원부담	• 정부예산 • 기부금 • 이용요금 • 본인부담금 • 수익금	• 사회보험료 • 정부예산 • 지방정부예산 • 이용요금 • 본인부담금 • 기부금	• 지방정부 • 예산 • 국고 • 보조금	• 정부 바우처 • 이용자요금 • 본인부담금	• 기부금 • 정부지원금 • 법인전입금 • 이용요금 • 자체수익금	• 임금 • 이자소득 • 임대소득 • 공적 이전 • 사적 이전

춤형 급여제도를 실시하고 있는 교육부는 교육급여를, 국토교통부는 주거급여를 맡아 정책을 수립하고, 광역지방정부에 사업지침을 시달하고 예산을 배정한다. 중앙정부 부처들은 사회복지 관련 정책수립 및 사업기획, 예산배정 등의 업무를 담당하지만, 교도소, 국립정신건강센터, 국립재활원, 지역 국립병원 등 전문행정기관을 통해 사회서비스를 직접 제공하기도 한다.

중앙부처와 소속 기관의 예산은 정부예산에서 충당하며, 사회서비스를 직접 제공하는 소속 기관에서는 민간재원을 운영비의 일부로 사용하기도 한다. 예를 들면, 교도소에서 소액이지만 민간기부금과 재소자 생산품 판매 수입금 등을 운영비로 사용한다. 국립재활원과 지역 국립병원들은 의료서비스를 제공하고 환자들로부터 본인부담금을 받는다.

(2) 공공기관

공공기관은 정부가 사회보험을 관리하기 위해 설립한 국민건강보험공단, 국민연금관리공단, 근로복지공단 등이 있다. 사회보험급여 지급과 공단운영에 필요한 재원은 사회보험료와 정부지원금으로 충당된다. 또한 특정 서비스 제공을 목적으로 공공기관이 중앙부처 산하기관 또는 지방정부의 출연기관으로 설립 · 운영되고 있다. 국립암센터, 국립중앙의료원 등이 중앙부처 산하기관에 속하고, 서울의료원, 서울시복지재단, 서울시여성가족재단, 서울시자원봉사센터 등은 지방정부의 출연기관에 속한다. 중앙부처 산하기관은 정부예산과 민간기부금 그리고 이용자부담금을 재원으로 사용하고, 지방정부 출연기관은 지방정부 예산과 민간기부금 그리고 이용자부담금을 재원으로 사용한다.

(3) 지방정부

지방정부는 광역지방정부인 특별시 · 광역시 · 도, 기초지방정부인 시 · 군 · 구, 그리고 행정구역인 읍 · 면 · 동으로 이어지는 위계적 계층구조를 형성하고 있으며, 공공부조와 사회복지서비스 행정체계에서 중요한 역할을 담당한다. 공공부조 행정체계를 보면, 지방정부는 중앙정부의 사업지침에 따라 수급자를 관리하고 급여를 지급할 뿐 아니라 재원을 분담한다. 광역지방정부인 시 · 도와 기초지방정부인 시 · 군 · 구는 기초보장을 위해 지방비를 추가로 배정해야 한다. 시 · 군 · 구는 기초보장 수급자의 자격관리를 담당하며, 읍 · 면 · 동에서는 수급신청 및 급여지급, 수급자 상담 등을 시행한다. 한편, 지방정부는 사회복지서비스 제공에서 가장 중요한 역할을 수행한다. 지방정부가 제공하는 사회복지서비스는 중앙정부가 전국적으로 실시하는 국고보조사업과 지방정부가 자율적으로 시행하는 자체사업으로 나누어 볼 수 있다. 국고보조사업은 중앙정부가 제공하는 국고보조금과 지방정부의 대응예산을 통해 재원을 마련한다. 반면에 자체사업은 서울형 기초보장제도와 같이 지방비에서 재원을 조달한다. 지방정부는 지역주민을 위한 사회서비스를 직접 제공하지 않고, 민간위탁 방식을 통해 서비스를 제공하는 경우가 훨씬 많다. 지방정부는 서비스 제공에 필요한 재원을 부담하고 민간기관이 계약대로 서비스를 제공하는지 감독한다.

2) 민간부문

사회복지행정체계에서 민간부문은 영리조직(시장, 기업), 비영리조직, 비공식조직(가족, 이웃)으로 나눌 수 있다.

(1) 영리조직

영리조직은 수익을 목적으로 서비스를 제공하는 기관을 말하는데, 영리조직이 제공한 서비스 비용의 지급방식에 따라 서비스 유형을 구분할 수 있다. 민간병원과 민간노인요양기관의 사례를 보면, 민간기관이 이용자에게 서비스를 제공하지만, 서비스 비용은 건강보험과 장기요양보험에서 제공하는 요양급여와 환자의 본인부담금을 통해 지불된다. 또한 민간어린이집을 이용하는 부모에게 정부가 바우처를 지급하여 보육료를 납부하도록 하고 보육시설에 대한 부모의 선택권을 보장한다. 반면에 민간양로원을 이용하거나 민간보험회사를 통해 보험상품을 구입하는 경우, 이용자 본인이 비용을 전액 부담한다.

(2) 비영리조직

비영리조직은 전통적으로 민간재원을 통해 취약계층에게 현금과 현물 급여를 제공해 왔다. 최근 들어 비영리조직이 지방정부와 민간위탁 계약을 맺고 사회복지서비스를 제공하는 사례가 급증하고 있다. 지역사회에서 활동하는 종합사회복지관, 노인복지관, 청소년복지관, 여성복지관, 장애인복지관, 지역자활센터, 다문화가족지원센터, 건강가정지원센터, 정신건강증진센터, 자원봉사센터 등은 모두 지방정부가 민간위탁 방식을 통해 사회복지서비스를 제공하는 사례들이다. 예를 들어, 사회복지법인이 지방정부와 종합사회복지관 운영에 관한 위탁계약을 체결하고, 지방정부의 지원금을 받아 서비스를 제공한다. 사회복지법인은 지방정부의 지원금에 추가하여 기부금, 법인전입금, 자체수익금 등을 통해 재원을 마련하여 운영한다.

(3) 비공식조직

비공식조직 또한 공급자로서의 역할을 수행한다. 특히 가족은 아동 돌봄에서 큰 역할을 담당한다. 한국에서 만 7세 미만의 아동을 어린이집 · 유치원에 보내지 않고 가정양육하는 부모에게 정부가 양육수당을 제공한다. 그리고 출산휴가와 육아휴직 등으로 구성된 일 · 가정 양립지원을 통해 기혼여성이 직장에서 근로자 역할과 가족에서 돌봄자의 역할을 성공적으로 병행할 수 있도록 지원한다.

3. 지역사회복지행정체계

사회복지행정에서 사회서비스가 확대되고 사회복지의 지방분권화가 추진되면서 지역사회복지행정체계의 확립이 중요한 과제로 부상하였다. 지역사회복지행정체계는 지역사회를 단위로 지방정부와 사회복지기관, 복지 수급자들이 함께 참여하고, 지방정부와 사회복지기관들이 협력하여, 사회복지기관들 간의 상호 조정을 통해 수급자에게 서비스를 통합적으로 제공하는 체계를 의미한다.

지역사회복지행정체계는 [그림 3-2]와 같다. 공공부조와 사회서비스를 지역주민들에게 제공하기 위해 각각 정부부문과 민간부문 조직들이 적절한 역할을 분담하여야 한다(안병영 외, 2018: 338-345).

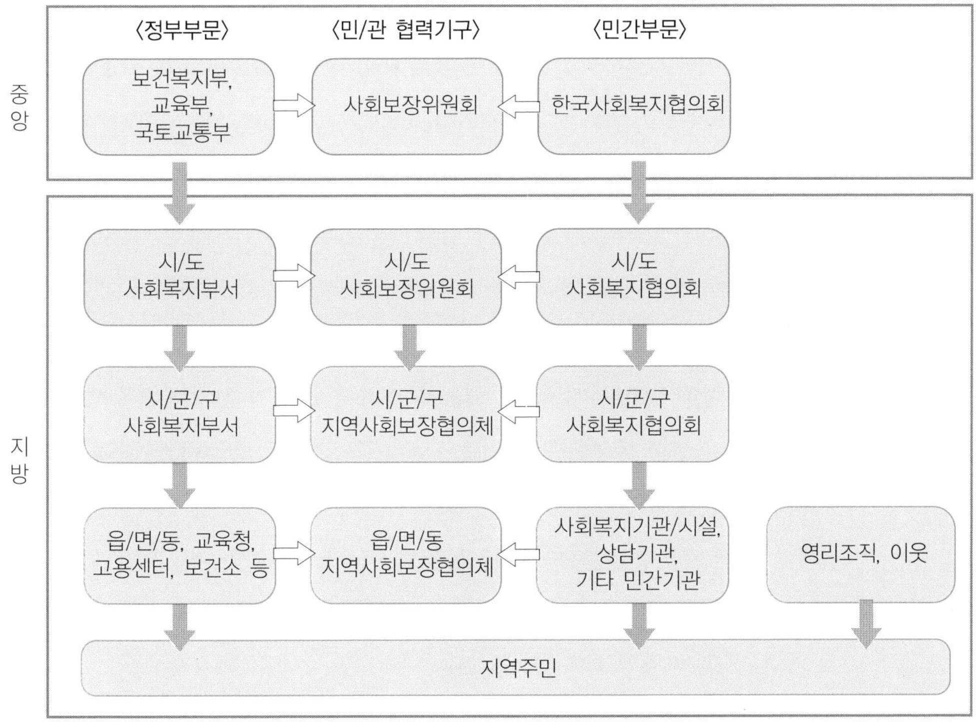

[그림 3-2] 지역사회복지행정체계의 개념도

1) 공공부조행정체계

중앙정부가 전국적으로 시행하는 공공부조는 정부부문의 위계적 행정체계를 통해 수급자에게 제공된다. 국민기초생활보장제도의 맞춤형 급여체계에서는 보건복지부가 생계 · 의료 · 자활 · 장제급여를, 교육부와 국토교통부가 교육급여와 주거급여를 관장한다. 중앙부처는 복지급여지침을 시 · 도 광역지방정부의 사회복지부서에 전달하고, 시 · 도의 사회복지부서는 시 · 군 · 구 기초지방정부의 사회복지부서에 지침을 전달하며, 읍 · 면 · 동 사회복지공무원이 급여를 제공한다. 지방정부는 중앙부처의 사업 지침에 따라 공공부조급여를 제공하고, 기초생활보장에 필요한 공공부조예산은 국비와 지방비를 통해 충당한다.

2000년 국민기초생활보장제도가 도입되면서, 근로능력이 있는 수급자를 조건부 수급자로 분류하여 자활사업에 참여시키는 자활급여를 제공하고 있다. 자활사업에서는 조건부 수급자의 근로능력을 유지하고, 민간노동시장에 취 · 창업을 지원하기 위해 고용 및 사회서비스를 제공한다. 시 · 군 · 구는 중앙정부의 자활사업지침에 따라 조건부 수급자의 근로능력과 의지를 평가하여 두 집단으로 나누고, 서로 다른 유형의 자활사업에 참여시켜 왔다. 근로능력과 의지가 부족한 집단은 지방정부가 시행하는 근로유지형 자활사업에 참여시키고, 근로능력과 의지가 높아 시장에서 일자리를 구하는 것이 가능한 조건부 수급자는 지역자활센터가 운영하는 업그레이드형 자활사업에 참여하도록 하였다. 2016년 기준, 시 · 군 · 구에서는 지역자활센터 252개, 시 · 도에서는 광역자활센터 14개, 그리고 중앙자활센터 1개가 운영되고 있다.

2) 사회서비스 행정체계

지방정부의 공무원이 지역주민에게 직접 사회서비스를 제공하는 경우는 많지 않다. 읍 · 면 · 동 사회복지 담당공무원이 공공부조 수급자와 개인 상담을 실시하여 서비스를 직접 제공하는 경우가 있으나, 과중한 행정업무 부담으로 지역주민에게 서비스를 제공하는 것이 많지는 않다. 사회복지 담당공무원이 수행하는 업무는 지방정부의 자체사업부터 중앙부처가 추진하는 사회복지사업에 이르기까지 방대하다. 정부의 발표 자료에 따르면, 2013년 6월, 중앙부처가 시행하는 사회복지사업 수는 17개 부처 292개에 달하며, 이 가운데 읍 · 면 · 동 사회복지 담당공무원이 집행하는 복지업무가 14개 부처 169개 사업(58.6%)에 이르고 있다. 중앙부처가 추진하는 사회복지사업의 절반 이상을 읍 · 면 · 동 사회복지 담당공무원이 집행하기 때문에 이들이 지역주민에게 사회서비스를 효과적으로 제공하기 어렵다.

지방정부는 지역의 민간기관과 계약을 체결하여 민간기관이 사회서비스를 제공하고, 지방정부는 재정을 부담하는 위탁계약 방식을 선호한다. 따라서 지역사회에서 사회서비스 행정체계는 크게 분류하면, 공공서비스 행정체계, 민간위탁서비스 행정체계, 민간서비스 행정체계로 구분할 수 있다.

(1) 공공서비스 행정체계

공공서비스 행정체계는 지방정부가 사회서비스를 수급자에게 직접 제공하거나, 지방정부가 공단 · 공사, 출연기관, 또는 공립기관(시 · 군 · 구립 시설)을 설립하여 사회서비스를 제공하는 경우이다. 근로유지형 자활사업이 전자의 사례라고 한다면, 서울시의 서울주택도시공사, 서울의료원 등은 후자의 사례라고 할 수 있다. 이때 사회서비스 수급자들은 서비스를 무상으로 이용하거나, 요금, 바우처, 본인부담금을 지급하고 서비스를 이용한다.

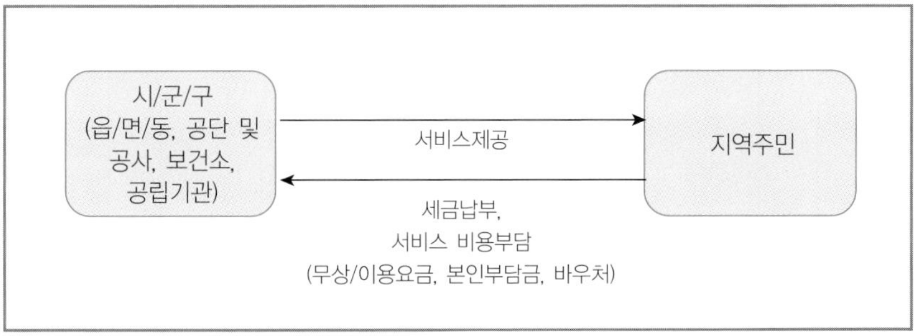

[그림 3-3] 지역사회의 공공서비스 행정체계

(2) 민간위탁서비스 행정체계

민간위탁서비스 행정체계는 지방정부가 사회서비스를 제공하기 위해 민간의 비영리조직과 위탁계약을 체결하고, 민간기관이 사회서비스를 제공하고 지방정부가 재정을 부담하는 유형이다. 지방정부는 사회서비스를 제공할 비영리조직을 공개경쟁입찰 방식을 통해 선정하고, 민간기관이 제공한 서비스의 성과를 평가하고 감독한다. 지역의 사회복지 이용시설인 종합사회복지관, 노인종합복지관, 장애인복지관, 청소년복지관, 정신보건시설 등과 자활센터, 자원봉사센터, 건강가정지원센터, 다문화가족센터 등은 모두 민간위탁서비스 행정체계에 속한다. 민간위탁기관이 제공하는 서비스에 대하여 지방정부가 재원을 부담하는 경우가 대부분이지만, 서비스 이용자들이 요금을 납부하기도 한다. 예를 들어, 지방정부와 민간위탁계약을 체결하고 운영되는 종합사회복지관은 지방정부로부터 재정지원을 받지만, 종합사회복지관에서 제공하는 프로그램을 이용하는 사람들에게 이용요금을 받기도 한다. 또한 시 · 군 · 구립 어린이집을 민간기관에 위탁하여 보육서비스를 제공하는 경우 바우처를 지급하기도 한다.

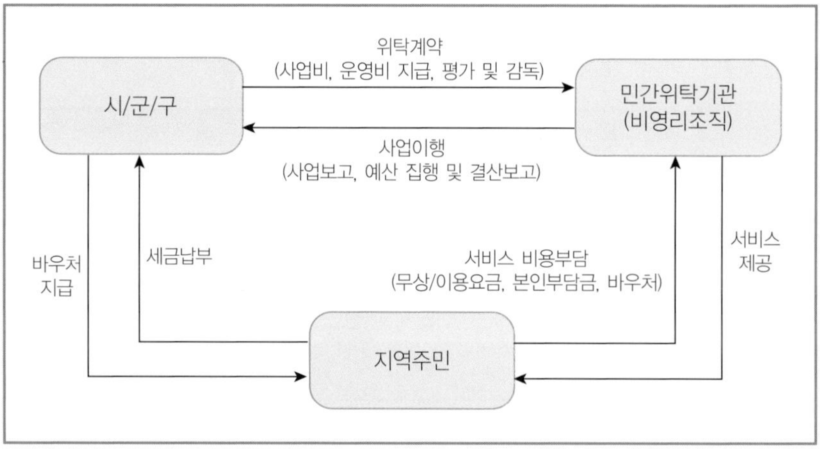

[그림 3-4] 지역사회의 민간위탁서비스 행정체계

(3) 민간서비스 행정체계

민간서비스 행정체계는 지역사회에서 자발적으로 활동하는 비영리조직과 영리조직을 꼽을 수 있다. 사회복지법인, 사회복지관, 자원봉사단체, 사회복지 이용 · 수용시설 및 각종 사회복지 관련 단체들은 지방정부가 사회서비스를 제공하기 이전부터 이미 지역의 취약계층들에게 서비스를 제공해 왔다. 비영리조직들 중에서 지방정부의 민간위탁기관으로 지정되어 사회서비스를 제공하는 경우도 있지만, 자체적으로 사회서비스를 제공하는 경우도 많다. 이들은 시·군·구 사회복지협의회에 소속되어 있고, 시·군·구 사회복지협의회는 시·도 사회복지협의회에 소속되어 있으며, 시·도 사회복지협의회는 한국사회복지협의회와 위계적 관계를 형성한다. 비영리조직이 자발성·비영리성·비정부성의 특성을 지니지만, 정부와 지방정부로부터 재정적 지원금을 받는다. 지역사회에서 비영리조직이 자발적으로 제공하는 사회서비스는 일반적으로 취약계층을 대상으로 하기 때문에, 이용자들이 서비스를 무상으로 이용한다. 다만, 일반인을 대상으로 특정 프로그램을 운영하는 경우는 서비스 이용요금을 받기도 한다.

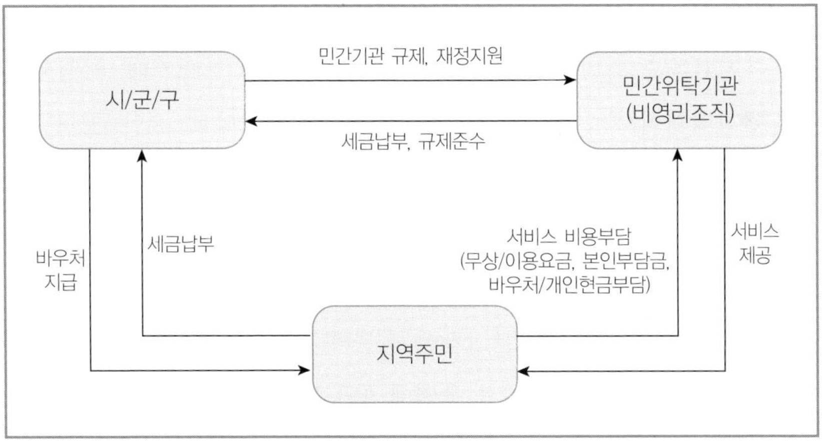

[그림 3-5] 지역사회의 민간서비스 행정체계

지역사회에서 사회서비스를 제공하는 민간기관 중에는 수익을 목적으로 시장에서 활동하는 영리조직이 있다. 영리조직이 제공하는 사회서비스에 대해 서비스 이용자가 지닌 정보가 불충분하고 선택능력이 부족하기 때문에 시장실패문제가 발생할 수 있다. 그러므로 정부는 시장에서 서비스를 판매하는 영리조직의 영업활동을 적절하게 규제해야 한다. 영리기관이 제공하는 서비스를 구입하는 개인은 서비스 비용을 부담할 수 있는 재정능력을 지녀야 한다.

지역사회서비스 행정체계 유형들 중에서 민간서비스 행정체계가 차지하는 비중이 압도적으로 높고, 특히 수익을 목적으로 서비스를 제공하는 영리기관의 비중이 높다. 노인요양서비스 행정체계를 보면, 재가서비스를 제공하는 재가복지센터, 주간보호센터, 단기보호시설과 요양서비스를 제공하는 노인요양시설, 노인요양병원 등은 거의 모두가 수익을 추구하는 영리기관들이다. 의원과 민간병원들도 법률상으로 비영리기관이라고 하지만, 실제로는 영리를 추구하는 민간기관들이다. 그리고 보육서비스를 제공하는 민간어린이집과 유아교육을 제공하는 민간유치원들도 마찬가지로 영리를 추구하는 민간기관들이다. 장애인활동보조서비스와 가사도우미서비스를 제공하는 기관들도 영리를 목적으로 서비스를 제공한다. 요컨대, 지역사회서비스 행정체계에서 수익을 추구하는 영리기관들이 의료, 요양, 보육, 돌봄의 분야에서 광범위하게 활동하고 있다. 영리를 추구하는 민간기관이 제공하는 서비스에 대하여 이용자들은 그 비용을 개인적으로 부담하거나 본인부담금을 납부하고, 아니면 정부가 제공하는 바우처를 사용하여 지불한다. 따라서 영리를 추구하는 민간기관이 정부의 지원을 받아 서비스를 제공하는 경우, 서비스 제공이나 기관 운영에 공공성을 확보할 수 있도록 정부의 철저한 지도 감독 기능이 필요하다.

(4) 지역사회보장협의체

이상에서 살펴본 바와 같이 지역사회서비스 행정체계는 공공서비스 행정체계, 민간위탁서비스 행정체계, 민간서비스 행정체계로 구성되어 있다. 지방정부는 공공서비스 행정체계뿐 아니라 민간위탁서비스 행정체계와 민간서비스 행정체계에서도 사회복지서비스가 효과적으로 제공될 수 있도록 노력해야 한다. 지방정부는 사회복지서비스를 제공하기 위해 지역사회중심의 사회복지계획 수립, 지역사회복지제공 네트워크 구축, 자원 발굴 및 연계기능을 성공적으로 수행할 수 있어야 하며, 이를 위해 공공부문과 민간부문간 협력적 파트너십이 중요하다. 공공부문과 민간부문에서 개별 기관들의 자율성을 보장하면서 지역사회 차원에서 통합적 사회서비스를 제공할 수 있도록 해야 한다.

이를 위하여 2015년 7월, 정부는 지역사회복지행정체계에서 민·관 협력관계를 규율해 왔던 「사회복지사업법」을 대체하여, 「사회보장급여의 이용·제공 및 수급권자 발굴에 관한 법률」을 제정하고, 지역사회보장행정체계에서 민·관 협력의 새로운 전기를 마련하였다. 새로운 법률에서는 시·도의 사회보장위원회, 시·군·구의 지역사회보장협의체, 읍·면·동의 지역사회보장협의체를 구성하여, 민·관 협력을 활성화시키고자 하였다.

지역사회보장협의체는 과거 지역사회복지협의체와 몇 가지 차이가 있다. 첫째, 지역사회보장협의체는 지역사회보장계획의 수립·집행·평가와 지역사회보장 증진을 위한 과정에 민간의 참여와 협력기반을 마련하고, 특히 서비스 제공기관의 대표 또는 실무자들이 참여하여 지역복지계획을 수립하는 상향식 의사소통 구조를 확립한다. 둘째, 보건의료와 사회복지 위주의 서비스 제공에서 벗어나 고용, 주거, 교육, 문화 환경 관련 서비스 제공자들 사이에서 연계망을 구성하여, 수요자의 다양하고 복합적인 욕구에 대응하여 복지급여의 통합적 제공을 위한 기반을 마련한다. 셋째, 지역사회보장협의체에는 사회보장 전문가, 지역의 사회보장활동을 수행하거나 서비스를 제공하는 기관·법인·단체·시설의 대표자, 비영리 민간단체의 추천자 등 민간위원들과 사회보장업무를 담당하는 공무원이 참여하도록 함으로써 실질적인 민·관 협력체계를 확보한다. 이러한 차이에도 불구하고, 지역사회보장협의체가 민·관 협력을 강화하고 지역사회서비스 행정체계의 통합성·연속성·접근성·책임성을 강화하는 데 실질적으로 기여할지는 앞으로 더 지켜보아야 한다.

3절 사회복지행정체계의 원칙과 개선전략

사회복지행정체계를 구축할 때에는 고려해야 할 여러 가지 쟁점과 원칙이 있다. 여기서는 지역사회에서 사회복지행정체계를 구축하거나 운영할 때 고려하여야 할 쟁점과 원칙들을 살펴보고, 이에 따라 사회복지행정체계를 개선할 수 있는 전략을 살펴본다.

1. 사회복지행정체계 구축 시 고려해야 할 쟁점

사회서비스 분야에서 민간기관의 서비스 위탁제공이 늘어나면서, 지방정부의 서비스 공급자의 역할은 줄었고, 대신에 재원 부담자와 규제자의 역할이 증가하였다. 이러한 지방정부의 역할 변화에 따라, 지역사회에서 사회서비스를 효과적으로 제공하기 위한 사회복지행정체계를 구축하는 원칙들에 대한 논의도 활발하게 이루어지고 있다. Gilbert & Terrell은 지역사회의 사회복지행정체계를 구축하거나 운영할 때 고려하여야 할 쟁점으로 다음과 같은 7가지의 쟁점을 제시하고 있다(Gilbert & Terrell, 2002).

① 사회복지행정체계를 집권화할 것인가, 분권화할 것인가?
② 수급자에게 통합서비스를 제공할 것인가, 단일서비스를 제공할 것인가?
③ 지역사회의 사회복지기관을 한 곳에 모아둘 것인가, 분산할 것인가?
④ 사회복지기관이 타 기관과 연계하여 서비스를 제공할 것인가, 독자적으로 할 것인가?

⑤ 전문가가 사회서비스를 제공할 것인가, 비전문가 또는 준전문가가 제공할 것인가?
⑥ 사회서비스 결정권을 전문가에게 줄 것인가, 수급자에게 줄 것인가?
⑦ 정부가 사회서비스를 직접 제공할 것인가, 민간위탁방식으로 할 것인가?

이러한 쟁점들 중 앞의 여섯 가지 쟁점은 사회서비스의 일관성(coherence)과 접근성(accessibility)을 높이기 위해 행정체계의 구조를 짜는 것이라면, 마지막 쟁점은 사회서비스의 효율성을 높이기 위해 시장 방식의 도입에 관한 것이다.

지역사회에서 사회서비스 체계를 구축할 때, 각 국가의 정치 경제 사회 문화적 환경이 다르기 때문에, 이러한 쟁점에 대한 단일한 해결책은 없다. 우선 지역사회의 사회서비스 체계가 집권화되고, 수급자에게 통합서비스가 한곳에서 제공되고, 사회서비스가 타 기관과 연계하여 전문가가 제공하고, 사회서비스 결정권에 수급자가 참여하면 좋을 것으로 생각할 수 있다. 그러나 지방정부가 사회서비스에 대한 전반적인 통제권을 갖는다면, 서비스의 통합성을 높이는 데에는 유리할 수 있으나, 수급자의 참여가 어렵고 서비스의 접근성을 떨어뜨릴 수 있다. 또한 전문가에 의한 서비스 제공은 수급자의 욕구 충족에는 유리할 수 있지만, 지역주민의 자발적인 참여를 막고 수급자를 대상화시키는 전문가주의의 폐단이 생겨날 수 있다. 서비스 결정과정에서 수급자의 참여 기회를 보장하는 것은 민주성을 강화하는 데는 유리할 수 있으나, 조직의 효율성을 떨어뜨릴 수 있으며, 공공기관의 비효율성을 극복하기 위한 대안으로 민간위탁방식은 책임성에 대한 논란이 끊이지 않는다. 결국, 사회서비스 체계의 구축과정에서 일반적으로 적용할 수 있는 원칙을 정립하는 것은 불가능해 보인다(안병영 외, 2018: 319-320).

2. 사회복지행정체계 구축 시 고려해야 할 원칙

사회복지행정체계를 구축할 때 고려해야 할 여러 가지 쟁점에 대한 논란에도 불구하고, Gilbert와 Terrell은 지역사회의 사회복지행정체계를 구축하거나 운영할 때 고려하여야 할 원칙으로 다음과 같은 세 가지의 원칙을 제시하고 있다(Gilbert & Terrell, 2002).

① 사회서비스는 통합적이고, 연속적으로 제공되어야 한다.
② 수급 대상자들은 사회서비스에 쉽게 접근할 수 있어야 한다.
③ 사회복지행정체계는 책임성을 확보하여야 한다.

이러한 원칙을 포함하여, 사회복지행정체계를 구축할 때 고려해야 할 원칙을 정리하면 다음과 같다.

1) 통합성의 원칙

사회서비스 수급자의 문제는 대부분 복합적이고 상호 연관되어 있기 때문에, 이러한 문제를 해결하기 위한 서비스들도 서로 연관시켜 통합적으로 제공해야 한다. 수급자의 각각 다른 문제들을 해결하기 위한 서비스들이 서로 연결성 없이 제공된다면, 수급자의 문제를 조각으로 분리하는 것과 같다. 예를 들면, 저소득층 청소년의 도벽문제가 아버지의 음주, 어머니의 가출, 친척에 대한 불만, 불량교우와 교제, 학교 교우관계 문제, 성적문제 등과 연관되어 있다면, 이러한 문제를 해결하기 위한 서비스들도 상호 연계와 협조가 되어야 한다. 서비스들이 서로 다른 기관에서 제공되어 기관 간에 상호 연계와 협조가 잘 되지 않는다면, 그 문제는 효과적으로 해결될 수 없을 것이다. 보육(탁아) 프로그램은 양호, 교육, 급식, 영양교육, 가족계획 교육 등이 통합되는 것이 바람직하고, 미혼모 서비스 프로그램은 보육, 보건,

급식, 사회사업 서비스들이 통합되는 것이 바람직하다.

또한 서비스가 통합적으로 제공되기 위해서는, 하나의 기관에서 서비스들이 제공되고, 서비스 제공 기관들이 지리적으로 서로 가깝고, 서비스 프로그램 간 또는 서비스 기관 간에 상호 유기적인 연계와 협조체제가 갖추어져 있어야 한다.

2) 연속성의 원칙

사회서비스 수급자의 문제나 욕구는 해결 과정에서 필요한 서비스의 종류와 질이 달라져야 하는 경우가 많다. 이때 수급자는 필요로 하는 다른 종류의 서비스를 기관 내에서 또는 지역사회 내에서 연속적이고 지속적으로 받을 수 있어야 한다(Gates, 1980: 53). 연속성의 원칙이 적용되기 위해서는, 같은 조직 내의 서비스 프로그램 간의 상호협력이 잘 이루어져야 할 뿐 아니라, 지역사회 내의 사회서비스 기관 간에도 유기적 연계가 잘 이루어져야 한다. 예를 들면, 직업훈련 프로그램이 직업알선 프로그램과 잘 연계되어 있지 않으면 직업훈련을 통한 소득증대의 목표를 달성할 수 없을 것이다.

연속성의 원칙이 제대로 적용되지 못하는 데는 서비스 제공자가 필요한 서비스를 연결하고 사후 확인하는 절차와 방법을 확립하지 못했기 때문이다. 이런 경우에는 사례관리의 방법을 활용하는 것이 바람직하다.

3) 접근성의 원칙

사회서비스는 수급자가 쉽게 받을 수 있어야 하기 때문에, 접근이 용이하여야 한다. 주요한 장애요인으로는, 서비스에 관한 정보의 결여나 부족, 지리적 장애(원거리 또는 교통의 불편 등), 심리적 장애(자신의 문제 노출에 대한 두려움, 수치감 등), 선정절차상의 장애(수급자 선정과정에서 자산조사의 엄격한 적용, 시간이 많이 걸림), 자원부족(금품이나 상담자의 부족 등)(Gates, 1980: 148-160) 등이 있다. 따라서 사회서비스의 제공은 이러한 장애요인들을 가능하면 제거함으로써 수급자가 서비스에 쉽게 접근하여 서비스를 받을 수 있도록 하여야 한다.

4) 책임성의 원칙

사회서비스 기관은 국가가 시민의 권리로 인정한 사회서비스를 제공하도록 위임받은 조직이므로, 사회서비스의 제공에 대한 책임을 진다. 책임을 져야 할 주요 내용은, 사회서비스가 수급자의 욕구에 적절히 대응하는 것인가, 서비스의 제공절차가 적합한가, 서비스가 효과적이고 효율적인가, 서비스의 제공과정에서 불평과 불만의 수렴장치는 적합한가 등이다. 사회복지행정이 구체적으로 책임을 지는 대상은 국가를 대표하는 중앙정부 및 지방정부, 지역사회, 주민 그리고 수급자 등이다.

5) 적절성의 원칙

사회복지기관이 제공하는 사회서비스는 서비스의 내용과 제공하는 기간이 수급자의 문제해결과 서비스의 목표 달성에 충분해야 한다. 예를 들면, 소득보장을 위한 급여가 최저생계비 수준에도 못 미친다든가, 상담 서비스가 단순히 타이르고 조언하는 정도에 그친다든가, 서비스 제공 기간이 너무 짧다든지 하면, 수급자의 문제를 해결할 수 없을 뿐만 아니라, 서비스의 목표를 달성하기 어려울 것이다.

그러나 이러한 적절성의 원칙은 실제로는 재정 형편상 제대로 지키기 어려운 경우가 많고, 적절성의 수준이 어느 정도인지에 대해서도 논란이 있을 수 있다. 이러한 점에서 볼 때, 우리나라는 아직도 많은 사회서비스에서 적절성의 수준에 대한 논란이 있다.

6) 포괄성의 원칙

일반적으로 수급자의 욕구는 다양할 뿐만 아니라, 수급자의 문제는 다른 여러 가지의 문제와 연관되어 있다. 따라서 다양한 욕구와 문제를 동시에 또는 순서적으로 해결하기 위해서는 다양한 서비스가 필요하다. 통합성이 수급자의 문제가 내용적으로 복잡하다는 것을 나타내는 것이라면, 포괄성은 문제의 범위가 다양하다는 것을 의미한다. 예를 들면, 소득보장의 문제는 경제적 원조뿐만 아니라 직업훈련 또는 직업알선 문제, 행동개선 문제, 질병치료 문제, 가족문제, 자녀교육 문제 등의 다양한 문제와 얽혀 있기 때문에, 동시에 또는 우선순위에 따라 문제를 해결하기 위한 다양한 서비스가 필요하다.

서비스의 포괄성을 달성하기 위해서는, 한 사람의 전문가가 여러 문제를 다루거나(일반화 접근방법, generalist approach), 각각 다른 전문가가 한 사람의 각각의 문제를 다룰 수도 있고(전문화 접근방법, specialist approach), 여러 전문가가 한 팀이 되어 문제를 해결할 수도 있다(집단 접근방법, team approach). 일반화 접근방법은 전문성이 약해질 우려가 있고, 전문화 접근방법은 문제 진단과 서비스 간의 통합조정이 어려워질 우려가 있으며, 집단 접근방법은 전문가들 간의 갈등이 있을 수 있는 등의 단점이 있다. 최근 새로 개발된 방법으로 복합적이고 다양한 문제를 가진 개인의 문제를 해결하는 데 있어서 한 전문가가 책임을 지고 계속적으로 필요한 서비스와 전문가를 찾아 연결시켜 주고 적절한 서비스를 받을 수 있도록 관리해 주는 사례관리방법(case management)도 있다(Rubin, 1987: 212).

7) 평등성의 원칙

사회복지행정에서 제공하는 급여와 서비스는 특별한 경우를 제외하고, 즉 소득수준(공공부조)이나 연령(아동수당, 기초노령연금)에 의한 제한을 하는 것 외에는, 기본적으로 성별, 연령, 소득, 지역, 종교, 지위에 관계없이 모든 국민에게 평등하게 제공하여야 한다. 현대사회에서는 사회적 위험으로 인하여 개인의 형편에 관계없이 많은 문제가 발생하고 있다. 부부문제, 청소년비행, 산업재해 및 교통사고에 의한 장애발생, 성폭력 문제 등은 소득에 관계없이 모든 사람 또는 가족에게 발생하고 있기 때문에 사회복지행정은 사회서비스를 이런 모든 사람에게 평등하게 제공하여야 한다.

8) 전문성의 원칙

사회서비스의 제공은 그 특성에 따라 반드시 전문가가 하지 않아도 되는 부분도 상당히 있지만, 핵심적인 업무는 반드시 전문가가 담당해야 한다. 사회복지 분야에서는 전문성의 정도에 따라 전문가(professional), 준전문가(para-professional), 비전문가(non-professional)로 구분할 수 있다. 여기서 전문가란 경험과 지식이 많은 사람이 아니라, 자격이 객관적으로 인정된 사람(국가나 전문 직업단체의 시험 또는 기타 자격심사에 의하여 자격증을 부여받은 사람)으로, 자신의 전문적 업무에 대한 권위와 자율적 결정권 및 책임성을 지닌 사람을 말한다. 사회복지 분야에서는 사회복지사, 의사, 간호사, 보육사, 물리치료사, 작업치료사, 영양사 등의 여러 전문가가 있지만, 그중에서 사회복지사가 가장 보편적인 전문가이다.

업무의 성질상 전문성을 덜 요하는 것은 준전문가가 담당하고, 비숙련 업무 및 일반 행정업무는 비전문가, 또는 경우에 따라서는 자원봉사자가 담당하도록 한다. 사회복지서비스의 효과성과 효율성을 위해서도 이러한 원칙은 반드시 지켜져야 할 것이다. 사회복지서비스의 대부분은 헌신적 자세, 경험, 교양과 상식만 있으면 누구나 할 수 있거나 자원봉사자들도 할 수 있는 그런 성질의 것은 결코 아닌 것이다.

3. 사회복지행정체계의 개선전략

Gilbert & Terrell은 미국 사회복지행정체계의 문제점을 ① 파편성(fragmentation), ② 비지속성(discontinuity), ③ 비접근성(inaccessibility), ④ 비

책임성(unaccountability)이라고 분석하였다. 그리고 이러한 문제점을 해결하기 위한 방안으로서, 다음과 같은 다섯 가지의 과제와 해결방안을 제시하였다(Gilbert & Terrell, 2002).

① 의사결정의 권위와 통제의 재구조화: 의사결정의 권위와 통제의 소재를 어디에 둘 것인가?
② 업무분담의 재조직화: 업무를 누가 담당하게 할 것인가?
③ 행정체계의 구조변경: 행정체계 조직의 단위 및 수를 어떻게 할 것인가?
④ 행정체계의 운영주체: 행정체계를 누가 운영할 것인가?
⑤ 서비스의 배분방법(rationing): 제한된 서비스를 필요로 하는 사람들에게 어떻게 배분할 것인가?

1) 의사결정의 권위와 통제의 재구조화

의사결정의 권위와 통제를 재구조화는 행정체계의 파편성(fragmentation)을 개선하여 포괄성과 통합성을 확보하기 위한 전략으로, 구체적인 방안으로는 '협조체제의 구축'과 '시민참여체제의 도입'이 있다.

협조체제의 구축은 사회복지행정기관을 중앙집권화(centralization) 또는 연합화(federation)하여, 행정체계를 통합적이고 포괄적인 것으로 발전시키는 전략이다. 중앙집권화는 행정적인 통합을 의미하는데, 사회복지 관련 업무를 하나의 행정체계로 통합하는 것을 의미한다. 예를 들면, 영국에서는 1971년에 지방정부의 여러 부서에 편재해 있던 사회서비스(social services)를 지방정부의 사회서비스부(Local Authority Social Service Department)로 통합하여 사회서비스 행정체계를 통합하였다. 그리고 이러한 행정체계의 통합은 아니지만, 하나의 행정체계 내에서 관련 서비스의 인테이크(intake) 기능을 단일창구(single door)로 통일하는 것도 행정적 통합의 작은 예이다.

연합화는 행정체계의 기관 간의 자발적, 상호호혜적 공조체제를 구축하는 것이다. 이는 주로 각 기관이 가지고 있는 자원을 지역적으로 연계하는 것이다. 따라서 연합화는 중앙집권화와 같이 행정적 통합은 이루어지지 않는다. 하지만 이러한 협조체제의 구축은 사회복지행정체계의 기관 간에 가장 흔하게 이루어지는 전략이다.

시민 참여체제의 도입은 의사결정의 권위를 사회복지행정기관과 수급자에게 재분배하는 전략이다. 시민참여는 수급자와 같은 위치에 있는 사람들이 서비스 전달에 영향을 미치게 되면 서비스의 접근성과 책임성이 보장될 수 있다는 취지에서 선택된 전략이다. 시민참여의 형태는 영향력의 정도와 참여분야 및 참여수준 등에 따라 다양하게 분류될 수 있다. 일반적으로는 의사결정의 권위를 재분배하는 정도에 따라, ① 비재배분적 참여(의사결정에 전혀 영향을 미치지 못하는 형태), ② 명목적 참여(의사결정에 영향을 미치지만 그 정도가 약한 형태), ③ 재배분적 참여(의사결정에 실질적으로 상당한 정도 영향을 미치는 형태)로 분류될 수 있다.

2) 업무분담의 재조직화

업무분담의 재조직화는 전문성의 확보와 관련된 전략으로, ① 비전문가에게 전문가의 역할 일부를 부여하는 '전문가 역할 부여(role attachment)'와 ② 전문가 역할의 자율성을 확보하기 위하여 조직 내에 있으면서도 통제를 벗어나게 하거나, 전문가 조직을 완전히 분리시키는 '전문가 조직의 분리(professional disengagement)'가 있다.

'전문가 역할 부여'는 서비스 대상자가 사회적, 문화적, 인종적으로 서비스를 담당하는 전문가와 다를 경우 상호 이해와 접근이 용이하지 않고 따라서 서비스 제공이 어려운 경우 서비스 담당 전문가와 수급자를 중간에서 연결하여 중계해 줄 수 있는 사람(일반적으로는 수급자가 쉽게 받아들일 수 있는 사람)을 찾아 그에게 전문가의 역할 일부를 부여하는 것을 말한다. 청소년

상담에서 또래상담자를 활용하거나, 결혼이민자를 위한 사회서비스를 같은 나라 출신의 서비스 제공자가 제공하는 것이 좋은 예이다.

'전문가 조직의 분리'는 서비스체계가 관료적인 특성이 강하여 전문성이나 자율성을 발휘하기 어려운 경우, 그러한 행정체계에서 벗어나 전문가들이 전문성과 자율성을 발휘할 수 있도록 하는 것을 말한다. 전문가 조직의 분리 전략은 주로 공공조직(정부조직)의 서비스 행정체계에서 흔히 적용하고 있다. 예를 들어, 서비스를 민간행정체계에 위탁하거나, 공공행정체계 내에 있더라도 전문가의 조직을 민간행정체계처럼 운영하게 하는 방법 등이 있다.

3) 행정체계의 구조변경

행정체계의 구조변경은 수급자로 하여금 서비스에 쉽게 접근할 수 있도록 하는 전략이다. 이러한 전략에는 서비스에의 접근을 촉진하는 것 그 자체를 하나의 특별한 서비스로 마련하는 것(specialized access structure: 서비스 접근촉진 구조)과 의도적으로 같은 서비스 행정체계를 중복시키는 것(purposive duplication)이 있다.

수급자는 여러 가지 요인(정보부족, 지리적 및 심리적 장애, 교통상의 장애 등)으로 욕구나 문제해결을 위한 서비스에 용이하게 접근할 수 없는 경우가 많다. 이 경우는 서비스를 안내 및 의뢰하거나 수급자를 대변(advocacy)하여 서비스에 쉽게 접근할 수 있도록 하는 별도의 서비스 접근촉진 서비스를 서비스 행정체계 내에 마련하는 방법도 있다. 또한 지리적 장애나 교통상의 장애가 있을 때는 같은 서비스 조직을 지리적 또는 교통상으로 접근하기 쉬운 곳에 새로 설치하는 방법(분사무소 형태)도 있다.

4) 행정체계의 운영주체: 비영리조직과 영리조직

행정체계의 운영주체는 서비스의 성격에 따라 공공조직이 제공해야 할 것과 공공 또는 민간 조직이 제공하여도 되는 것이 있다. 예를 들면, 사회보험이나 공공부조에 속하는 서비스는 서비스의 성격상 공공조직이 제공해야 하지만, 사회서비스는 공공조직 또는 민간조직이 제공할 수 있다. 그리고 민간조직이라도 비영리조직일 수도 있고 또는 영리조직일 수도 있다. 사회서비스는 수급자에 대한 다양한 비물질적 서비스(비화폐적 서비스)를 다루는 것이므로, 서비스의 효율성과 효과성이 더욱 문제시된다. 같은 서비스를 공공체계가 제공하는 경우와 민간체계가 제공하는 경우 어느 쪽이 더 효과적이고 효율적이냐에 대해서는, 서비스의 성격에 따라 달라질 수 있다. 즉, 공공성이 강조되는 서비스에서는 공공체계가 바람직할 수 있으며, 전문성이 필요한 서비스에서는 민간체계가 유리할 수 있다.

그리고 서비스 행정체계를 비영리조직으로 하는 것과 영리조직으로 하는 것은 서비스의 종류에 따라 달라질 수 있다. 예를 들면, 무료 서비스는 비영리조직(공공조직 또는 비영리법인)이 제공하는 것이 당연하다. 유료 서비스인 경우는 비영리조직과 영리조직 중에서 어느 쪽이 더 효과적이고 효율적이냐는 확실한 결론을 내리기 어렵다. 이윤추구의 동기는 사회복지서비스의 본질과 양립할 수 없고, 이론적으로도 비영리조직이 보다 높은 공적 책임성을 지고 있기 때문에 영리조직은 사회복지서비스 전달에 부적합하다는 주장이 있지만, 서비스의 효율성과 효과성에 있어서 영리조직이 비영리조직보다 우월하다면 반드시 영리조직의 사회복지서비스 전달에의 참여를 배제할 필요는 없을 것이다.

비영리조직으로 할 것이냐 영리조직으로 할 것이냐는 다음과 같은 조건을 감안하여 선택하는 것이 바람직하다. 즉, ① 서비스의 표준화 정도, ② 수급자 집단의 재정능력, ③ 서비스의 강제성, ④ 관련규정 준수에 대한 감독의 정도에 따라 택하는 것이 바람직하다.

5) 서비스 배분방법

1970년대 이후 사회복지비용의 증대와 경제성장의 둔화에 따라 제한된 자원을 가지고 보다 많은 사람의 사회적 욕구를 충족시킬 수 있도록 배분하는 것(rationing)이 중요한 관심사가 되어 왔다. 이것은 바로 서비스의 효율성 제고의 문제인 것이다. 서비스 배분방법에는 크게 두 가지가 있는데 하나는 공급억제이고 다른 하나는 수요억제이다. 공급억제는 수급자에 대한 제한 강화와 서비스 희석화(dilution)를 통하여 이루어질 수 있다. 수급자에 대한 제한 강화는 수혜자격 요건(eligibility)을 강화하여 수혜자격이 있는 수급자의 서비스 이용률을 저하시키는 것이다.

서비스 희석화는 서비스의 양과 질을 감소시키는 것이다. 예를 들면, 수급자 접촉시간의 단축, 사례의 조기종결, 전문가의 질을 낮춤, 전문가를 자원봉사자로 대치 등과 같은 것이다. 수요억제 전략에는 서비스의 접근에 물리적, 시간적 및 사회적 장애를 제거하지 않거나 또는 장애를 생기게 하는 것이 있다. 예를 들면, 특별한 서비스 이용촉진 활동을 하지 않고 알아서 찾아오도록 하는 것, 신청절차에 시간을 많이 걸리게 하는 것, 교통이 불편한 곳에 사무실 설치, 불편한 서비스 시간 배정 등이다.

2부
사회복지조직의 이해

사회복지행정은 사회복지조직을 통하여 이루어지기 때문에, 사회복지행정을 알기 위해서는 사회복지조직에 대한 이해는 필수적이다. 사회복지조직에 대한 이해는 크게 '조직을 어떻게 이해해야 하는가 하는 이론적인 부분'과 '조직을 어떻게 구성해야 하는가 하는 구조적인 부분', 그리고 '조직은 어떠한 환경 속에서 작동해야 하는가 하는 환경적인 부분'으로 나누어 볼 수 있다.

따라서 2부 사회복지조직의 이해는, 4장 사회복지조직의 이론, 5장 사회복지조직의 구조, 6장 사회복지조직의 환경으로 구성되어 있다.

4장
사회복지조직의 이론

사회복지행정에서는 조직에 관하여 어떠한 이론적 관점을 갖는가에 따라, 조직을 설계하고 운영하며, 직원들에게 동기를 부여하는 방법도 달라진다. 사회복지조직의 관리도 일반적인 조직의 관리와 다르지 않다. 따라서 일반적인 조직에 관한 이론을 사회복지조직에 적용하는 것은 당연하고 또 필요한 것이다.

일반적으로 조직에 관한 이론은 조직 자체에 초점을 맞춘 이론과 조직을 환경 내에서 파악하는 이론으로 나눌 수 있다. 조직에 관한 초기 연구는 주로 조직 자체에 초점을 두었다. 가장 대표적인 연구는 과학적 관리법이며, 이후 조직 내의 인간관계에 주안점을 둔 인간관계론이 등장하였다. 그리고 연구의 대상은 점차 조직과 환경 등 외부 요인으로 확대되어 갔다. 조직에 관한 이론은 경영학이 가장 앞서 있다. 따라서 사회복지행정에서 다루는 조직 이론도 대부분 경영학에서 발전한 이론들이다.

또한 사회복지조직의 상업화가 진전되고 공공복지조직과 민간비영리 및 민간영리조직의 경계가 흐려지면서, 사회복지조직은 경영조직에서 개발된 경영관리 실천과 원칙을 더 많이 채택하라는 압박을 받고 있다. 4장에서는 주로 경영학에서 발전된 조직관리 이론을 중심으로 사회복지조직의 이론에 대해 살펴본다.

1절 전통적 이론

조직에 관한 전통적 이론은 주로 조직 자체에 초점을 두고 있다. 가장 대표적인 이론은 조직을 기계처럼 과학적으로 관리하고자 하는 과학적 관리론이며, 이후 조직 내의 인간관계에 주안점을 둔 인간관계론이 등장한다. 그리고 대규모 조직의 합법적 운영에 초점을 맞춘 관료제이론과 조직을 하나의 체계로 이해하는 체계이론 등이 있다.

1. 과학적 관리론

과학적 관리론(scientific management theory)은 Fredrick Taylor[1]가 주장한 이론이다. Taylor는 자본주의 경제가 '비효율과의 전쟁'을 통해 발전해 왔다고 생각했다. 초기에는 산림파괴, 수자원낭비, 지나친 탄광개발 등 자원낭비와 관련된 문제가 주를 이루었으나, 20세기로 접어들면서 인간의 노동력이 낭비되고 있다는 데 주목하였다. 효율적인 국가를 건설하려면 산업현장에서 매일 반복되는 실수, 잘못된 지시, 노사 갈등 등 노동의 문제를 해결하여야 한다고 믿었다. 그리고 노사가 협업해 과학적인 생산 방법으로 생산성을 끌어올리면, 분배의 공평성도 달성할 수 있다고 주장했다. 이런 생각을 체계적으로 정리한 책이 『과학적 관리론(The Principles of Scientific Management)』(1911)이다.

1) Fredrick Taylor(1856~1915)는 세계 최초의 경영 컨설턴트이다. 조직의 운영과 관리에서 처음으로 객관적 수치와 통계자료를 사용하여 현대 경영학의 효시인 『과학적 관리론』을 정립하였다.

Fredrick Taylor
(1856~1915)

Taylor는 고등학교 졸업 후 공장에 들어가 공장장 자리에 오른 현장 전문가였다. 그는 30년간 과학적 관리의 보급을 위해 노력했지만, 노동자로부터는 '초시계를 이용해 노동자를 착취한다'고, 기업가로부터는 '우리를 돈만 아는 눈먼 돼지로 보느냐'고 비난받았다. 그러나 그는 과학적 관리론이 노사 모두에 도움이 되기 때문에 결국 널리 퍼질 것으로 확신했다. 훗날 과학적 관리론은 '테일러리즘(Taylorism)'으로 불리며, 현대 경영학의 뿌리가 되었다.

Taylor는 '노동자가 시간과 동작으로 분석한 과학적 원리에 따라 일하면, 생산성을 크게 향상시킬 수 있다'는 것을 실증적으로 보여 줬다. 과학적 관리는 다음과 같이 5단계로 나뉜다.

① 특정 작업에 능숙한 노동자 10~15명을 선발한다.
② 작업동작을 세분화하고, 도구의 효율적 사용방법을 연구한다.
③ 초시계로 각 동작을 마치는 데 필요한 시간을 측정하고 분석해, '최적의 동작'을 발견해 낸다.
④ 부자연스럽거나 불필요한 작업동작을 없앤다.
⑤ 최적의 동작과 도구를 조합해 하나의 연속동작을 만든다.

이것이 '표준작업방식'이 된다. 과학적 관리는 삽질부터 금속 가공까지 다양한 작업에 예외 없이 적용할 수 있었고, 실제로 생산성을 2~4배 끌어올리는 성과를 냈다.

Taylor는 과학적 관리가 단순한 기법이 아니라 노사의 진정한 협력을 기반으로 하는 철학이라고 강조했다. 경영진은 과학적 관리법을 개발하고, 노동자가 잘 적응할 수 있도록 훈련할 의무가 있다. 또 생산성을 끌어올린 노동자에게는 상여금 지급 등 반드시 포상을 해야 한다. 노동자는 노동 강도는 더 세지지 않았는데 더 많은 임금을 받을 수 있으므로 만족한다. 테일러는 '노동자의 작업량을 정하는 문제는 논쟁이나 협상이 아니라 과학의 문제이고, 이를 해결하면 근무태만이 사라지고 노사 협력으로 사회도 평안해진다.'며 '노동자는 물론 경영진도 마음가짐과 습관을 혁명처럼 바꿔야 한다.'고 강조했다. Taylor는 과학적 관리를 통해 노동자와 경영자, 소비자인 국민이 모두 공정하게 자신의 몫을 배분받을 수 있다고 주장했다. 그가 제시한 베들레헴 제철소의 사례를 보면, 이 공장의 노동자는 하루 평균 12.5t의 무쇠를 화차로 나르고 1.15달러의 일당을 받았으나, 과학적 관리법을 적용한 후엔 매일 47t의 무쇠를 나르고 1.85달러의 일당을 받았다. 생산성은 3.7배 늘었는데 임금은 60% 늘었다.

이처럼 과학적 관리론은 20세기 초 분업에 기초한 대량생산의 시대에 등장했다. 과학적 관리론에서 중시하는 것은 시간동작 분석, 휴식시간의 조절, 일의 표준화, 분명한 목표의 설정(목표 생산량), 직원의 과학적 선발, 근로유인으로서 적정한 금전적 보상 등이다. 여기서 중요한 것은 일을 능률적으로 할 수 있는 최선의 방법과 그 결과에 대한 적절한 보상이다. 최선의 작업 결과에 대한 보상이 없다면 그런 행동이 반복되지 않는다는 것이다.

과학적 관리의 주요 내용을 정리하면 다음과 같다(Netting, Kettner, & McMurtry, 2004: 218).

① 좋은 관리의 목표는 높은 임금과 낮은 생산비에 있다.
② 이런 목표를 달성하기 위해 과학적 방법을 사용해야 한다.
③ 근로자의 일자리 배치와 작업조건은 과학적으로 조직되어야 한다.
④ 근로자의 기술을 향상시키기 위한 훈련도 과학적이어야 한다.
⑤ 매니저와 근로자 간의 밀접하고도 우호적인 협력관계가 구축되어야 한다.

과학적 관리론은 한마디로 생산성 향상을 위해 작업을 과학적으로 관리하는 방법이다. 그러나 '과학적 관리론은 근로자의 능률과 생산성을 지나치게 강조하고 근로자의 인간적인 측면을 무시함으로써 인간을 기계로 전락시킨다'는 비판을 받았다.

과학적 관리론을 사회복지조직에 적용하면 사회복지사의 업무를 표준화하여 직무능률을 높이는 방법을 찾는 것이다. 그러나 사회복지사의 업무는 단순반복적인 육체노동이 아니라 고도의 심리사회적 집중이 필요한 정신노동이기 때문에, 과학적 관리론을 적용하기는 어렵다. 다만 일의 능률을 향상시키자면 적정한 보상이 필요하다는 과학적 관리론의 전제는 참고할 만하다. 현재 사회복지사의 보수가 다른 전문직에 비해 다소 적은 편인데, 과학적 관리론은 사회복지사 보수의 개선에 대한 이론적 근거가 될 수 있다.

과학적 관리론을 사회복지조직에 적용할 때 발생할 수 있는 문제점으로는 사회복지조직의 모든 활동은 클라이언트와 관련하여 도덕적이고 규범적인 선택을 필요로 하는데, 과학적 관리라는 미명하에 이러한 선택이 제한될 수 있다는 것이다.

2. 인간관계론

과학적 관리론과 대비되는 것이 인간관계론(human relation theory)이다. 과학적 관리론에서 완전히 무시된 인간적 요소를 생산성 향상의 핵심 요인으로 부각시킨 것이 인간관계론이다.

인간관계론은 1924년 미국 호손(Hawthone) 공장의 실험이 계기가 되었는데, 예기치 않은 결과가 이론의 출발점이 되었다. 당시 하버드대학교 심리학 교수였던 E. Mayo[2]는 호손시에 있는 웨스턴일렉트릭(Western Electric)

2) Elton Mayo(1880~1949)는 오스트레일리아 출신의 조직이론가이다. Mayo는 호손 공장에서 테일러의 과학적 관리론에 따라 노동자에 대한 물질적 보상방법의 변화가 생산성에 영향을 미치는지를 검증하는 실험을 하였다. 실험은 4단계로 나누어 8년에 걸쳐 시행되었으며, 실험의 결과는 근무조건과 물질적 요인의 향상이 생산성의 향상으로 연결되는 것은 아니라는 것이었다. 이러한 연구결과를 바탕으로 인간관계론이 대두되기 시작하였다.

Elton Mayo
(1880~1949)

을 대상으로 작업조건(조명, 소음, 습도 등)이 근로자의 생산성에 미치는 영향을 연구했다. 원래 가설은 작업환경을 개선하면 생산성이 향상된다는 것이었다. 그러나 가설과 달리 작업환경과 생산성은 별다른 관계가 없는 것으로 나타났다. 따라서 1927년에 2차 연구가 시행되었다. 그 결과 작업환경과 금전적 보상보다는 일의 보람과 긍지, 동료 간의 우의 등 심리적 요인이 더 큰 영향을 미친다는 사실을 발견하였다.

이 연구는 전술한 과학적 관리론을 뒤집는 중요한 연구로서, 이로부터 인간관계론이 경영학과 행정학의 주요 이론으로 등장하였다. 인간관계론의 핵심을 조직사회학자인 Etzioni(1964)는 다음과 같이 정리하였다(Netting et al., 2004: 221).

첫째, 생산성 수준은 심리사회적 능력이 아니라 사회적 규범에 의해 규정된다.

둘째, 경제 외적 보상과 제재가 근로자의 행동에 심대한 영향을 준다. 반면에 경제적 인센티브의 영향은 제한적이다.

셋째, 근로자는 개인이 아닌 한 집단의 멤버로서 행동하거나 반응한다.

넷째, 공식적 · 비공식적 리더십이 조직 내부의 사회적 관계에 상당한 영향을 미친다.

인간관계론은 연구방법론상의 문제[3]와 조직의 사회적 요인을 과대평가[4] 했다는 등의 비판을 받았다. 그러나 인간관계론은 인간을 대상으로 하는 사회복지학에는 적합한 이론이다. 특히 사회복지행정에서는 리더십, 커뮤니케이션, 근로유인, 참여 등 근로자의 인간관계가 작업 능률에 영향을 끼친다는 사실에 착안해, 사회복지기관 직원의 정서적인 측면을 개선하여 생산성 향상을 기하는 전략을 구사할 수 있는 것이다.

3) 호손 공장의 특수성에 때문에 일반화시키기 곤란하다는 비판이 있으며, 호손 공장의 생산성 향상은 근로자들이 실험대상이라는 사실을 자각했기 때문이라는 지적도 있다. 이를 호손효과라고 한다.

4) 실제로는 비공식적 인간관계의 영향이 적다는 조사연구 결과도 많다.

3. 관료제론

독일의 저명한 사회과학자 Max Weber[5]는 『프로테스탄트 윤리와 자본주의 정신(Die Protestantische Ethik und der Geist des Kapitalismus)』(1905)에서 관료제(bureaucracy)라는 현대 사회의 조직에 주목하고 그 특성을 분석하였다. Weber는 우선 권력(power)과 권위(authority)를 구분하였다. 권력은 상대의 저항이 있어도 자신의 의지를 관철시키는 힘이고, 권위는 정당한 권력으로서 자발적인 승복을 이끌어 내는 힘이다. Weber는 권력을 정당화되는 방법에 따라 권위(authority)를 다음과 같이 세 가지 유형으로 나누었다.

첫째는 전통적 권위(traditional authority)로, 왕, 황제, 교황 등 세습적 리더가 통치하는 권한이다. 전통적 권위는 역사적 또는 가계를 이어 온 통제권에 의해 행사된다. 따라서 통치기간이 길고 세대에서 세대로 이어진다.

둘째는 카리스마적 권위(charismatic authority)로, 아주 특출한 개인적 영웅주의, 신앙심, 열광, 능력 등 개인적 자질을 통해 만들어진다. 개인적 자질은 유한하기 때문에 통치가 불안정하고 오래가지 않는다.

셋째는 합법적 권위(rational/legal authority)로, 목표를 달성하는 능력에 의해 권력이 생긴다. 합법적 권위는 합리적인 규칙과 절차에 의해 부여된 정당성과 세습 권력이 아닌 전문성으로부터 나온다.

관료제는 합법적 권위(legal authority)를 체현한 것이다. 합법적 권위를 효율적으로 사용하는 공식적 조직이 관료제이다. 이러한 관료제 특성은 다음과 같다(Netting et al., 2004: 215).

---

5) Max Weber(1864~1920)는 독일의 사회학자로, 사회학과 공공정책학 분야에서 근대적인 연구 토대를 마련한 학자로 평가되고 있다. Max Weber는 Karl Marx, Emile Durkheim과 함께 세계 3대 사회학자로 인정받고 있다.

Max Weber
(1864~1920)

① 조직 내 지위(position)는 명백하게 규정된 위계서열로 정해진다.
② 신규 직원은 그가 보유한 기술적 자격 유무로 선발된다.
③ 각 지위는 능력에 따라 정해진다. 병원을 예로 들면 의사는 처방에 배타적인 권한을 가지며, 재무 담당자는 의료장비나 기타 기자재 구입에 관한 권한을 가진다.
④ 지위는 전문적인 훈련을 통해 얻어지는 전문화 수준을 반영한다.
⑤ 지위는 완전한 근로능력(정규직)을 요구한다.
⑥ 지위는 경력(career) 지향적이다. 승진은 연공서열이나 개인적 성과에 의해 결정되며, 승진 여부는 상급자의 판단에 좌우된다.
⑦ 절차에 관한 규칙은 일의 합리적 조정에 관한 규정을 포함한다.
⑧ 중앙 기록 시스템은 조직의 활동을 요약하여 기록하기 위해 유지된다.
⑨ 조직구성원 간의 관계는 감정중립적이다.
⑩ 개인의 공 · 사생활은 엄격히 분리된다.

이러한 관료제의 특성을 조직 운영에 적용하기 위한 원칙은 다음과 같다(원석조, 2018: 74-76).

① 상급자의 공식적 권위는 관료제 내의 지위에서 나온다. 관료제에서 상급자에게 복종하는 것은, 그의 개인적인 자질 때문이 아니고 공식적인 지위 때문이다.
② 관료제 내의 지위는 사회적 위치나 개인적인 관계가 아니라, 개인이 이룬 성과에 의해 부여된다.
③ 각 지위의 공식적인 권위와 직무 책임의 범위 및 다른 지위와의 관계는 명확하게 규정되어 있다.
④ 조직 내의 권위의 효과적인 행사를 위해 지위는 위계서열에 따라 배열된다.

⑤ 조직은 표준화된 직무절차(standard operating procedures)와 규범을 만들어 문서화하여야 한다. 이러한 직무절차와 규범이 있어야 조직 내 개인의 행동을 효과적으로 통제할 수 있다.

Weber는 명확한 규정과 합법적인 권위에 의해서 운영되는 관료제에 관한 이론을 정립하였으나, 오늘날 관료제는 거대하고 비인격적인 조직으로 간주되고 있다. Weber는 예측 가능하고 생산적인 조직이 성과를 극대화한다고 보았다. 그러나 급변하는 현대 사회의 조직은 효율성과 예측 가능성뿐만 아니라, 혁신과 융통성, 창의성도 중요한 것이다. 따라서 관료제는 문제점과 한계를 갖고 있지만, 정부나 대기업, 군대 등 대규모 조직의 운영에서는 관료제의 구조가 필요한 것이다.

사회복지행정에서 보건복지부, 지방정부의 사회복지 관련 국, 과, 계, 건강보험공단이나 국민연금공단 등 대규모 공공사회복지기관의 경우 관료제가 불가피하다. 그러나 전문성을 필요로 하는 민간사회복지기관과 같은 사회복지조직은 사회복지사 등 전문직의 역량을 최대한 발휘토록 해야 조직의 효과와 효율이 담보되기 때문에 관료제적 조직은 부적합할 수가 있다. 실제로 공공사회복지기관에서 공무원과 사회복지사가 업무를 놓고 갈등을 벌이기도 한다. 대규모 조직의 운영을 위해 관료제가 반드시 필요한 것은 사실이지만 지나치게 강조될 경우 직원 개개인의 창의성과 융통성이 억압되어 조직 전체가 정체되는 부작용이 발생할 수 있다.

4. 체계이론

체계이론(system theory)은 오스트리아 생물학자 Bertalanffy(1968)가 제시한 이론으로, 생물과 환경간의 관계를 하나의 체계(system)로 보는 이론이다. 이러한 생물학적 체계이론은 사회과학에도 큰 영향을 미치게 된다.

즉, 모든 사회조직을 하나의 생명체와 같은 체계(system)로 간주하는 것이다.

체계이론에 의하면, 조직은 목적을 가진 하나의 통합된 체계이며, 상호 연관된 하위 부문으로 구성되어 있다. 체계이론은 조직의 역동성과 상호연관성을 강조한다. 하나의 체계는 투입(inputs), 과정(process), 산출(outputs), 피드백(feedback) 등의 네 가지 요소로 연결된다. 체계이론은 조직을 분석하거나 평가하는 데에 매우 유용하다(Mullis, 1978: 46-48).

1) 투입

투입은 체계에 투입되는 인적 · 물적 자원, 기획, 위임(mandate)을 포함한다. 사회복지 프로그램일 경우 투입은 프로그램을 구성하는 자원들과 가공되지 않은 상태의 물질, 예를 들어 기금, 직원, 시설, 장비, 클라이언트, 현재의 문제 등을 말한다. 가장 중요한 투입은 서비스 수급자이다. 수급자는 어떤 욕구가 있어서 기관에 온다. 기관은 자체 서비스나 프로그램 중 수급자에게 필요한 것을 정한다. 수급이 결정되면 클라이언트는 변환과정에 들어간다.

2) 과정

과정은 투입이 산출로 변형되는 과정으로서, 경제적 지원, 의료서비스, 사회복지서비스 등과 같은 구체적인 서비스와 프로그램으로 나타난다. 변환과정에서 투입에 필요한 자격조사나 자산조사는 대상자에게 낙인을 가할 수도 있다. 과정을 처리량(throughput)이라고도 한다.

3) 산출

사회복지기관은 대상자의 사회경제적 문제에 대해 어떤 조치를 취할 책임이 있다. 그런 조치의 결과가 산출이다. 사회복지 프로그램의 경우 산출은 프로그램이 생산한 결과물이다. 결과물은 개선의 정도, 장래의 부정적 상황의 예방, 부정적 추세의 악화 억제 등으로 나타난다.

4) 피드백

피드백은 사회복지 프로그램의 성과에 관한 정보를 시스템에 다시 투입하는 것이다. 기대한 대로 성과가 나오면 프로그램을 그대로 유지하고, 기대한 대로 성과가 나오지 않으면 그 원인을 찾아내어 수정 · 보완한 다음 다시 투입 → 과정 → 산출에 들어간다(Kettner, 2002: 19-20).

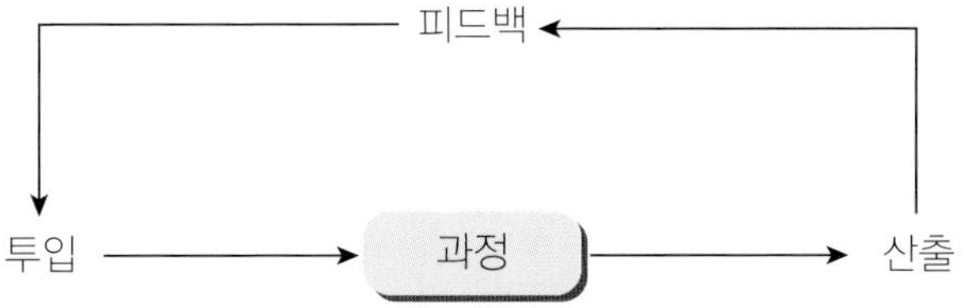

[그림 4-1] 체계모형

출처: Netting et al., 2004: 232.

2절 현대적 이론

Mayo의 인간관계론 이후, 조직 연구는 사회과학적 지식과 기술을 활용하여 더욱 정교하게 되었으며, 인간관계론은 행동과학(behavioral science)이란 용어로 대체되었다. 행동과학은 두 가지 새로운 방향을 제시하였다. 하나는 인간에 대한 이해와 동기부여에 관한 방법을 더욱 발전시킨 것이고, 다른 하나는 인간 행동을 현장이나 상황과 연관시켜 나간 것이다(원석조, 2018: 79).

1. X · Y이론과 Z이론, W이론

McGregor(1960)는 행동과학이론을 조직의 생산성 향상을 위한 경영관리에 적용하였다. 그는 경영관리에서 인간에 대한 가정을 두 가지로 나누었다. 그에 의하면 인간은 X형 인간과 Y형 인간이 있다.

X형 인간은 일을 싫어해 일터에서 축출당하지 않고 비난받지 않을 정도만 적당히 일을 하고, 책임지기 싫어하여 시키는 일만 하려 든다. 따라서 통제, 위협, 지시, 강압, 감독 등 강제적 수단에 의해서만 조직의 목표에 임하는 인간형이다.

반면에 Y형 인간은 일을 놀이와 휴식처럼 편안한 것으로 여기고, 책임을 기꺼이 수용하며, 노력과 목표달성 의지는 일의 성취감으로 자극받고, 창의력, 상상력, 리더십은 누구에게나 있다고 생각하며, 감독, 위협, 지시 등 강제적 수단 없이도 목표달성을 위해 스스로 자기 통제와 관리에 나서는 인간형이다.

관리자는 직원을 X형 인간이 아닌 Y형 인간으로 전제하고 조직관리에 임해야 하며, 권한의 위임, 책임의 분산, 재량권의 부여, 부하직원의 의사결정에의 참여 유도, 자발적인 목표설정과 노력 등 아래로부터 위로의 동기부여 전략을 사용해야 조직의 생산성을 높일 수 있다고 한다.

Z이론은 W. Ouchi(1981)가 일본 기업의 장점을 연구하여 제시한 이론이다. 그는 일본 기업의 독특한 평생고용제도와 광범위한 인맥이 경쟁력의 원동력이라고 주장했다. 다시 말해 이러한 일본형 경영철학이 생산성을 강화시켰다는 것이다. 얼핏 보면 이 이론은 인간관계론과 유사한 것 같다. 그러나 일본식 인간관계는 협소한 공장을 넘어 광범위한 사회경제적 관계로 외연이 확대된다는 점에서 완전히 다르다. 그리고 일본 근로자는 회사가 정한 리더십과 관계없이 자발적으로 협력하며, 완전한 팀을 이루어 작업한다. 또한 조직에 대한 근로자의 충성심은 대단히 높으며, 그러한 충성심은 조직이 반드시 보상한다는 것이다(Netting et al., 2004: 241).

W이론은 우리나라의 문화적인 특성과 경제성장의 경험 등을 분석하여 한국인에게 특별히 적용할 수 있는 이론이다. W이론의 요점은 지도자의 솔선수범과 집단의 구성원들과 유대감이 형성되었을 때 구성원들은 신바람 나게 일하며, 이러한 신바람은 전문지식이나 기술보다 더 창의적이고 더 높은 생산성을 가져올 수 있다는 것이다(이면우, 1992: 23).

이 이론은 사회복지조직에도 적용될 수 있다. 사회복지조직에서도 조직의 문제를 해결하기 위하여 관리층이 같이 고생하고 있다는 느낌이 공유될 때, 사회복지조직이 더욱 신바람 나게 작동될 수 있을 것이다.

2. 목표관리론

목표관리론(management by objectives: MBO)은 1950년대 중반 현대 경영

학자 P. Drucker[6]가 만든 이론이다. 목표관리론은 조직과 개인이 달성해야 할 목표를 먼저 설정하고, 이를 이루기 위한 구체적인 계획을 세운 다음 실행에 옮김으로써 조직의 효율성을 증진시키고자 하는 이론이다. 이런 과정에서 조직구성원의 적극적인 참여는 필수적이다. 그리고 활동의 결과를 평가하고 이를 다시 과정에 피드백하는 것도 반드시 필요하다.

MBO의 구체적인 과정은 다음과 같다.

① 상위자와 하위자는 조직 전체의 목표와 하위자의 개인적인 목표가 일치하는지를 논의한다.
② 상위자와 하위자는 하위자의 달성 가능한 목표를 공동으로 규정한다.
③ 상위자와 하위자는 하위자의 성과를 최초의 목표를 기준으로 평가한다. 이때 가장 중요한 것은 성과에 대한 환류가 하위자에게 전달되고, 하위자는 자신이 속한 조직단위와 조직 전체에 대한 기여도에 의하여 평가를 받는다.

이를 축약하면, MBO는 목표설정 → 참여 → 피드백의 과정을 거치는 조직이론이다. 이 이론을 구성하는 주요 요소들은 다음과 같다(Netting et al., 2004: 225).

- 기대(expectations): 조직이 희망하거나 기대하는 산출(결과)이다.
- 목표(objectives): 원하는 목표치이다.
- 가정(assumption): 보다 효과적으로 목표를 달성하는 데 필요한 것들(개

6) Peter Drucker(1909~2005)는 오스트리아 출신의 미국 경영학자이다. 그는 스스로를 '사회생태학자(social ecologist)'로 부르며, 새로운 지식경영의 패러다임을 연 선구자로 인정받고 있다. 민영화와 마케팅의 개념을 처음 제시하였고, 1959년에는 지식노동자라는 개념을 고안하였으며, 지식노동의 생산성에 대해서 고찰하였고, 노동자를 비용이 아닌 자산으로 인식하고자 하였다.

Peter Drucker
(1909~2005)

선된 서비스 기술 등)을 검토하여 조달한다.

- 대안검토(alternative courses of action): 여러 대안의 비용과 편익을 분석한다.
- 의사결정구조(decision structure): 계획대로 하면 목표치의 어디까지 도달할 수 있을 것인지를 살펴보고 실행단계로 들어갈 것인지의 여부를 결정하는 구조이다.
- 실행단계(impact stage): 계획 실행에 소요되는 비용을 조달하고 제한점을 점검한다.
- 결과(results): 실제 결과치가 원래 목표치에 부합되는지를 비교한다. MBO 과정의 핵심이다.

MBO의 장점은 조직의 목표를 명확히 하고, 그러한 목표에 조직역량을 집중시킴으로써 조직의 효율성을 극대화할 수 있고, 조직구성원의 참여를 보장함으로써 사기를 진작시킬 수 있다는 것이다. 단점은 상황이 불확실한 경우 명확한 목표설정이 쉽지 않아서 의도한 목표를 달성하기가 곤란하며, 따라서 단기목표가 남발되는 경향이 있다는 것이다.

MBO는 오늘날 사회복지기관 운용에서도 가장 널리 활용되는 경영기법으로 인정받고 있으나, 실제 운용에 있어서는 다음과 같은 비판도 받고 있다.

① 조직의 목표는 이미 정해져 있기 때문에 MBO의 과정은 조직구성원의 목표를 정하는 것에 불과하다.

② 조직구성원은 목표를 달성하지 못하면 불이익을 당하기 때문에 가급적이면 쉬운 목표를 설정하려는 경향이 있다.

③ 조직구성원은 도전적이고 성과가 불확실한 일은 맡으려 하지 않는다. 즉, 급변하는 환경에서는 적용하기가 곤란하다는 것이다.

따라서 MBO가 성공하기 위해서는 조직의 최고책임자(CEO)가 MBO의 시행에 대한 이해와 함께 솔선수범하는 자세를 보이고, 참여 직원에게 의사결정권의 위임이 보장되어야 하며, 조직 자체가 안정되어 있어야 하며, 의사소통이 원활한 구조를 가지고 있어야 한다(신복기 · 박경일 · 장중탁 · 이명현, 2005: 71).

3. 총체적 품질관리론

총체적 품질관리(total quality management: TQM) 이론은 1980년대 초 미국 기업에서 시작되었다. 당시 미국 기업들은 강한 국제경쟁력을 보인 일본 기업을 연구하였다. 그 결과 일본 기업이 상품의 결함을 최소화하는 품질관리를 매우 중시하는 경영기법을 적용하고 있고 강한 경쟁력이 품질관리에 기인한다는 사실을 알게 되었다. 여기서 TQM이 시작되었다. 품질을 향상시키기 위한 관리기법은 품질검사(quality inspection), 품질관리(quality control), 품질보증(quality assurance), 총체적 품질관리(total quality management)로 발전해 왔다.

TQM은 품질 향상을 위한 관리기법의 하나로서 서비스 질을 향상시켜 고객의 만족을 극대화하는 데 목적을 둔다. 이를 위해 조직구성원들이 광범위하게 참여하고 그들 스스로 서비스 생산의 과정과 절차를 지속적으로 개선한다. 여기서 중요한 것은 고객 중심, 팀워크, 지속적인 개선 노력이다. 그리고 총체적(total)이란 고객의 요구부터 만족에 이르는 모든 것을 의미하고, 질(quality)이란 고객이 기대하는 것 이상의 서비스 질을 의미하며, 관리(management)란 지속적인 서비스 질 향상 노력을 말한다.

이처럼 기업에서 발전시킨 품질관리기법을 사회복지조직도 받아들여 사회복지서비스의 질을 향상시키는 관리기법으로 자리 잡게 되었다. 실제로 사회복지조직들이 TQM을 적용한 결과 서비스에 대한 클라이언트의 만족

표 4-1 TQM 원칙과 사회사업 원칙

TQM 원칙	사회사업 원칙
• 고객에 헌신	• 클라이언트에 헌신
• 서비스에 있어 불량 비용에 대한 인식의 강화	• 서비스의 부족은 사회적 비용의 증대라는 인식의 강화
• 고객의 요구에 부응하는 인식의 강화	• 클라이언트 요구에 대한 인식의 강화
• 품질 문제를 해결하기 위한 올바른 행동	• 클라이언트의 심리사회적 문제를 해결하기 위한 올바른 행동
• 고객에게 임파워	• 클라이언트에 임파워
• 품질 지향의 작업팀 구성	• 지지그룹의 구성
• 사실에 기초한 의사결정	• 유용한 정보에 따라 행동
• 지속적인 품질 측정	• 프로그램 평가
• 두려움의 극복	• 자신감 구축
• 품질의 장애물 구체화	• 문제의 원인 구체화
• 고객과 함께 품질의 목표 설정	• 클라이언트와 함께 목표 설정
• 성과 인지	• 장점 인지
• 지속적인 품질 개선	• 평생학습
• 품질(중시) 조직문화 구축	• 삶의 질 구축

출처: 박경일, 2003: 434.

도가 크게 향상되고, 기부자들과 지역사회와의 관계도 상당히 개선되었다고 한다.

사회복지조직이 TQM을 수용한 데는 명백한 이유가 있다. 서비스 질을 향상시킴으로써 사회복지에 대한 시민의 신뢰를 향상시킬 수 있고, TQM을 채택해도 추가적인 비용이 들지 않으며, 품질관리 가치와 사회복지 가치가 양립 가능했기 때문이다(박경일, 2003: 430-433).

4. 임파워먼트 이론

임파워먼트(empowerment)에 관한 연구는 1960년대에 일어난 시민권 운동, 흑인 인권운동, 노동운동, 여성운동 등 사회운동과 관련이 깊다. 당시 학자들은 사회적 약자 계층들이 구조적 차별 속에서 자신들의 권리와 권익을 얻어 내는 것에 대해 관심을 두었고, 그 과정에서 임파워먼트 개념이 등장한 것이다. 임파워먼트의 사전적 의미는 힘(power) 또는 법적인 권리를 부여한다는 것인데, 자기 자신이 원하는 무엇을 얻을 수 있는 능력을 발전시키고 타인에게 자신의 생각, 느낌, 행동에 영향을 미칠 수 있는 능력을 촉진시키는 것으로 정의된다.

Zimmerman & Rappaport(1988)는 임파워먼트를 자신의 삶에 대한 통제권과 자율권, 그리고 자신이 살고 있는 공간에의 민주적 참여로 설명하였다. 말하자면 임파워먼트란 자신의 삶과 환경을 얼마만큼 자율적으로 조정하고 통제할 수 있는지와 관련된 것이다. Vogot & Murrell(1990)은 임파워먼트를 협동과 협력을 통해 파워를 형성, 개발, 증대시키는 것으로 보았으며, Conger & Kanungo(1988)는 임파워먼트를 관계 구조적인 측면에서 권한과 법적 권력을 배분하는 과정과 동기부여적 차원에서 할 수 있다는 믿음이나 판단, 즉 자기효능감(self-efficacy)[7] 을 부여하는 과정으로 보았다. 자기효능감 연구로 유명한 Bandura(1982)는 임파워먼트를 "부여된 행동을 잘할 수 있다는 믿음이나 판단을 형성해 주고, 자신 능력에 대한 신념을 촉진시키는 경험과 기회를 제공해 주는 과정"이라고 정의했다. Thomas &

7) 특정한 문제를 자신의 능력으로 성공적으로 해결할 수 있다는 자기 자신에 대한 신념이나 기대감을 말한다. 자기 효능감이 높으면 주어진 과제에 대한 지속적 집중을 통해 성취 수준을 높일 수 있다. 그 결과 긍정적인 자아상을 형성하는 데 도움이 된다. 자기효능감은 자아개념(self-concept)과는 다르다. 자아개념은 환경에 대한 해석과 경험을 통해 형성된 자신에 대한 총체적인 지각을 말한다. 그리고 자아개념은 중요한 타인들의 강화와 평가에 의존한다. 반면에 자기효능감은 특정한 역량에 대한 지각이다. 자아개념은 서로 다른 여러 영역에 대한 효능감을 포함하고 있으며, 이런 점에서 자아개념은 자기효능감보다 포괄적인 자기 인식이다.

Velthouse(1990)는 임파워먼트는 기본적으로 동기부여이며, 과업성취에서 자신의 노력이 결과에 미치는 영향(impact), 주어진 직무를 능숙하게 처리할 수 있는 능력(competence), 자신의 목표를 기준으로 한 직무의 의미, 스스로 결정하는 직무행동을 결정하는 선택 등의 내재적 과업을 구성원에게 부여하는 과정이라고 하였다. Laslie, Holzhalb & Holland(1998)는 임파워먼트의 구성요소로 조직구성원의 직무환경에 대한 조정권, 통제권, 직원들과의 상호작용과정에서 획득한 직무성과, 조직에서의 자신에 대한 가치평가, 직무수행과 관련한 자기효능감, 공유된 권한에 대한 인지 등을 들었으며, 사회복지사 개인, 관계, 환경이라는 영역별 기준으로 개인의 업무 지향 정도, 업무수행 환경 통제 정도, 업무수행과 관련된 관계성으로 정의하였다(손영아, 2008 재인용).

임파워먼트는 개인, 관계, 환경의 영향력 하에서 형성되는 주관적 인지상태라 할 수 있는데, 이는 임파워먼트가 자신의 일에 대한 자신감, 일에 대한 영향력, 일을 수행하기 위한 환경 조작 · 통제능력, 일을 수행하는 능력 등을 포함한다는 것을 의미한다. 그리고 임파워먼트가 개인 임파워먼트, 관계 임파워먼트, 환경 임파워먼트로 나뉜다는 것을 말한다. 이 세 가지 임파워먼트를 설명하면 다음과 같다(손영아, 2008).

1) 개인 임파워먼트

개인 임파워먼트란 개인의 특성이 그의 직무지향 정도(personal work orientation)에 주는 영향을 말하는데, 그 요인으로는 자아존중감, 자기효능감, 직위, 성취욕구, 전문적 지식능력 등을 들 수 있다.

2) 관계 임파워먼트

관계 임파워먼트란 직무수행과 관련된 관계(work relationships)의 임파워먼트로서 사회복지사가 다른 직원들에게 필요한 것을 요구할 수 있는 정도,

직무수행과 관련된 상호 관계 정도를 말한다.

3) 환경 임파워먼트

환경 임파워먼트는 환경에 대한 통제의 정도(control of work environment)를 말한다. 다시 말해 사회복지사가 활용할 수 있는 자원에 대한 통제력 지각 정도, 파워 및 의사결정의 위임에 대한 지각 정도를 의미한다.

정리하면, 임파워먼트는 관리자가 보유하고 있는 권한을 실무자에게 이양, 책임범위를 확대시킴으로써 그들의 잠재능력과 창의력을 최대한 발휘토록 만드는 관리기법이다. 다시 말해 실질적인 권한의 이양과 활동을 지지함으로써 개인의 능력과 의욕을 극대화시키는 기술이라고 말할 수 있다. 사회복지 분야에서 임파워먼트 개념을 처음 적용한 사람은 B. Solomon(1976)으로서 그는 노인 클라이언트가 건강한 삶을 스스로 결정하도록 파워를 강화시켜 주는 모델을 제시하였다.

사회복지 분야의 임파워먼트는 두 가지이다. 하나는 사회복지사가 클라이언트에게 권한을 부여하는 것이고, 다른 하나는 시니어 사회복지사가 주니어 사회복지사에게 권한을 부여하는 것이다. 사회복지행정에서의 임파워먼트는 후자에 해당한다.

사회복지기관에서 직원들에게 임파워먼트를 하기 위해서는 리더의 역할이 중요하다. 임파워먼트 실천을 위해 리더가 유념해야 할 원칙은 다음과 같다. 첫째, 사회복지기관이 어려운 상황에 처한다 하더라도 자생력과 적응유연성이 있어 이를 극복할 수 있다고 생각한다. 둘째, 아무리 무능한 직원이라도 기본적인 능력과 자질은 갖추고 있다고 생각한다. 셋째, 사회복지기관의 문제를 진단하는 데서 더 나아가 문제를 하나의 도전이라 생각하고 그 해결을 위해 노력한다. 넷째, 사회복지기관 내부의 의사결정은 직원들과의 대화와 상호 합의를 통해 한다(황성철, 2003: 157).

임파워먼트의 장점은 사회복지사에게 권한을 강화시켜 줌으로써 직무에 더욱 몰입할 수 있도록 만들어 주고(자율적 헌신성의 제고), 창의성과 잠재능력을 개발해 주며, 따라서 그들이 클라이언트에게 제공하는 서비스의 질을 향상시킬 수 있으며(업무수행능력의 향상), 상급자의 하급자에 대한 지시, 감독, 감시 등에 필요한 비용과 시간을 절약할 수 있다는 데 있다.

5. 상황이론

앞서 살펴본 바와 같이 과학적 관리론, 인간관계론, 관료제론과 같은 고전적 조직관리론은 조직구조와 인간의 특성을 파악하여 그에 적합한 최선의 조직관리방법을 찾았다. 그러나 상황이론(contingency theory)은 최선의 조직관리 방법은 없다는 데서 출발한다. 다시 말해 모든 조직에 두루 효과적인 조직관리방법은 없으며, 조직관리의 성패는 조직과 연관된 환경에 달려 있다는 것이다.

일반적으로 우리는 탈집중화되고 인간적인 조직관리모델을 선호한다. 그러나 경직된 규칙과 구조를 가진 조직이 오히려 조직 효과성이 크고 개인간의 경쟁심이 더 강하다는 사실을 증명한 연구결과가 적지 않다. 그리고 느슨한 조직구조와 개인의 자율성을 보장해 주는 조직이 항상 효과적이고 직원들을 만족시키는 것은 아니라는 연구보고도 많다.

이런 연구결과는 직무환경의 상황이 중요하다는 것을 시사한다. 예를 들어, 제조공장과 같이 예측 가능한 일이 반복되는 곳은 타이트하게 통제되는 구조가 더 적합하다. 반면에 예측 가능성이 낮은 조직(연구개발 부서 등)은 보다 느슨한 조직구조와 관리방식이 더 적합하다.

Lawrence & Lorsch(1967)도 조직구조와 리더십을 분석하면서 안정된 환경(stable environment)과 변하는 환경(changing environment)의 차이에 주목했다. 이들에 의하면 Weber의 관료제이론은 비교적 안정된 조직에 부합되는 반면에 인간관계론은 역동적인 상황에 적합한 이론이다. 이들은 조직구조의 확실성(certainty)과 불확실성(uncertainty)도 중시했다. 안정된 환경은 조직 활동에 보다 큰 확실성을 가져다준다. 따라서 특정한 문제를 지닌 클라이언트만을 대상으로 하는 사회복지조직은 업무를 일상화하고 공식적인 구조를 만드는 것이 안정적이다. 반면에 여러 형태의 클라이언트와 예측 불가능한 클라이언트 문제(예, 응급구호가 필요한 경우)를 다루는 기관은 조직구조를 탄력적으로 만들고 규정 중시의 접근방식(by the book approach)을 지양하는 것이 좋다(원석조, 2018 재인용).

조직은 환경을 떠나서는 이해될 수 없다. 조직은 환경에 의존한다. 각 조직의 목적은 다르고 조직이 처한 환경도 다르다. 따라서 다양한 환경에 두루 적합한 조직은 있을 수 없다. 예측 가능한 환경 속에 있는 조직은 위계서열적 조직이 적합하고, 예측하기 어려운 환경 속의 조직은 탄력적인 구조를 갖는 것이 좋다(Netting et al., 2004: 233-237).

5장
사회복지조직의 구조

현대사회에서 사회복지행정은 사회복지조직을 통해서 이루어진다. 따라서 사회복지행정의 기본적인 단위는 사회복지조직이라고 할 수 있으며, 사회복지행정의 주요 관심사 중 하나는 사회복지조직을 이해하고, 효율적으로 구성하는 것이다.

5장에서는 1절에서 사회복지조직의 개념과 구성원리를 살펴본 다음, 2절과 3절에서는 사회복지조직의 구조와 유형을 분석한다. 그리고 4절에서는 사회복지조직을 실제로 운영하는 주체인 법인과 운영조직에 대하여 살펴본다.

1절 사회복지조직의 개념과 원리

사회복지조직은 사회복지를 위하여 의도적으로 구조화한 단위라고 할 수 있다. 1절에서는 이러한 사회복지조직의 개념을 살펴보고, 사회복지조직의 구성 원리를 분석해 본다.

1. 사회복지조직의 개념

일반적으로 조직이라 하면, '특정 목표를 달성하기 위하여 의도적으로 구조화된 계획적 단위'(Etzioni, 1964: 4)라고 정의할 수 있다. 따라서 조직은 사회적 구조, 목표, 구성원, 기술, 환경이라는 특성적 요소를 갖는다. 조직의 특성을 정리해 보면, 다음과 같다(최성재 · 남기민, 2016: 164-165).

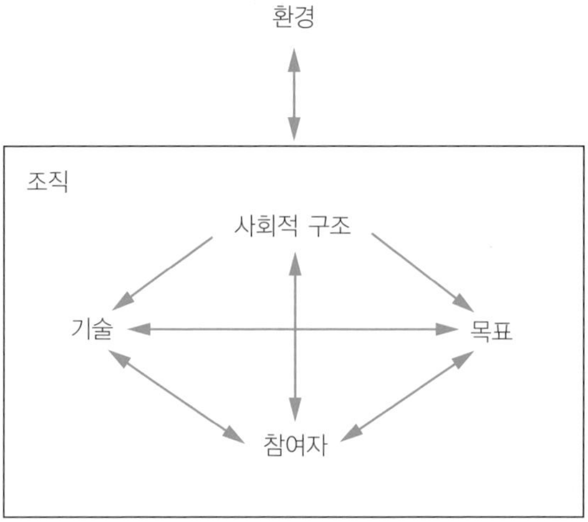

[그림 5-1] 조직의 특성적 요소

첫째, 조직은 우선 구조화된 틀을 갖추고 있어야 하기 때문에 사회적 구조가 주요 요소가 된다. 사회적 구조란 가치, 규범 및 역할기대 등에 의하여 구조화된 규범적 구조와 행동적 구조를 가리킨다.

둘째, 조직은 사회적 구조를 만들고 목표달성 활동을 수행할 구성원이 있어야 한다.

셋째, 조직은 구성원들이 활동을 통해서 이루고자 하는 바람직한 미래의 상태인 목표가 있어야 하며, 목표는 조직이 존재하게 되는 궁극적인 이유가 된다.

넷째, 조직은 구성원들이 목표를 달성하기 위하여 기술을 사용하는데, 기술에는 물질적인 것과 정신적인 것이 포함된다.

다섯째, 조직은 하나의 사회적 체계로서 더 큰 단위의 사회적 체계에 속하기 때문에 환경이라는 요소와 연관된다.

이러한 일반적인 조직의 개념을 사회복지조직에 적용하여 보면, 사회복지조직이란 '사회복지의 목표를 달성하기 위하여, 의도적으로 구조화된 계획적 단위'라고 할 수 있다. 즉, 사회복지조직은 사회복지의 목표를 달성하기 위하여, 의도적으로, 구조화된, 계획적 단위라고 할 수 있다.

첫째, '사회복지의 목표 달성'이란, '사회복지가 사회복지조직을 통하여 이루고자 하는 목표인, 사회복지의 가치, 정책방향, 정책과제 등을 달성하기 위한 것'을 의미한다.

둘째, '의도적'이란 사회복지조직은 우연히 또는 자연적으로 모인 집단이 아니고, 뜻을 갖고 모인 집단이라는 것이다.

셋째, '구조적'이란 가치, 규범, 역할기대, 효율적인 일처리 등을 위해 만들어진 규범적 구조와 행동적 구조를 의미한다.

넷째, '계획적 단위'란 사회복지조직은 사회체계 내에서 존재하는 하나의 하위 체계이므로, 사회복지조직은 독립적인 특성을 가지면서도 주변 체계와 상호의존성을 갖는 계획된 단위라는 것이다.

2. 사회복지조직의 구성 원리

사회복지조직은 사회복지의 목표를 효과적이고 효율적으로 달성하기 위한 조직이다. 이처럼 사회복지의 목표를 효과적이고 효율적으로 달성하기 위해서는 다음과 같은 조직의 구성 원리가 필요하다.

1) 계층제의 원리

조직은 둘 이상의 구성원이 공동 목표를 달성하기 위해 의도적으로 모여 과업, 권한, 역할, 책임 등을 명료화하며, 이러한 과정에서 상호의사소통하고 협력하는 체계이다. 계층제(hierarchy)의 원리는 '권한과 책임의 정도에 따라 조직구성원 간에 권한과 책임을 배분하고 수직적인 지휘 · 복종체계를 확립하는 것'을 말한다.

일반적으로 계층의 수준이 높을수록 대외관계, 정책결정, 장기 계획 등의 업무를 수행하고, 계층의 수준이 낮을수록 집행, 실시 등의 구체적인 업무를 수행한다. 전문화된 조직일수록 그 권한은 약하고 영향력의 범위는 좁다. 계층제가 심화되고 확대되면, 의사소통의 차단, 인간관계의 등한시, 구성원의 사기 저하 같은 문제점이 발생할 우려가 있다. 특히 직무상 계층제를 신분적 · 사회적 계층제와 연관시킬 경우에는 민주적 이념을 저해하고, 창의적이고 쇄신적인 활동을 둔화시킬 우려가 있다. 따라서 환경에 대한 적응성과 신축성을 높이려면 계층의 완화와 평준화를 도모해야 한다. 이런 계층제의 원리는 수직적 분화와 관련이 깊어서 조직 내 의사소통의 혼란을 방지하고 책임 소재를 명백히 할 수 있다.

2) 전문화의 원리

전문화(specialization)의 원리는 '효율성을 높이기 위해 전문 분야별로 구성원에게 한 가지 주된 업무를 분담시키는 것'이다. 조직의 규모가 확대되고 업무처리의 전문성이 증가할수록 분업은 더 필요하다. 조직구성원마다 성격과 기술에 차이가 있고 능력에 한계가 있기 때문이다. 분업을 할 경우 장점은 작업능률이 향상되고 업무의 지식 및 기술이 발전될 수 있다는 것이다. 하지만 개인의 업무수행에 대한 흥미 상실을 초래할 수 있으며, 지나친 분업으로 조직 내 단위 간 조정이 어렵고, 더 많은 비용이 들 수도 있다.

3) 통솔 범위의 원리

통솔 범위(span of control)의 원리는 '한 사람의 상관이 효과적으로 통솔할 수 있도록 부하의 수를 일정한 한도로 제한해야 한다는 것'이다. 주로 조직의 수평적 분화와 관련이 깊다. 통솔 범위는 그 조직의 여러 가지 조건에 따라 다르다. 주로 직무의 특성, 감독자의 능력, 피감독자의 질, 지리적 분산도, 조직의 역사, 조직관리의 상태, 관리기술의 수준 등이 통솔 범위에 영향을 미친다.

4) 위임의 원리

위임의 원리는 '조직의 책임자가 궁극적으로는 권한과 책임을 지고 있지만, 최상부의 지도자는 권한과 책임을 하부조직으로 적절히 위임하여야 한다는 것'이다. 그러나 지도자가 권한과 책임을 너무 많이 위임하거나 너무 적게 위임하여 업무를 효율적으로 수행할 수 없는 경우도 많다.

Koontz & O'Donnell(1976: 382-383)은 권한을 건전하게 위임하는 데 필요한 지도자의 태도와 능력의 특성을 다음과 같이 제시하고 있다.

① 수용하려는 태도: 다른 사람의 아이디어가 발휘되도록 기회를 준다.

② 맡겨 버리려는 자세: 결정권을 하급자에게 준다.
③ 타인의 실수를 허용하려는 태도: 단점을 반복해서 이야기하거나 옆에 붙어서 감독하는 것을 피한다.
④ 하급자를 신임하려는 태도: 하급자와 그의 능력을 신뢰한다.
⑤ 폭넓게 통제하려는 태도: 하급자를 판단하는 데 기본적 목표와 원칙을 사용한다.

5) 조정의 원리

조정(coordination)의 원리는 '조직이 공동 목적을 달성하기 위하여 행동통일을 기하도록 구조를 질서 있게 배열해야 한다는 것'이다. 조직의 규모가 크고 복잡할수록 그 목적을 효과적으로 달성하기 위해 조직 내 각 단위의 기능은 분업화되고 전문화되기 마련인데, 이로 인해 자칫 각 단위가 파편화되는 폐단이 생기기도 한다. 이러한 폐단을 막기 위해서는 구성원의 개별적 노력을 통합화하는 기능이 필요하며 이러한 통합화를 조정이라고 한다.

2절 사회복지조직의 구조

조직의 구조는 조직을 구성하는 단위들 간의 관계를 나타낸 것으로, 조직 내 기능과 권한, 책임 등을 배분하고 조정하는 것이다. 조직의 구조는 조직의 공식성 여부에 따라 공식조직과 비공식조직으로 나뉘며, 조직의 관계에 따라 수직조직과 수평조직으로 나뉘고, 조직의 권한 집중정도에 따라 집권화 조직과 분권화 조직으로 나눌 수 있다.

1. 공식조직과 비공식조직

1) 공식조직

공식조직(formal organization)은 조직도 내 가시적이고 계획적인 구조이다. 행정책임자, 이사회, 위원회, 직원 등의 배열인 동시에 조직도에 명시된 지위와 관계를 의미한다. 공식화는 조직 내 직무와 수행 과정을 명문화하여 구성원들의 업무 편차를 줄여 준다.

2) 비공식조직

비공식조직(informal organization)은 조직도 내 존재하지 않는 비가시적이고 비계획적인 구조이다. 구성원 간의 접촉이나 친근성으로 말미암아 자연발생적으로 형성되는 조직으로 공식조직보다 신축성이 좋은 편이다. 비공식조직도 조직 내 나름의 역할이 있다. 그렇지만 비공식조직이 공식조직의 역할을 대신할 수 없으며, 지나치게 거대해지는 것 또한 바람직하지 않다.

Williams는 비공식 조직의 유용성으로, ① 의사소통의 통로, ② 응집력

유지, ③ 구성원의 자존심 향상을 들고 있다. 그리고 Williams는 비공식조직과 공식조직 사이에 불협화음이 발생할 경우의 해결방법으로 ① 소외의 원인 제거, ② 설득, ③ 직위부여, ④ 전보발령 또는 해직이 있다고 하였다 (Skidmore, 1990: 101).

2. 수직조직과 수평조직

1) 수직조직

수직조직은 계선(line)조직이라고도 한다. 명령과 복종관계로 대표되는 수직적 구조를 형성하여 조직의 목표달성에 중심이 되는 구조로서, 조직 내 최고 관리자인 관장을 중심으로 부장 → 과장 → 팀장 → 팀원 등과 같이 계층적인 형태를 띤다.

장점은 위계적 구조의 권한과 책임 소재가 분명하고, 결정권과 집행권이 있기 때문에 결정이 신속하며, 강력한 통솔권을 행사할 수 있어 안정성을 확보할 수 있다는 것이다. 단점은 결정권을 쥔 책임자가 독단적이고 주관적인 의사결정을 내릴 우려가 있고, 조직이 경직성을 띠게 되며, 각 부문 간 조정이 이루어지지 않을 시 조직 운영이 비능률적이 되기 쉽고, 책임자에게 업무량이 과중될 수 있다는 것이다.

2) 수평조직

수평조직은 참모(staff)조직이라고도 한다. 수직조직이 그 기능을 원활하게 수행할 수 있도록 지원 · 조성 · 촉진함으로써 조직의 목표달성에 간접적으로 공헌한다. 주로 자문, 권고, 조언, 협의, 조정, 연구, 기획, 통제, 인사, 예산, 법무, 홍보, 조달 등을 수행한다. 예를 들면, 총무과, 자료실, 경리과, 홍보실, 자문위원회 등이 수평조직에 해당한다.

장점은 책임자의 통솔 범위가 확대되며, 독단적이지 않고 참여적이고 객관적인 의사결정이 가능함과 동시에 업무의 조정과 협조가 가능하며, 조직에 융통성과 신축성이 있다는 것이다. 단점은 조직 내 인사관계가 복잡하고, 권한과 책임 한계를 둘러싼 갈등이 야기될 소지가 있으며, 운영과 행정이 지연될 수 있고, 의사소통 경로에 혼란이 생길 수 있다는 것이다.

3. 집권화 조직과 분권화 조직

1) 집권화 조직

집권화 조직은 의사결정의 공식적 권한이 상부에 집중되어 있는 조직이다. 단순하고 반복적이고 획일적인 업무에 유리하고, 조직이 위기에 봉착했을 시에 대처에 유리하다. 하지만 자율성과 창의성을 저해할 수 있으며, 일상적인 환경 변화에 적응하기 어렵다는 한계가 있다.

2) 분권화 조직

분권화 조직은 의사결정의 공식적인 권한이 각 계층에 위임되어 있는 조직이다. 조직 대내외적인 환경 변화가 필요한 상황에서는 신속하게 변화를 모색할 수 있다. 하지만 조직 전체의 계획과 조정 활동이 어려울 수 있으며, 의사결정 과정에 대한 통제력을 획득하기 어렵다는 한계가 있다.

3절 사회복지조직의 유형

사회복지조직의 유형은 업무의 성격에 따라 서비스 조직과 연계조직으로 나눌 수 있으며, 업무의 통제성에 따라 관료조직, 일선조직, 전면적 통제조직, 투과성 조직으로 나눌 수 있고, 대상자의 상태와 사용하는 기술에 따라서도 분류할 수 있다.

1. 업무의 성격에 따른 조직의 유형

1) 서비스 조직

서비스 조직(service organization)은 사회복지조직에서 가장 전형적인 조직이라 할 수 있다. 대부분의 사회복지조직은 개인과 집단의 특수성과 문제의 특수성에 맞게 개별화된 서비스를 제공하는 조직이다. 이러한 조직에서 서비스를 제공하는 조직요원은 대상자의 특성과 욕구나 문제에 맞춰 개별화된 서비스를 제공하는 것을 1차적인 역할로 삼고 있기 때문에, 이러한 활동은 표준화하기가 어렵다.

2) 연계조직

연계조직(linkage organization)은 조직의 1차적 기능이 중계자의 역할, 즉 사람과 서비스를 연결해 주는 활동을 하도록 만들어진 조직을 말한다. 이러한 조직에서 구성원의 주된 역할은 지역사회의 자원에 관한 자료를 수집하고, 타 기관의 접수담당 요원과 연결체계를 구축하고, 개인과 서비스가 잘 연계되도록 계약관계를 주선하는 것이 된다. 사회복지조직에서 중계자의 기능을 1차적인 기능으로 하고 있는 조직의 예는 자원봉사 조직이나 입양기관, 사회복지서비스 안내 및 의뢰기관 등이다.

2. 업무의 통제성에 따른 조직의 유형

Smith(장인협 역, 1984: 61-112)는 업무의 통제성에 따른 조직의 유형을 다음과 같이 네 가지로 분류했다.

1) 관료조직

공식적인 조직과 규정, 위계적 권위 구조, 명확하고 전문화된 분업, 문서에 의한 업무처리, 기술 자격증에 기초한 신분 보장 등을 특성으로 하는 합리적인 통제체제의 조직을 말한다. 하지만 목표와 수단의 전도(displacement of goals), 형식주의(red tape), 개인의 불안정감, 변화에 대한 저항 등 병리현상이 나타나는 경우가 많다.

2) 일선조직

공식적인 위계제도가 있음에도 불구하고 실제로는 권한이 분산되어 있는 조직이다. 조직의 주도권이 일선 업무 단위에 있고, 각 업무 단위는 자율성을 가지고 상호 독립적으로 업무를 수행하며, 사무 단위의 직접적인 감독과 통제가 쉽지 않다는 특징이 있다.

3) 전면적 통제조직

조직과 외부환경이 단절된 조직으로 대상자를 유지하고 관리하는 과정에서 엄격한 규칙에 따라 전반적인 통제를 가하는 조직이다. 정신병원, 기숙사, 교도소, 요양시설 등이 여기에 해당한다. 그 특징으로는 강제적 수용, 철저히 계획된 활동 등이 있다.

4) 투과성 조직

조직의 구성원 또는 참여자가 자발적으로 참여하며 개인의 가정과 사적인 생활에 침해를 받지 않고, 조직의 문화나 규정에 의한 통제성이 약하고 조직의 활동이 대부분 노출되는 조직이다. 자원봉사 조직이 대표적인 투과성 조직이다. 그 특징으로는 자발적인 참여, 영역 유지 구조의 취약성, 역할 구조의 복잡성, 개인의 주체성 강조, 업무 활동의 자율성 등이 있다.

3. 대상자와 조직 기술에 따른 조직의 유형

Hasenfeld(1983: 4-7)는 대상자의 상태와 대상자를 변화시키기 위하여 사용하는 기술에 따라 사회복지조직을 여섯 가지로 분류했다. 먼저 대상자의 상태를 정상 기능(normal functioning)과 비정상 기능(malfunctioning)으로 구분한 다음, 사회복지조직에서 대상자를 변화시키기 위하여 사용하는 기술을, 인간식별 기술(people processing technology), 인간유지 기술(people sustaining technology), 인간변화 기술(people changing technology)로 나누고, 이를 교차시켜 6가지 유형으로 사회복지조직을 분류하였다.

1) 인간식별 기술

대상자의 개인적 속성은 변화시키지 않고, 다른 사회집단으로부터 바람직한 반응을 야기하도록 하는 사회적 명칭 부여(labelling)와 공식적인 지위 부여를 통해 대상자의 변화를 시도하는 기술이다. 예를 들어, 노인대학, 소년법원 등과 같이 대상자를 식별하고 분류하여 그의 변화를 시도하는 것이 인간식별 기술에 속한다.

2) 인간유지 기술

대상자의 개인적인 상태의 악화, 약화, 퇴보를 예방하고 현 상태로 유지하도록 하는 기술이다. 예를 들어, 노인의 양로시설, 요양보호, 생계유지를 위한 금품 지급 등이 인간유지 기술에 속한다.

3) 인간변화 기술

대상자의 복리를 증진시키기 위하여 클라이언트의 개인적 속성에 직접 변화를 주는 기술이다. 예를 들어, 교육, 상담, 의학적 치료 등이 인간변화 기술에 속한다.

표 5-1 대상자의 상태와 조직기술에 따른 조직의 유형

기술 유형 / 대상자 상태	인간식별 기술	인간유지 기술	인간변화 기술
정상 기능	유형1 노인대학 신용카드회사	유형3 사회보장청 양로시설	유형5 공립학교 YMCA
비정상 기능	유형2 소년법원, 진료소	유형4 공공부조사무소 요양시설	유형6 병원 심리치료센터

4절 사회복지조직과 사회복지법인

대부분의 민간 사회복지조직은 사회복지법인의 형태로 운영되고 있다. 이 절에서는 우선 법인의 의미를 살펴보고, 특히 사회복지법인의 정의와 허가, 이사회 그리고 사회복지법인이 운영하는 사회복지시설에 대해서 알아본다.

1. 법인

법인(法人, juridical person)은 자연인이 아니면서 자연인과 같은 권리와 의무의 주체가 되는 실체를 말한다. 법인은 여러 가지 기준으로 분류할 수 있으나, 여기서는 재단법인과 사단법인으로 나누어 보고자 한다.

재단법인은 출연된 재산을 중심으로 구성된 것이며, 그 재산을 사용하는 활동이나 사업에 대한 중요 정책과 최고의결기관은 이사회가 된다. 반면에 사단법인은 사람을 중심으로 구성된 것이며 법인의 활동에 대한 중요 정책과 최고의결기관은 이사회가 아닌 사원총회가 된다. 사단법인에서는 총회에서 위임된 사항에 한해서만 이사회가 최고결정권을 가질 뿐이다.

사회복지사업을 하는 법인은, 민법상의 법인일 수도 있지만, 대부분의 경우는 「사회복지사업법」에서 규정하는 사회복지법인이다. 사회복지법인은 일종의 재단법인의 성격을 띤다. 「사회복지사업법」에서는 사회복지사업을 할 수 있는 자와 정부로서의 보조를 받을 수 있는 자를 사회복지법인으로 한정하지는 않고, 민법상의 재단법인 및 사단법인, 그리고 개인도 인정하고 있다(「사회복지사업법」 제34조 및 「사회복지사업법 시행령」 제20조). 그러나 사회복지사업의 공익성을 고려하면, 법인을 설립하여 법인에서 사회복지조직을 운영하는 것이 바람직하다.

2. 사회복지법인

사회복지법인은 사회복지사업을 행할 목적으로 설립된 법인을 말하며, 법인설립은 보건복지부 장관 또는 시·도지사의 허가를 받아야 한다. 사회복지법인은 시설설치·운영법인과 지원법인 두 가지로 구분된다.

시설설치·운영법인은 시설기준에 적합한 시설과 부지를 갖추거나 갖출 수 있는 목적사업용 기본재산을 갖추고 시설설치가 가능한 지역에서 시설을 설치·운영할 수 있는 법인을 말한다. 지원법인은 사회복지시설 운영을 목적으로 하지 않고 일정한 출연재산에서 발생하는 수익 등으로 다른 시설이나 보호대상자 등 「사회복지사업법」 제2조 1항에서 정한 사회복지사업을 지원하는 것을 목적으로 하는 법인을 말한다.

사회복지법인의 허가에서 목적사업의 범위가 2개 이상의 시·도에 걸치는 경우는 보건복지부 장관의 허가를, 그렇지 않은 경우(목적사업의 범위가 관할 시·도 1개에 한정되는 경우)는 관할 시·도지사의 허가를 받아야 한다(시·도지사의 허가권은 보건복지부 장관으로부터 위임된 것임). 신청은 관할 시·군·구청장을 거쳐 시·도지사의 허가를 받도록 되어 있다(제16조). 사회복지법인에는 대표이사를 포함하여 이사 7인 이상과 감사 2인 이상을 두고 친족이 이사 총 수의 5분의 1을 초과할 수 없도록 규정하고 있다. 이사의 임기는 3년, 감사의 임기는 2년으로 하되 각각 연임이 가능하도록 되어 있다.

민법(제32조)에 의하면 학술, 종교, 자선, 기예, 사교, 기타 영리 아닌 사업을 목적으로 하는 사단 또는 재단은 주무관청의 허가를 얻어 이를 법인으로 할 수 있도록 하고 있지만 사회복지시설을 설립·운영하고자 하는 자는 법인이 아니라도 가능하도록 되어 있다. 사회복지사업을 하려는 민법상의 법인은 재단법인이든 사단법인이든 이사를 두도록 되어 있으며 이사의 수와 임기는 법인의 정관에 규정하도록 하고 있다. 그리고 감사를 두는 것은 법상의 의무규정은 아니며 장관 또는 총회의 결의에 의하여 임의로 둘 수 있도록 하고 있다(민법 제66조).

사회복지법인이 설립되면 법인에서 사회복지사업 수행에 필요한 시설(생활시설 또는 이용시설)을 설립하고 시설장을 임명할 수 있다. 시설장은 이사회의 의결을 거쳐 임명되고 시설장은 그 법인 및 정부에 대하여는 직접적으로 그리고 지역사회 주민 및 서비스 대상자에 대하여 간접적으로 시설의 운영에 대해 책임을 진다. 시설장은 시설의 운영을 위하여 필요한 직원을 채용하고 직원을 관리·감독하는 책임을 진다.

3. 사회복지법인의 이사회

이사회(board of directors)는 조직이 그 목표를 달성할 수 있도록 법률적 책임을 지고 있는 법인의 정책결정 기구이다. 사회복지조직은 지역사회의 복지증진을 위한 조직이기 때문에, ① 지역사회로부터 피드백을 얻고, ② 지역사회의 욕구를 확인하고 그 해결방법에 대하여 지도하고, ③ 조직의 목표를 효과적이고 효율적으로 달성하고 책임성을 발휘하도록 하기 위하여 지역사회 거주자 또는 지역사회에서 활동하고 있는 사람들로 이사회를 구성할 필요가 있다. 즉, 이사회는 사회복지조직의 필요성과 존재에 대한 철학적 및 사회적 근거가 되는 것이다. 그렇기 때문에 사회복지법인에는 이사회를 두는 것이 법률적 요청사항으로 되어 있다.

우리나라에서는 「사회복지사업법」과 「민법」 등에서 사회복지사업을 하고자 하는 자나 공익사업을 하고자 하는 자는 사회복지법인 또는 민법상 재단법인 및 사단법인을 설립하도록 하고 있다. 따라서 이사회는 자연인이 아니면서 자연인과 같은 권리와 의무의 주체가 되는 법인의 상설적 기관이 된다. 법률적 의미에서 이사회는 법인의 사무를 집행하며 원칙적으로 법인을 대표하며 법률행위의 직무권한을 가지는 상설적 필요기관이 된다.

사회복지조직의 이사회는 일반적으로 다음과 같은 기능을 수행한다.

① 조직의 목적 또는 목표설정
② 조직의 운영기구 설정
③ 필요한 인적 및 물적 자원의 조달
④ 조직의 행정책임자 채용 및 임명
⑤ 정책의 결정
⑥ 예산인준 및 재정원천에의 접근촉진
⑦ 조직운영의 점검 및 평가
⑧ 조직과 지역사회 간의 중개
⑨ 지역사회의 계획참여
⑩ 정관의 변경 등

이러한 기능으로 보면 이사회는 사회복지조직의 정책 결정기관이며, 조직의 법인격 구축기반이고 또한 조직활동의 배후 후원기관의 성격을 갖는다.

사회복지조직의 이사는 ① 조직과 조직의 사업에 대하여 관심이 있는 자, ② 지역사회의 여러 집단의 대표자가 될 수 있는 사람, ③ 개인적으로 능력이 있는 사람, ④ 시간과 정력을 할애할 용기가 있는 자로, 자원봉사자가 되어야 한다. 우리나라의 경우 대부분의 사회복지법인에서 이사는 자신들의 역할을 제대로 하지 못하고 있다. 특히 자원봉사자에 대한 잘못된 인식으로 인하여 이사회의 기능과 역할은 거의 형식적으로 되고 있다. 우리나라의 사적 사회복지조직이 제대로 발전되지 못하고 있는 중요한 이유 중의 하나는 바로 이사회의 활동이 미미하기 때문이라 할 수 있다.

이사회와 집행기관 책임자(사회복지조직 책임자) 및 직원의 역할(또는 권한과 책임)을 이해하지 못하거나 역할규정이 불분명하여 이사회, 집행기관 책임자 및 직원 간의 관계에서 때로는 갈등이 초래되는 경우가 많다. 집행기관 책임자는 이사회에서 고용한 사람이므로 기본적으로는 이사회의 요청에 따라 역할을 수행해야 하고 이사회에 대하여 책임을 져야 한다. 이사회는 조직의 운영전반에 관한 사항을 집행기관 책임자에게 위임하고 있지만 궁극적으로는 조직의 운영, 집행기관 책임자와 직원의 직무수행에 대한 책임은 이사회에 있다고 할 수 있다. 그리고 이사회는 조직의 정책을 개발하고 수립하는 책임을 지고 집행기관 책임자와 직원은 수립된 정책을 수행하는 책임을 지고 있지만 이사회는 조직의 인사사항을 포함하여 운영전반에 대하여 궁극적으로 책임을 지게 된다.

이러한 면에서 볼 때 이사회의 역할은 어떤 의미에서 조직의 효율성과 효과성을 좌우할 정도로 그 책임이 대단히 중요하다 하겠다. 이사회와 집행기관 책임자의 관계는 고용자와 피고용자의 관계에 엄격히 매이는 것보다는 동료적인 입장에서 협조적 관계를 형성하는 것이 바람직하고, 이사회와 직원과의 관계도 이러한 동료적 관계를 형성하는 것이 바람직하다. 이들 3자 간의 관계를 분명히 하고 갈등을 피하는 가장 좋은 방법 중의 하나는 각자의 역할, 책임, 권한을 명시한 직무규정을 마련하는 것이다.

4. 법인과 사회복지시설

대부분의 사회복지사업은 사회복지조직을 통하여 이루어진다. 조직은 규모에 따라 차이가 있으나 적어도 2명 이상이 조직을 이룬다고 할 수 있다. 같은 목적에 찬성하고 사회적으로 인정받을 수 있고 전문성을 지닌 2명 이상의 다수가 지역사회와 정부로부터 인정받을 수 있는 사회복지조직을 구성하는 것은 바람직하다.

이러한 의미에서 민간조직이 사회복지서비스를 제공하고자 하는 경우(사회복지사업을 하고자 하는 경우) 가능하면 법인체를 구성하고 그 법인체가 서비스 전달조직(서비스 전달 행정조직)을 만들어 전달하도록 하는 것이 바람직한 것으로 인정되고 있다. 사회복지사업을 위해 정부로부터 법인체를 허가받는 것은 그 법인의 사회복지사업을 사회적으로 공인하는 것이고 동시에 사회로부터도 간접적으로 인가받는 의미를 지닌다. 이렇게 정부로부터 허가받고 사회로부터 인가받은 법인체는 공신력을 가지고 지역사회의 후원(모금 등의 재정지원)도 받을 수 있다. 그리고 법인체는 지역사회의 복지증진을 도모함으로써 더욱 공신력을 확보할 수 있게 된다.

앞에서 언급한 바와 같이 사회복지사업은 반드시 법인체가 아니라도 시행할 수 있고 정부의 지원도 받을 수 있다. 즉, 임의단체나 개인도 사회복지사업을 시행할 수 있고 정부로부터 지원을 받을 수 있다. 그러나 비인가 단체나 개인이 사회복지사업을 하는 경우, 경우에 따라 차이는 있겠지만 그 책임성이 약할 수 있고 또한 서비스의 공신력이 떨어질 수 있는 가능성이 법인체보다 상대적으로 높다고 할 수 있다.

그리고 개인이 일정한 재산을 출연하여 사회복지법인이나 민법상의 재단법인을 설립하는 경우, 마치 어떤 개인이 개인재산을 투자하여 기업을 창업하고 이를 운영하는 것처럼 개인재산 출연자가 법인의 정책을 좌지우지하려 하거나, 법인의 이사들이 개인재산 출연의 공로를 인정하여 재산출연자의 이러한 행동을 묵인하는 것은 바람직하지 못하다. 법적으로 개인재산을 출연하였다 하더라도 일단 법인재산이 되면 개인의 소유권은 인정되지 않고 법인의 공유재산이 되는 것이다. 따라서 어느 이사도 재산권에 근거하여 어떤 권한을 독단으로 또는 상대적 우위에서 행사할 수 없고, 법인의 재산권 행사에 대하여도 이사들이 공동으로 동등한 권한과 책임을 갖게 되는 것이다.

비록 그 법인이 사단법인이라 하더라도 법인의 이사는 동등한 권한과 책임을 지는 것이다. 그러므로 법인체의 이사는 성실하게 공인으로서 자기의 책무를 다해야 하고 사회복지법인 또는 비영리법인의 경우는 법인설립의 목적에 부응하여 적극적으로 법인의 운영에 관심을 가지고 참여하는 것이 바람직하다. 우리나라에서는 재산출연자의 공로를 인정하거나 법인이사가 소극적으로 참여하는 경우 법인과 이사의 역할과 권한을 잘 모를 수도 있어 이사의 권한 및 의무를 거의 행하지 않는 경우가 많다. 이와 같은 상황에서 법인과 사회복지시설(기관)이 대표이사(이사장) 또는 시설장(기관장)의 의지대로 운영되어 부정적 결과를 낳는 경우도 상당히 있다.

법인(이사회)과 시설(시설장 또는 기관장)의 관계는 국가에서 입법부와 행정부의 관계에 비유할 수 있다. 법인의 이사회는 정관을 만들고 개정하며 주요 정책을 결정하고, 시설장(기관장)은 법인 이사회에서 결정한 정책을 집행하는 행정책임자(시설장 또는 기관장)가 된다. 따라서 행정책임자는 법인 이사회에 대하여 일차적 책임을 진다. 이러한 관계는 경우에 따라 최고 의사결정의 혼선과 의사결정 과정의 지연 및 행정절차의 복잡성을 초래하는 경우도 있다. 그러나 이사회가 집행부의 바람직하지 못한 전횡을 견제하는 수단으로서의 건전한 의미가 더 크다는 면에서 일반적으로 바람직한 것으로 인정된다. 그리고 법인 이사회는 법인 운영의 총체적 책임자이고 법인의 주인이기 때문에 이사들이 제대로 역할을 수행하면 법인 이사회가 명실상부하게 집행기구의 가장 든든한 지원자가 되는 것이라는 의미에서 법인과 집행부의 분리된 책임과 권한은 바람직하다.

집행기구(사회복지시설 또는 기관)에서의 의사결정의 신속성, 최고 의사결정의 확실성 및 행정절차의 편의성을 높이기 위해 법인의 대표 이사(이사장)가 집행부의 장을 겸하는 경우가 많으나 이 경우 집행부의 장이 법인설립을 주도했거나 재산출연과 관계있는 경우 또는 독단적 의사결정을 하는 경우 이사회의 기능을 약화시킬 가능성도 있다.

6장
사회복지조직의 환경

사회복지조직은 사회로부터 사회문제를 해결하도록 위임을 받은 조직이다. 그리고 사회복지조직은 사회로부터 존립의 정당성과 함께, 조직을 운영하는 데 필요한 모든 자원을 제공받는다. 따라서 사회복지조직은 다른 어떤 조직보다도 환경과 밀접한 관계를 갖고 있다. 이러한 점에서 볼 때, 사회복지조직은 '환경의 포로'라고 할 수 있다.

이러한 사회복지조직이 환경변화에 적절하게 대응하지 못하는 경우에는 사회복지조직이 환경으로부터 제공받던 자원의 감소나 중단은 물론, 조직의 존립 자체도 흔들리게 된다. 따라서 사회복지행정에서는 사회복지조직과 환경과의 관계를 이해하고, 변화하는 환경에 적절하게 대응하는 전략을 분석하는 것은 매우 중요한 일이라고 할 수 있다.

6장에서는 우선 사회복지조직과 환경의 변화에 대한 이론을 살펴보고, 사회복지조직을 둘러싸고 있는 환경의 내용에 대해서 알아보고자 한다. 그리고 사회복지조직 환경의 변화요인과 변화의 추이 그리고 대응전략을 분석해 본다.

1절 사회복지조직 환경에 관한 이론

사회복지조직의 환경에 관한 이론도 점차 조직의 외부 환경의 중요성을 강조하는 방향으로 발전해 왔다. 사회복지조직과 환경의 관계를 설명하는 이론으로는, 사회체계이론과 교환이론 그리고 상황이론을 들 수 있다.

1. 사회체계이론

사회체계이론(social system theory)에서는 모든 사회적 실체, 즉 개인, 가족, 소집단, 조직, 지역사회, 국가사회를 하나의 유기체와 같은 체계로 본다. 그리고 이들 체계들은 등위적인 체계, 상위적인 체계 및 하위적인 체계들과 상호의존적인 밀접한 관계를 가지고 있는 것으로 간주한다. 따라서 모든 사회체계는 전체로서 다른 하위체계를 내포하고 있는 동시에 상위체계에 속해 있다(Koestler, 1979: 23-51).

사회체계들은 상호의존적인 관계를 갖고 전체를 이루고 있으며, 전체는 부분의 합보다 더 크고 다른 성질을 갖고 있으므로, 전체에 나타나는 조직이나 상호의존성을 전체를 구성하는 개별적은 부분들로 환원할 수 없다. 그리고 사회체계에서의 인과관계는 체계 간의 일방적인 인과관계가 아니라 모든 체계와 모든 하위체계 간의 상호적 인과관계이다.

사회체계는 살아 있는 개방체계이며 등위체계, 상위 및 하위 체계 간의 상호작용을 통하여 필요한 에너지를 만들어 내고, 이 에너지의 상호교환과 이전을 통하여 체계가 존속하고 분화하고 진화하고 발전하게 된다. 따라서 사회체계는 개방체계로서 환경과의 끊임없는 상호작용은 불가피하며 상호작용을 통하여 유지되고 발전될 수 있는 것이다.

이러한 관점에서 보면 사회복지조직은 사회체계이며 개방적인 체계로서, 그것을 둘러싼 다양한 등위체계 및 상위체계와 상호작용을 함으로써 조직에서 필요한 에너지(자원)를 확보하고 이것을 내적 및 외적 체계 간에 상호이전시켜 사회복지조직을 유지하고 발전시켜 나간다. 그렇기 때문에 사회복지조직은 생존하기 위해서는 물론 발전하기 위해서도 개방체계가 되어야 하고, 외적인 환경과의 상호환경을 갖는 것은 불가피하다(최성재 · 남기민, 2016: 194).

2. 교환이론

교환이론에서는 인간을 이기적이고 합리적이고 환경의 변화에 적응하는 존재로 본다. 그리고 사회적 관계를 개인 간, 개인과 집단 간 및 집단과 집단 간에 상호 필요한 자원을 주고받는 관계로 본다. 따라서 사회복지조직도 사회복지조직을 둘러싸고 있는 환경과의 끊임없는 교환관계를 가지게 된다. 다시 말해서 교환론적 관점에서 보면 사회복지조직과 환경의 상호관계는 불가피하고 당연한 것이다.

교환관계가 이루어지는 보편적인 조건은 교환 당사자가 각각 주는 것의 가치보다는 받는 것의 가치가 크다는 판단, 즉 비용보다는 보상이 크다는 판단이 서야 한다. 그리고 권력관계의 약세에서 불평등한 교환관계에 있다고 판단하는 측은 가능하면 대등한 교환관계를 가지려는 성향이 있다. 많은 경우 교환관계는 반드시 균형적인 교환(대등한 교환)이 되지 못하므로, 권력과 의존관계가 형성된다. A가 B에게 제공한 것(비용)만큼의 가치 있는 것(보상)을 B에게서 끌어낼 수 없는 상황이 빈번히 일어날 때, A의 B에 대한 의존성보다는 B의 A에 대한 의존성이 커져 불균형적인 교환관계가 성립되며 A는 B에 대하여 권력을 갖게 된다(최성재 · 남기민, 2016: 195).

Emerson은 이러한 의존과 권력관계에 대하여, 행위자 A가 B에게 의존하는 정도(Dab)는 B에 의해서 제공되는 보상을 얻기 위해 A가 투자한 자원(비용)의 정도에 비례하고 A가 원하는 자원을 얻을 수 있는 출처가 B 이외에 얼마나 많은가에 반비례한다고 한다(Emerson, 1960: 35-40).

사회복지조직도 외부환경에서 사업을 위한 인적 및 물적 자원을 조달하여야 하므로 환경과의 교환관계에서 의존-권력관계를 피할 수 없다. 권력에 지배되는 관계에 처하면 의존-권력관계를 피하는 전략을 사용하여야 할 것이다. 의존-권력관계를 벗어나서 균형적 교환관계를 구축하려는 전략으로는 다음과 같은 것이 있다(Johnson, 1981: 369).

① 동등한 가치의 다른 자원으로서 보상하는 전략
② 다른 보상의 원천을 개발하는 전략
③ 새로운 자격이나 지위를 획득하는 전략
④ 강제력을 사용하는 전략
⑤ 연합적 활동으로 대응하는 전략
⑥ 소유자원의 질을 향상시키는 전략
⑦ 원하는 보상이나 욕구를 포기하는 전략

3. 상황이론

상황이론에서는 조직과 환경의 관계에서, 환경 변화에 대처하는 세 가지 차원의 조직기능(organizational functioning), 즉 기술적 핵심(technical core), 관리시스템(managerial system), 제도적 시스템(institutional system)을 제시하고 있다.

기술적 핵심은 조직의 원리적 기능(principal functions)[1]을 수행하는 조직의 구조와 과정을 말한다. 이론적으로는 동일한 일을 반복적으로 수행할 수 있는 환경을 가진 조직이 가장 안정적이다. 관리시스템은 기술적 핵심의 업무를 관리하는 구조와 과정을 말하고, 제도적 시스템은 조직과 환경 간의 상호작용을 말한다(원석조, 2018).

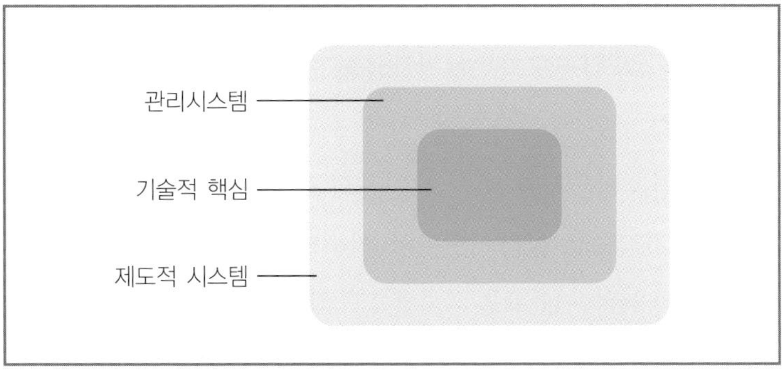

[그림 6-1] Thompson의 조직모델

출처: Netting et al., 2004: 235의 그림 7.2.

상황이론의 핵심은 조직 활력을 저해하지 않고 조직 정체성을 위험에 빠트리지 않으면서 환경변화에 반응하는 조직구조를 갖는 것이며, 환경변화에 조직이 적응하는 방법은 세 단계가 있다(Thompson, 1967).

1) 조직의 기술적 핵심을 보호하는 행동

기술적 핵심을 보호하는 행동은 조직 내부로부터 변화의 적응방법을 이끌어 내는 조직의 반응을 말한다. 예를 들면, 산출의 증가와 감소, 직원의 채용과 해고, 내부 부서 간의 자원 할당의 변화 등이다. 이러한 방법을 통해 조직은 환경변화에 적응한다.

1) 사회복지행정에서는 사회복지 급여와 서비스의 제공을 의미한다.

2) 직무환경에 대한 권한을 획득하는 행동

기술적 핵심을 보호하는 행동에도 불구하고 조직이 환경변화에 적응하는 데 실패할 수도 있다. 그러면 다음 단계로 직무환경에 대한 권한을 획득하는 행동을 시도한다. 직무환경의 권한 획득이란 변화에 대한 통제를 강화시켜 직무환경들과의 관계를 변화시키는 것이다. 직무환경은 조직에 영향을 주는 조직 외부의 환경으로서, 예를 들면 현금, 원료, 클라이언트 의뢰와 같은 조직에 필요한 자원을 제공(투입)하는 자(기관이나 개인) 또는 상품(산출)의 소비자이다. 그러므로 직무환경들과의 관계를 변화시킨다는 것은 조직 외부의 환경, 즉 자원 투입자 또는 상품 소비자와의 관계를 변화시키는 것이다. 예를 들면, 다른 기관 또는 개인과의 장기적인 재무 관련 합의사항을 변경하거나 정기적으로 클라이언트를 의뢰받는 시스템을 바꾸거나(여러 지역으로부터 청소년 클라이언트를 의뢰받아 운영하던 청소년치료센터가 특정 교육지구 내의 청소년 클라이언트만을 위한 조직으로 변화) 하는 것이다.

3) 조직 도메인을 변화시킴으로써 조직에 중요한 환경 요소를 흡수하는 행동

환경들과의 관계를 변화시켰음에도 환경변화에의 적응에 실패하면, 자신을 변화되는 환경의 한 부분으로 만드는 방법을 사용한다. 예를 들면, 학대받은 클라이언트를 대상으로 정부계약하에 재정을 지원받는 프로그램을 운영하는 한 사회복지조직이 있다고 하자. 그런데 갑자기 정부가 정책의 초점을 치료에서 예방으로 전환하였다. 치료중심의 서비스를 제공하던 이 기관은 정부보조금의 중단이라는 재정적 위기상황에 빠지게 된다. 게다가 예방중심의 프로그램 운영을 주목적으로 하는 기관이 새로 개원하면 더욱 어려워진다. 이럴 경우 기존의 기관은 정부지원을 계속 받기 위해 새 기관과의 합병을 추진할 수 있다. 그렇게 하기 위해서는 적어도 기술적 핵심의 일부라도 바꾸어야 한다.

2절 사회복지조직 환경의 내용

사회복지조직의 환경은 일반환경(general environment)과 과업환경(task environment)으로 나눌 수 있다. 일반환경이란 환경 내의 정치적, 법적, 경제적, 인구적, 문화적, 기술적 조건들을 의미하며, 이러한 조건들은 특별한 경우를 제외하고는 조직이 변경시킬 수 없는 주어진 조건이다. 과업환경이란 특정의 사회복지조직이 자원과 서비스를 교환하고 특별한 상호작용을 하는 집단들을 의미하는데, 조직 활동에 대한 인허가기관, 감독기관, 재정자원 제공기관, 서비스 대상자 의뢰기관, 협력적 서비스 제공기관 등이 여기에 포함된다. 과업환경은 일반환경에 의하여 영향을 받는 것이 일반적이다 (Hall 1977: 최성재 · 남기민, 2016: 197 재인용).

1. 일반환경

사회복지조직의 일반환경은 정치적 환경, 법적 환경, 경제적 환경, 인구사회적 환경, 문화적 환경, 기술적 환경으로 나눌 수 있다.

1) 정치적 환경

사회복지조직은 재정지원의 대부분을 정부에 의존하고 있다. 이러한 상황에서 자원배분을 통제하는 정치적 환경은 사회복지조직에 매우 중요한 환경이라 할 수 있다.

1980년대 이전 정치적 환경은 선성장-후분배의 정책기조로 국가발전에 매진해 왔으나, 1980년대 이후는 복지사회 건설이라는 국정이념으로 성장과 분배의 균형적 전략을 추진해 왔다. 그러나 이러한 전략을 실천하는 정책의지가 매우 약해서 정부에서는 「사회복지사업법」과 복지관련법(「국민기초생활보장법」「장애인보장법」「아동복지법」「노인복지법」「모 · 부자복지법」 등)에 규정된 구빈적인 최저수준의 급여를 제공하는 수준에 머물러 왔다. 그러나 외환위기 이후 김대중정부는 대량실업에 대처하기 위한 기초생활보장과 생산적 복지를 강조하여 공공부조행정을 강화하였으며, 2000년대 이후에는 새로운 사회적 위험인 가족과 지역사회의 해체에 대응하기 위하여 사회서비스행정을 강화해 나가는 등, 정치적 환경은 사회복지행정의 큰 틀을 결정하는 중요한 요인이라고 할 수 있다.

2) 법적 환경

중앙과 지방 수준에서 정치적 과정을 통해서 만들어지고 있는 법률, 명령, 규칙 등은 사회복지조직이 대상자들에게 서비스를 제공하는 것과 관련된 많은 조건을 규정하고 통제하고 장려한다. 그리고 이러한 법적 환경은 사회복지행정의 대상자선정, 장소, 계획, 서비스기술, 재원, 서비스인력에 중대한 영향을 미친다. 우리나라 사회복지 관계법의 특징은 사회복지사업에서 국가책임과 자활조성을 원칙으로 하여 개인의 책임 및 국민의 의무를 강조하는 것이다(「국민기초생활보장법」 제3조, 「노인복지법」 제4조, 「장애인복지법」 제5조 제2항 등 참조). 또한 중앙정부나 지방정부가 직접 복지사업을 설립 · 운영 · 관리하기보다는 민간 사회복지법인이 그 설립과 운영을 담당하는 것을 장려하고 있다.

사회복지 현장에서 이루어지는 모든 사회복지행정의 급여와 서비스는 법률이나 조례 등 법적 규정에 맞도록 이루어져야 한다.

3) 경제적 환경

국가나 지역사회의 일반적인 경제상태는 사회복지행정에 직접적으로 영향을 미친다. 정부의 사회복지 재정은 경제성장과 더불어 일반적으로 증가하는 경향이 있고 특정부문의 사회복지 재정, 예를 들면 공공부조에 대한 비용은 경제성장률이 낮거나 경기 후퇴의 경우에 증가하는 경우가 많다. 지역사회의 사회복지조직은 지역사회의 경제상태에 의해서 크게 영향을 받을 수 있는데 특히 지방정부의 재정지원이나 지역주민의 기부금에 의존하고 있는 조직일수록 지역사회의 경제상태에 따라 많은 영향을 받게 된다. 경제상황은 사회복지조직에 대한 자원공급을 결정하는 주요 요인이 될 뿐만 아니라 또한 사회복지조직에 대한 대상자의 수요를 결정하는 주요 요인이 된다. 대규모의 실업상태는 보육서비스, 정신건강서비스, 가족복지서비스 등의 수요를 증대시키는 경향이 있다.

4) 인구사회적 환경

연령과 성별분포, 가족구성, 거주지역, 사회적 계급은 여러 가지의 문제와 욕구의 발생빈도와 밀접한 관계를 가지고 있다. 예를 들면, 여성세대주 가족, 노인층, 농어촌 거주자들은 소득수준이 낮고, 성격장애의 빈도는 남성에게 높은 반면에 신경증의 발생률은 여성에게 더 높은 경향이 있다. 또한 정신장애는 일반적으로 저소득층에 더 많은 경향을 보이고 있다. 특히 우리나라는 가족구조에 큰 변화가 있었는데, 1980년에는 우리나라의 평균 가족원 수는 4.8명이었는데 2017년에는 2.5명으로 줄어들었고, 1인 가구의 비율이 27.2%를 차지하게 되었다(국가통계포털, 2017 통계자료). 또한 노인단독 가구의 비율도 1981년의 약 20% 수준에서 2017년에는 33.5%로 증가하였는데(통계청, 2017 고령자통계), 이러한 변화는 노인보호서비스(가정봉사원서비스, 주간보호서비스 등)의 필요성을 증가시키고 있다.

사회복지행정 대상자의 인구사회적 특성은 사회복지조직에서 대상자를 택하는 데도 영향을 미친다. 예를 들면, 미국의 경우에는 민간 사회복지조직은 다루기 어려운 클라이언트보다는 친절하고 성공 가능성이 높은 클라이언트를 받는 경향(creaming 현상)이 나타나고 있고, 특히 유료 서비스 조직인 경우에는 이러한 경향이 더욱 두드러지고 있어 문제가 되고 있다(Gates, 1980: 130).

5) 문화적 환경

사회복지조직은 사회의 우세한 문화적 가치에 의하여 민감하게 영향을 받는다. 특히 조직에서의 서비스 형태, 대상자의 서비스 접근, 문제의 규정 등이 크게 영향을 받는다.

예를 들면, 노동윤리를 존중하는 문화에서는 노동능력이 있는 자에 대한 공공부조는 일을 시키고 대가로 지불하는 방식(기초생활보장의 취로사업)의 서비스 형태를 취할 수 있고, 공공부조를 국민의 권리로 인정하는 문화에서는 노동에 대한 요구 없이 금품을 지급하는 서비스의 형태를 취할 수 있다. 또한 알코올 중독자에 대한 정의에서 미국 사회에서는 그 정의를 엄격히 하는 데 비하여, 한국에서는 아주 느슨하게 하고 있다. 따라서 미국의 정의를 한국에 적용한다면 알코올 중독자 수는 크게 늘어날 것이다.

6) 기술적 환경

사회복지조직에서 제공할 수 있는 서비스의 범위는 의료, 정신건강, 교육, 지역사회 및 사회계획과 같은 분야에서의 기술개발에 의해서 크게 영향을 받는다. 일반적으로 조직의 기술적 수준은 인간문제에 관한 사회의 일반적 기술수준과 연구와 훈련을 통하여 지식을 추구해 가는 사회적 상태에 의하여 영향을 받는다. 따라서 사회복지조직에서 인간문제의 해결을 위하여 사용하는 기술은 인간문제와 욕구에 대응하기 위하여 개발된 전반적인 기술수준을 반영하는 것이다. 정신건강 분야에서의 치료는 정신작용 약물(psychoactive drug)의 발견으로 크게 진전되었고, 심리학에서의 행동수정이론은 사회복지조직에서의 서비스 기술을 크게 향상시키고 있다.

2. 과업환경

사회복지조직의 과업환경은 합법성과 권위의 제공자, 재정자원의 제공자, 서비스 대상자의 제공자, 서비스 대상자의 인수자, 협력적 서비스의 제공자, 경쟁조직으로 나눌 수 있다.

1) 합법성과 권위의 제공자

사회복지조직의 합법성과 권위는 법률에 의하여 부여되고 있으며, 조직에 대한 사회적 승인이나 정당성은 조직이 봉사하고 있는 지역사회나 클라이언트 집단, 전문가 집단으로부터 나오는 것이다. 예를 들면, 정부의 감독기관으로 공공 사회복지행정체계인 보건복지부, 시 · 도청, 시 · 군 · 구청 등이 있고, 사회복지협의회, 지역사회보장협의체, 사회복지사협회 등이 여기에 해당된다.

2) 재정자원의 제공자

사회복지조직의 재정 제공자는 조직에 가장 큰 영향을 미치는 요인인데, 정부, 공공 및 민간 사회단체, 외국 민간단체, 개인 등이 있다. 우리나라의 민간 사회복지조직(사회복지시설 및 기관)의 대부분의 재정원천을 보면 정부보조에 의존하는 비율이 가장 높고, 지역사회의 모금이나 재단의 자체수입에 의존하는 비율은 아주 낮은 편이다.

3) 서비스 대상자의 제공자

이는 사회복지조직으로부터 직접 서비스를 받고자 하는 개인과 가족 및 서비스 대상자를 사회복지조직에 의뢰하는 타 조직, 집단, 개인을 포함한다. 서비스 대상자의 제공자는 사회복지조직의 성격과 종류에 따라 다양하다. 예를 들면, 학교, 경찰, 청소년단체, 교회, 주민센터 등이 해당된다.

4) 서비스 대상자의 인수자

사회복지조직은 문제나 욕구가 있는 서비스 대상자를 제공자로부터 받아, 적절한 급여와 서비스를 제공함으로써 서비스 대상자의 문제나 욕구를 해결하고자 한다. 그렇다면 사회복지조직의 산출물이라 할 수 있는 변화된 상태의 서비스 대상자를 받아들이는 측, 즉 인수자가 있어야 한다. 이러한 인수자에 해당되는 자는 서비스 대상자와 관계를 맺고 있는 자들, 예를 들면 가족, 교정기관, 사회복지시설, 아동복지시설, 학교 등이다.

5) 협력적 서비스의 제공자

하나의 사회복지조직이 모든 서비스를 다 제공할 수는 없다. 그러나 사회복지조직은 인간문제에 대한 통합적인 서비스를 제공함으로써 서비스의 효과성과 효율성을 높일 수 있다. 따라서 사회복지조직은 주된 서비스를 보충해 줄 수 있는 협력적 서비스의 제공자와 공식적 또는 비공식적 협조체계를 유지하여야 한다. 그러므로 서비스 대상자의 문제를 해결하고자 하는 사회복지조직에서는 다른 기관의 협력적 서비스를 받을 수밖에 없다.

대표적인 협력적 서비스의 제공자는 주민센터, 보건소, 경찰서, 119 구급대 등이다.

6) 경쟁조직

경쟁조직은 서비스 대상자나 다른 자원들을 놓고 경쟁하며, 따라서 자원에 대한 조직의 접근에 영향을 미치는 조직을 말한다. 예를 들면, 사회복지기관은 가족치료 대상자를 놓고 개인적인 가족치료자들과 경쟁할 수도 있다. 또한 정부나 사회복지재단의 공모사업에 응모하는 경우, 지역사회의 많은 사회복지기관은 경쟁하게 되고, 정부나 지역공동모금후원회의 지원을 받기 위해서도 경쟁하게 된다.

이상에서 말한 사회복지조직과 환경과의 관계를 이론적인 관점과 연결시켜 그림으로 제시해 보면 [그림 6-2]와 같다.

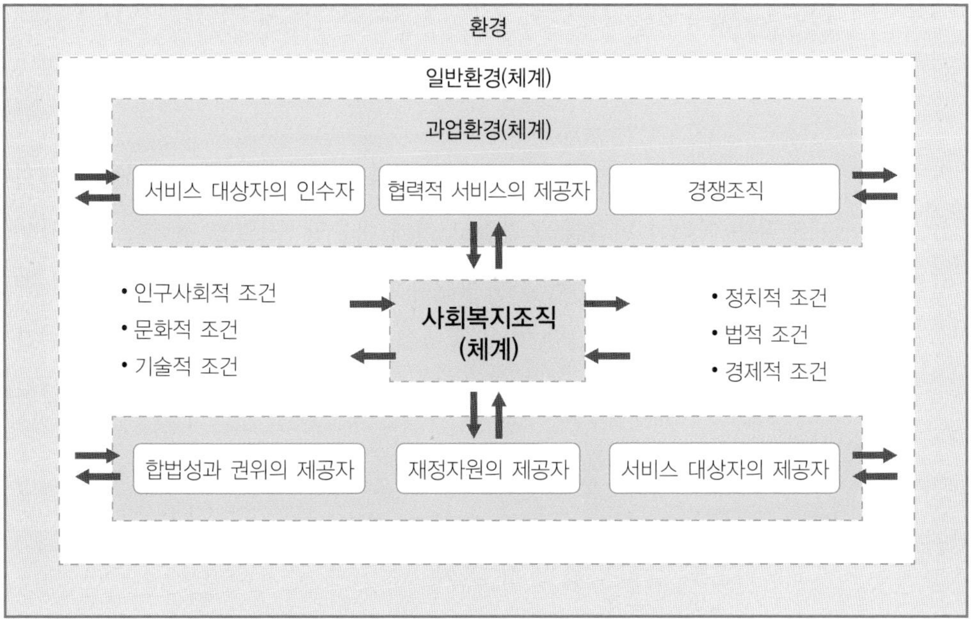

[그림 6-2] 사회복지조직과 환경과의 관계

3절 사회복지조직 환경의 변화와 대응전략

최근 들어 사회복지의 환경은 빠른 속도로 변화하고 있다. 따라서 사회복지조직은 이러한 변화를 분석하고 이에 대응할 수 있는 전략을 마련하여야 한다. 사회복지조직이 환경에 적절하게 대처하지 못할 경우, 조직의 존립조차 위협을 받을 수 있다.[2] 이 절에서는 우선 사회복지조직의 환경변화의 내용을 살펴보고, 환경변화에 저항하는 요인과 대응전략에 대해서 분석해 본다.

1. 사회복지조직 환경의 변화

신자유주의 이후 사회복지조직은 경쟁과 시장의 논리를 강요받고 있다. 따라서 사회복지기관 운영에서 공공성과 적절성보다는 효율성과 효과성이 강조되고 있다. 이러한 사회복지조직의 환경변화의 내용을 구체적으로 살펴보면 다음과 같다.

1) 공공과 민간의 협력체계 구축

공공 사회복지조직의 책임성을 다하는 동시에 민간의 전문성을 확보할 수 있도록, 공공부문의 민간 위탁, 공공과 민간의 협력 등 다양한 방식의 복지혼합(welfare mix)이 모색되고 있다.

2) 1990년대 후반 외환위기 당시 '노숙자문제'와 '빈민자활문제'가 심각한 사회문제로 대두되었으나, 기존 사회복지조직은 이러한 사회복지 환경변화에 적절하게 대응하지 못하였고, 이후 '노숙자문제'와 '빈민자활문제'는 시민 · 종교단체의 영역으로 넘어가게 되었다.

2) 사회서비스의 통합

공공부문 각 부처에 흩어져 있는 사회복지 관련 서비스를 통합하여 대상자의 편익을 도모하려는 원스톱체계(one-stop system) 구축의 노력이 이루어지고 있다.

3) 사회복지의 지방분권화

사회복지의 지방분권화를 위하여, 지역사회보장협의체를 구성하여 지역사회보장계획을 수립하도록 하고, 사회보장에 관한 기본계획에 있어서도 지역계획이 마련될 수 있도록 법제화하는 등 지역별 실정에 적합한 사회복지서비스가 이루어질 수 있도록 법적 체계를 마련해 가고 있다.

4) 지역중심 강화(탈시설화)

시설복지에서 지역사회보호(community care)로 전환하여, 다양한 지역사회 내의 자원을 활용하기 위한 노력이 증가하고 있다.

5) 소비자 주권

서비스 공급자인 사회복지조직 중심에서 서비스 대상자인 수요자 중심으로 전환하고, 소비자의 주권(consumer sovereignty)에 대한 인식이 높아지고 있다.

6) 자립 중심

서비스 대상자에 대한 원조 중심에서 대상자의 자립 및 자활 중심으로 전환을 위한 임파워먼트(empowerment)가 강조되고 있으며, 다양한 사회문제 및 대상자의 욕구를 충족시키기 위한 창의적인 프로그램의 개발의 노력이 증가하고 있다.

7) 개방성과 투명성

사회복지조직의 운영에서 개방성과 투명성의 요구가 높아지고 있으며, 이러한 사회적 요구를 수용하고자 노력하고 있다.

8) 민영화

사회복지조직이 민영화되고 있으며, 영리조직 및 사회적 기업 등 다양한 유형의 조직들이 사회서비스 분야에 활동하면서 기존의 사회복지조직은 한층 더 경쟁력을 키우기 위해 노력해야 한다.

9) 효율성의 강조

사회복지조직의 운영에 있어서 기업경영적 관리기법의 도입, 마케팅의 활성화, 품질관리의 강화, 산출에 대한 강조 등 시장의 경쟁적 구조에 적합한 조직 운영이 모색되고 있다.

2. 환경변화의 저항 요인

모든 조직은 환경변화에 대하여 두려움을 가지고 있다. 이는 미래를 예측하기 어렵기 때문이다. 그러나 미래의 환경변화에 적극적으로 대처하지 못하면 조직의 미래는 더욱 불안정해진다.

1) 변화에 대한 두려움과 기득권

사회복지조직은 환경 변화에 대응하기 위해 내부 구조나 조직문화를 바꾸려고 노력한다. 하지만 조직의 모든 구성원이 변화를 찬성하는 것은 아니다. 많은 경우 변화를 거부하고 변화에 저항한다. 심리적 측면에서 인간은 누구나 익숙함에 길들여지면 새로운 변화에 거부감을 보이기 마련이다. 또한 현재의 상태를 유지함으로써 얻을 수 있는 기득권 또한 변화에 저항하는 강력한 요인이 될 수 있다.

2) 매몰비용

새로운 변화에 대한 저항은 경제적인 측면에서는 매몰비용으로 나타난다. 매몰비용(sunk cost)은 이미 투자되어 회수할 수 없는 비용, 즉 의사결정을 하고 실행한 이후에 발생하는 비용 중 회수할 수 없는 비용을 말한다. 즉, 현재 벌이는 활동을 위해 많은 시간과 노력을 투자해 왔고 이러한 투자를 위해 나름의 비용을 지불했다면, 이러한 비용이 매몰비용이다. 매몰비용이 클수록 변화에 대한 저항은 더 커질 것이다. 왜냐하면 매몰비용은 되돌릴 수 없기 때문이다. 따라서 변화를 받아들이는 게 옳다는 것을 알면서도 이미 지불한 비용이 아까워서 포기하지 못하는 경우가 있을 수 있다.

3) 기회비용

기회비용(opportunity cost)은 여러 가능성 중 하나를 선택했을 때 그 선택 때문에 포기해야 하는 다른 선택의 가치를 말한다. 둘 이상의 대안 중 한 대안만 선택해야 한다고 했을 때, 한 대안을 선택함으로써 다른 대안을 모두 포기할 수밖에 없는데, 이때 포기한 선택의 비용이 바로 기회비용인 것이다. 사회복지조직의 운영은 선택의 연속이다. 그때마다 각 선택의 장단점을 분석하여 우선순위를 정하고, 최종 선택을 해야 한다. 특히 한정된 예산으로 인해 새로운 사업을 추진하려면, 어쩔 수 없이 기존 사업을 중단할 수밖에 없다.

3. 환경변화의 대응전략

모든 사회복지조직은 자체적으로 환경을 통제할 수 있는 방법을 강구하려는 의도를 갖고 있다. 의존-권력 관계를 상쇄하지 못하고 외부의 환경적인 것에 크게 의존한다는 것은 조직에 커다란 불안을 야기시키고 외부압력에 대한 취약성을 갖게 하며 또한 조직 내부의 권위와 생존을 위협하게 한다.

의존-권력 관계를 개선하기 위하여 다양한 전략을 사용할 수 있다. 전략 선택의 기준은 사회복지조직이 필요로 하는 자원의 조직외부(환경)의 집중과 분산의 정도 및 조직이 통제하는 전략적 자원의 양에 의해서 결정된다. 일반적으로 조직의 외부환경에 자원의 집중도가 높고 조직 내의 전략적 자원이 적을수록, 조직이 환경과의 관계를 향상시킬 수 있는 능력이 미약하다. Thompson(1961)과 Benson(1975)이 제시한 환경변화의 대응전략은 다음과 같다(Hasenfeld, 1983: 71-82).

1) 권위적 전략

사회복지조직이 자금과 권위를 관장함으로 인하여 사회복지행정체계에서 우세한 위치를 차지하고 있을 때, 그 조직은 교환관계의 조건을 결정할 수 있는 위치에 있다. 이러한 전략은 조직이 권력을 사용한다는 의미에서 권위적이다. 이는 그 조직이 사회복지행정체계의 조직들 가운데서 그러한 명령을 할 수 있을 정도로 세력이 크다는 것을 의미한다. 그러나 이러한 전략을 사용하려면 다른 조직의 활동을 감시하고 명령에 동의하도록 하고 효과적인 제재를 할 수 있는 힘을 가지고 있어야 한다. 예를 들면, 자금지원과 권위를 관장하는 중앙 정부기관이 지방 정부기관에 대하여, 정부기관이 민간 사회복지조직에 대하여 이러한 전략을 사용할 수 있다.

권위적 전략을 사용하는 것은 조직의 자율성에 영향을 미치지 않고도 외부조직이 교환조건에 응하도록 하는 것이기 때문에, 매우 효과적인 전략이라 할 수 있다. 그러나 일반적인 사회복지조직이 이러한 전략을 사용할 수 있는 경우는 많지 않다. 권위적 전략은 우세한 위치를 점하고 있는 소수의 사회복지조직만이 사용할 수 있다. 또한 이러한 전략을 사용하는 데는 명령에 대한 순응여부를 감시하기 위해 비용이 많이 들고, 비록 명령에 대한 순응이 이루어진다고 해도 실질적인 것보다는 형식적으로 될 수도 있다는 한계가 있다.

2) 경쟁적 전략

경쟁적 전략은, 서비스의 질과 절차 및 관련된 행정절차 등을 더욱 바람직하고 매력적으로 하기 위하여, 다른 사회복지조직들과 경쟁을 하여 세력을 증가시키는 것을 말한다. 이러한 전략은 조직이 필요로 하는 자원이 외부환경에 분산되어 있고, 경쟁자들과 세력균형을 유지할 수 있을 만큼의 충분한 내적 자원이 있을 때 가능하다. 예를 들면, 소규모의 전문적인 서비스(아동비행 문제, 부부 문제, 가족치료 서비스) 조직은 질 높은 서비스, 서비스 대상자의 관리, 친절한 서비스 등으로 일반적인 종합 사회복지기관과 경쟁할 수 있을 것이다.

이러한 전략을 사용하는 데는 문제점도 예상할 수 있다. 권위와 명성이 경쟁적 지위를 향상시키기 위한 주요 요소가 된다는 면에서, 사회복지조직이 성공률이 높은 서비스 대상자를 위주로 받아들이거나 사회계층이 낮은 대상자를 거부할 가능성이 있고(creaming), 경쟁은 서비스기관의 중복과 자원의 낭비를 조장하는 면이 있다. 경쟁적 전략은 서비스의 중복과 자원낭비라는 점에서 문제가 되지만, 한편으로는 서비스 대상자로 하여금 선택의 폭을 넓혀주고 질 높은 서비스를 받게 하는 이점도 있다.

3) 협동적 전략

협동이라 함은 조직이 과업환경 내의 다른 조직에게 필요한 서비스를 기꺼이 제공하여, 그 조직이 그러한 서비스를 획득하는 데 대한 불안감을 해소시키는 것을 말한다. 사회복지조직은 제공한 서비스로 인하여 그 조직에 대한 권력을 증가시키게 된다. 이러한 전략은 사회복지조직이 가장 많이 사용하는 전략이다. 협동적 전략은 구체적으로 세 가지의 형태로 나눌 수 있다.

(1) 계약 전략

계약은 두 조직 사이에서 서비스의 교환을 위해 맺어진 공식적 또는 비공식적 합의를 말한다. 어떤 사회복지조직이 필요한 자원을 다른 조직이 가지고 있고, 그 사회복지조직은 자원을 가지고 있는 다른 조직이 필요한 서비스를 갖고 있어 어느 정도 힘을 행사하고 있을 때, 계약 전략이 적용된다.

예를 들면, 공립학교는 아동상담소가 필요로 하는 중요한 자료를 가지고 있고 반면에 아동상담소는 문제아동을 잘 치료할 수 있어 학교에 중요한 서비스를 제공할 수 있다면, 두 조직 사이에 계약이 이루어질 수 있다. 이 두 조직이 계약을 한다면 상호필요에 의하여 서비스와 자원을 교환하기 때문에 과업환경에 대한 의존을 줄일 수 있게 된다.

이러한 형태는 정부조직이 자금을 가지고 있고 민간 사회복지조직은 정부가 필요로 하는 서비스를 제공할 수 있는 경우에 많이 이루어진다. 우리나라에서도 최근에 정부에서 사회복지관에 대하여 운영자금을 제공하고 사회복지관에서는 서비스를 제공하는 계약에 의하여 위탁운영하는 경우가 많아지고 있는데, 이도 계약 전략의 한 형태라고 할 수 있다.

그러나 이러한 계약 전략은 조직의 선택의 범위를 좁히고 자율성을 침해하며, 조직의 주요 목적과 맞지 않은 서비스를 제공하도록 할 수도 있다. 계약 전략은 또한 서비스의 효과성 평가를 어렵게 하고 부주의한 서비스 전달에 의하여 계약이 남용되는 문제도 초래할 수 있다. 특히 미국의 노인요양원 같은 조직에서 서비스의 남용과 악용의 사례들이 많이 발견되고 있는 것은 이러한 문제를 여실히 증명해 주고 있다(Hasenfeld, 1983: 76).

(2) 연합 전략

연합은 여러 조직이 합동으로 사업을 하기 위하여 자원을 합하는 것을 말하며, 회원조직 간에 분명한 상호합의를 통해서 일련의 공동이익과 관계된 의사결정을 하는 기구를 마련하게끔 한다. 연합 전략은 주로 다음과 같은 조건하에서 이루어지기 쉽다.

첫째, 각 조직은 필요로 하는 자원을 통제하는 조직들에 대하여 비교적 세력이 약해야 한다.

둘째, 각 조직 간에는 적당한 정도 이익의 상호 보충적 효과가 있고 상충이 없어야 한다.

셋째, 각 조직은 연합에 가담함으로써 드는 비용보다 얻는 이득이 더 크다고 생각해야 한다.

연합은 '조직들의 조직'을 형성해 과업환경의 단위들과 더욱 효과적으로 협상할 세력을 확보하게 해 준다. 예를 들면, 민간 사회복지조직들이 공동모금회의 재원을 배정받기 위해 연합할 수 있다.

연합 전략은 여러 가지 예상외의 손실이 따를 수 있다는 데 유의해야 할 것이다. 능동적이고 활발한 정보교환과 연합에서 지정한 책임수행을 위해서 비용이 많이 들 수도 있고, 연합이 취한 행동으로 회원조직 간의 불화가 발생할 가능성, 연합을 통해서 얻은 이익배분에 대한 의견 불일치 등의 문제가 있을 수 있다. 따라서 연합 전략은 한정된 목적을 위해서 형성되고, 목적이 달성되면 해체되는 경우도 많다.

(3) 흡수 전략

흡수 전략은 과업환경 내의 주요 구성 조직들의 대표자들을 조직의 지도층 혹은 정책수립 기구에 흡수함으로써 조직의 안정 또는 생존에 대한 위협을 피하는 것을 말한다. 이 전략은 외부환경의 주요 대표자들을 조직 속에 자기편으로 끌어들임으로써 그 조직의 합법성과 생존에 대한 지지를 얻어

내거나 최소한 위협만이라도 피하자는 것이다. 흡수 전략은 사회복지조직이 필요로 하는 자원이 환경에 집중되어 있고 조직 자체에 전략적인 자원이 없을 때, 그리고 그 조직이 직면하는 위협을 기존자원으로 상쇄할 수 없을 때 이용되는 경향이 있다. 예를 들면, 사회복지조직의 의사결정 및 프로그램 평가 등에 클라이언트 대표자를 참여시키거나 지역사회 주민 대표자를 참여시키거나 또는 모금기관의 대표자를 이사회나 운영위원회 등에 참여시키는 것 등이다.

흡수 전략은 조직의 자율성을 크게 저해할 수도 있다. 조직의 의사결정에 외부조직의 대표자들이 참여한다는 것은, 그 조직의 목적과 활동을 외부 대표들이 영향력을 발휘할 수 있는 만큼 수정하고 조정하는 경우도 있게 된다는 것에 유의해야 한다.

4) 방해적 전략

방해적 전략은 목표조직의 자원생산 능력을 위협하는 행동을 의도적으로 하는 것을 말한다(Benson, 1975: 242). 이러한 전략은 그러한 행동을 함으로써 목표조직이 양보해 주기를 바라고, 그렇게 함으로써 그들 간의 의존-권력 관계의 판도를 바꿀 수 있기를 기대한다. 방해적 전략은 다음과 같은 조건하에서 채택되기 쉽다.

첫째, 어떤 조직이 세력이 약한 반면에 그 조직이 영향을 미치고자 하는 과업환경이 요구를 묵살한다.

둘째, 방해하려는 조직이 실패하여도 손해 볼 것이 별로 없다.

셋째, 그 조직은 상대조직과의 갈등해소를 위한 공통적 규칙을 제공할 수 있는 외부요인과 상호작용이 없다.

넷째, 그 조직과 상대조직 사이에 이념적 갈등이 존재하고 있다.

소규모로 또는 일시적으로 방해적 전략을 사용하는 경우는 사회복지 분야에서 흔히 있을 수 있는 일이다. 이러한 방해적 전략은 조직 간에 이루어지는 경우도 있지만 대개는 힘이 없는 클라이언트들이나 잠재적 클라이언트들이 사회복지조직에 대하여 사용하는데, 이러한 행동의 목적은 이들 사이의 관계에 있어서 중요한 구조적 변화를 야기하려는 데 있다. 예를 들면, 수입이 전혀 없는 노인이 다만 재산이 한도액을 약간 넘어서 국민기초생활급여를 받지 못하는 경우가 많은데 이를 보건복지부에 계속 탄원하여 보건복지부에서 노인에 대한 국민기초생활급여 규정을 재검토하도록 할 수도 있다.

방해적 전략은 권력을 잃은 사람들, 빈민 및 불우한 사람들을 대신하여 사회복지조직으로부터 양보를 얻어 내는 데는 효과적일 수 있다. 그러나 장기적으로 볼 때, 이 전략은 일시적으로 얻은 이득을 상쇄해 버리는 반작용을 야기할 수 있다. 방해적 전략은 방해당하는 조직으로부터 양보를 얻어 낼 수 있지만 그 양보는 약소한 것이 되고 오히려 사회복지행정체계 내에 존재하는 더 기본적인 불평등에 대한 관심을 딴 곳으로 돌리게 하는 결과를 가져올 수도 있다.

3부
사회복지기관의 운영

3부는 사회복지기관을 실제로 운영하는 데 필요한 내용들로 구성되어 있다. 사회복지행정의 기능, 즉 사회복지기관을 운영하는 데 필요한 기능은 크게 기획(planning), 조직화(organizing), 인사(staffing), 지시(directing), 조정(coordinating), 보고(reporting), 재정(budgeting), 평가(evaluating), 즉 POSDCoRBE라는 과정을 통해서 이루어진다. 따라서 3부 사회복지기관의 운영도 이러한 순서에 따라 장들이 구성되어 있다.

7장에서는 사회복지기관의 기획과 의사결정에 대해서 알아보고, 8장에서는 사회복지기관을 어떻게 구성할 것인가 하는 조직화와 조직문화에 대해서 분석해 본다. 9장에서는 사회복지기관의 직원의 채용과 해고, 훈련과 업무조건에 관한 인사관리와 직무관리를 다루고, 10장에서는 사회복지기관의 직원을 지시하고 조정하는 리더십과 실무경험을 전수하는 슈퍼비전에 대하여 분석한다. 그리고 11장에서는 사회복지기관의 정보관리와 마케팅에 대해서 알아보고, 12장에서는 사회복지기관의 운영에 소요되는 재원을 다루는 재무관리를 분석해 보며, 마지막 13장에서는 사회복지기관의 책임성과 평가를 다룬다.

7장
기획과 의사결정

모든 개인이나 조직들은 주어진 역할과 과제를 해결하기 위하여, 목표를 세우고 이를 달성하기 위한 방법을 모색한다. 사회복지기관도 사회의 문제해결을 위하여 사회서비스를 제공하도록 역할을 부여받았기 때문에, 이러한 역할을 효과적이고 효율적으로 하기 위한 방법을 찾아야 하며, 이를 위해서는 무엇보다도 적절한 기획과 의사결정이 필요하다.

특히 사회복지 분야는 1980년대 이후 급속하게 환경이 변화하고 있기 때문에, 사회복지기관의 운영자는 변화하는 환경 속에서 미래를 예측하여 적절한 계획을 수립하여야 한다. 따라서 효과적인 기획과 합리적인 의사결정은 기관의 생존을 결정하는 중요한 과정이라고 할 수 있다.*

7장에서는 1절에서 사회복지기관의 기획, 특히 변화하는 환경 속에서 전략적 기획이 갖는 중요성을 알아보고, 2절에서는 신속하고 현명한 의사결정을 하기 위한 내용들을 분석해 본다.

---

* 다윈의 적자생존론에 의하면, '강한 것이 살아남는 것이 아니고, 적응하는 것이 살아남는다.'고 한다. 즉, 생존을 위해서는 적응하여야 하고, 적응하기 위해서는 미래를 예측하고 변화하여야 하는 것이다. 그리고 이러한 적자생존의 원리는 생명체뿐만 아니라, 사회조직에도 적용된다.

1절 기획

기획이란 미래를 준비하는 것이다. 1절에서는 기획의 개념과 사회복지기관에서 기획이 필요한 이유 그리고 기획의 과정과 기법, 유형 등을 분석해 보고, 최근 주목을 받고 있는 전략적 기획과 프로포절의 개념과 작성 요령을 알아본다.

1. 기획의 개념

기획(planning)에 관한 정의는 다양하다. 이는 정부, 공공기관, 기업, 비정부조직, 비영리조직 등 모든 조직이 기획을 관리운영의 필수적인 과정으로 이해하고 있으며, 행정학, 경영학, 정치학, 정책학, 사회복지학 등 사회과학의 여러 분야에서 기획을 다루고 있기 때문이다.

개발도상국을 지원하는 국제기구인 유엔개발계획(UNDP)에서는 기획을 '조직의 목표 설정, 전략 개발, 실행절차, 목표 달성에 필요한 자원의 배분에 관한 과정'이라고 정의하고 있다. 따라서 기획은 다음과 같은 내용으로 이루어진다고 볼 수 있다(UNDP, 2009: 7).

① 조직의 비전과 목표의 수립
② 비전과 목표를 달성하는 데 필요한 전략의 수립
③ 비전과 목표의 달성에 필요한 자원의 결정과 배분
④ 개괄적인 실행절차

Gilbert & Specht(1981: 1)는 기획을 '통찰력, 체계적인 사고와 조사, 선호하는 가치에 입각하여 행동 대안을 선택하고, 이를 통해 과제를 해결하고 미래의 방향을 통제하려는 시도'라고 정의하였다. 그리고 기획의 특성을 ① 미래지향적이고, ② 목표지향적이며, ③ 목표달성을 위한 수단적이고, ④ 의사결정을 하여야 하는, ⑤ 연속적인 과정이라고 하였다.

이처럼 기획은 '특정한 목적을 달성하기 위한 일련의 실행단계를 사전에 준비하는 과정'이라고 할 수 있다. 즉, 기획을 함으로써 목표달성에 소요되는 시간과 노력을 절감하고자 하는 것이다. 따라서 기획에서는 예측(forecasting)이 중요하다. 예측은 미래의 가능성 있는 몇 가지 시나리오를 만들어 보는 것이다. 기획은 그러한 시나리오를 준비하고 대안을 마련하는 과정이다(원석조, 2018: 160).

기획과 혼용되고 있는 개념이 계획이다. 그러나 기획(planning)이 '기관의 목표설정, 전략개발 등 활동과 과정에 초점을 둔 계속적인 개념'이라면, 계획(plan)은 '기획에서 도출된 결론에 해당되는 결과적인 개념'이라고 할 수 있다.

2. 기획의 필요성

기획은 미래를 생각하는 것이지만, 미래가 기획한 대로 된다는 보장이 없고 기획대로 되지 않을 가능성도 많다. 그러나 기획을 합리적으로 하면 시행착오를 줄일 수 있으며 원하는 목표를 보다 효과적이고 효율적으로 달성할 수 있다. 기획은 시간과 자원을 효율적으로 사용함으로써 조직의 효율성을 증대시키고, 조직 활동에 수반되는 위기도 감소시킨다. 즉, 기획은 '보다 나은 미래로 가는 데 필요한 지도'와 같은 것이다. 기획을 잘 따라가면 조직의 목적을 얼마나 달성했는지, 목적을 달성하기까지 얼마나 남았는지를 알 수 있다. 계획된 노력은 보다 나은 성과로 이어진다.

기획은 모든 조직이 하고 있다. 어떤 조직이든 해야 할 일과 방법, 시기, 필요성, 책임자를 구체적으로 정하는 일과 여러 대안 중 적절한 것을 선택하는 작업을 해야 하기 때문이다. 사회복지기관에서 기획이 필요한 이유는 다음과 같다(신복기 외, 2005: 179-180).

첫째, 기획은 효율성 증진을 위해 필요하다. 사회복지 인력과 자원은 한정되어 있다. 최소의 비용과 노력으로 서비스를 제공하기 위해서는 치밀한 기획이 필요하다.

둘째, 기획은 효과성 증진을 위해 필요하다. 사회복지기관이 대상자에게 제공하는 서비스는 문제해결과 욕구충족에 효과가 있어야 한다. 기획은 사회복지기관이 제공하는 서비스의 효과를 증대시키는 데 도움을 준다.

셋째, 기획은 책임성 증진을 위해 필요하다. 사회복지기관은 국민의 세금과 기부금 등을 사용한다. 따라서 효과적이고 효율적으로 서비스를 제공할 책임이 있다. 책임 수행을 위해 기획이 필요한 것이다.

넷째, 기획은 사회복지기관의 사기진작을 위해 필요하다. 기획과정에는 많은 구성원이 참여하고, 이를 통해 구성원의 아이디어와 의견이 수용된다. 구성원들은 기획과정에의 참여를 통해 인정과 성취감을 얻고, 나아가 사기가 진작된다.

기획은 기관을 발전시키고, 기관에 새 활력을 불어넣어주는 중요한 도구이다. 그럼에도 불구하고 기획에 대한 회의론도 있다. 급격한 기술적 발전과 사회적 변화로 인한 정치적, 경제적 불확실성이 증대되고 있기 때문이다. 지킬 수 없는 계획에 대한 불신도 있고, 과거에 수립한 계획이 의도대로 진행되지 않은 데 대한 불만도 있을 수 있다.

그러나 '기획에 실패하는 것은 실패를 기획하는 것이다(failing to plan is planning to fail)'라는 말이 있다. 기획이 그만큼 중요하다는 것이다. 좋은 기획이 효과성과 효율성을 증대시키기 때문이다. 기획 없이 프로젝트를 진행하는 것은 설계도면 없이 건물을 짓는 것과 같다(UNDP, 2009: 8).

3. 기획의 과정

기획은 일련의 과정이며, 여러 단계를 거쳐 이루어진다. 사회복지기관의 기획과정은 다음과 같이 6가지로 나눌 수 있다(Skidmore, 1990: 44-51).

1) 구체적인 목표의 설정

기획의 첫 번째 단계는 구체적인 목표를 설정하는 것이다. 사회복지기관은 최종적인 목적(purpose)을 달성하기 위하여, 하나 이상의 일반적인 목표(goals)를 수립하여야 하며, 이러한 일반적인 목표를 달성하기 위하여 구체적 목표(objective)를 설정하여야 한다. 그러나 사회복지기관의 구체적인 목표는 반드시 기관의 설립 목적에서 논리적으로 추론되는 것은 아니다. 지역사회의 문제를 해결하기 위하여 일반적인 목표가 먼저 수립되고, 이에 따라 구체적인 목표가 수립되는 경우도 있다.

사회복지기관의 구체적인 목표는 '주어진 기간 내에 계량화할 수 있는 의도된 결과'를 나타내는 것이므로, 다음과 같은 특징을 지닌다(Weiner, 1982: 232).

① 해결하고자 하는 문제에 적합하여야 한다.
② 바라는 결과가 명시되어 있어야 한다.
③ 바라는 결과가 계량화되어야 한다.
④ 결과를 얻기까지 시간이 명시되어야 한다.

2) 관련정보의 수집과 가용자원의 검토

기획의 대상과 구체적인 목표에 대한 다양한 정보를 수집하고, 대안을 수립하는 데 필요한 인적, 물적 자원과 시간 등을 검토하여야 한다. 특히 이 과정에서 정보수집은 매우 중요한 작업으로, 다양한 정보수집을 통하여 문제를 정확히 파악하고 올바른 문제해결 방향을 설정하여야 한다. 정보수집에는 관련문헌 검토, 관계인 면접과 관찰, 설문조사, 여론수집 등이 있다.

3) 대안의 모색

구체적인 목표가 설정되고 관련정보와 가용자원에 대한 분석이 이루어진 후에는, 목표 달성을 위한 대안을 모색하게 된다. 같은 분석 결과에 대해서도 목표를 달성하는 전략은 여러 가지가 있을 수 있다. 따라서 이 단계에서는 창의성이 매우 중요하다. 대안모색 과정에서는 집단토의나 브레인스토밍(brainstorming) 등 다양한 방법이 사용될 수 있다.

4) 대안의 평가

목표 달성을 위한 대안들이 마련되면, 각각의 대안을 실시할 경우 이에 필요한 여러 가지 조건과 기대효과를 검토하여, 각각의 대안을 평가해야 한다. 대안을 평가할 때에는 객관적인 평가 기준을 만드는 것이 바람직하다.

5) 최종 대안의 선택

각 대안의 실시조건과 기대효과를 비교하여, 객관적이고 합리적으로 우선순위를 정한 후에는, 가장 점수가 높은 대안을 최종적인 대안으로 선택한다.

6) 구체적인 실행계획의 수립

목표달성을 위하여 최종적으로 선택된 대안을 실시하기 위하여, 시간과 활동, 자원 등이 표시된 구체적인 실행계획을 수립해야 한다.

4. 기획의 기법

실행계획을 수립하기 위하여 많이 사용되는 기법에는 시간별 활동계획표(Gantt Chart), 프로그램 평가검토기법(PERT) 등이 있다.

1) 시간별 활동계획표(Gantt Chart)

시간별 활동계획표는 1910년경 미국의 사업가 Henry Gantt가 고안해 낸 것이다. 세로에는 사업의 주요 세부목표와 관련 활동을 기입하고, 가로에는 월별, 주별, 일별 시간을 기입한다. 그리고 사업의 주요 목표나 활동을 시작과 완료 시 기간을 표시하며, 실제 수행 상황 등을 표시한다.

이러한 시간별 활동계획표는 사용이 간편하고 일정을 관리하기가 용이하여, 사회의 각 분야에서 광범위하게 사용되고 있으며, 사회복지 현장에서도 많이 사용되고 있다. 또한 계획과 실제의 작업량을 시간에 따라 표시하여, 계획과 통제 기능을 동시에 수행하는 장점도 있다. 그러나 활동 간의 유기적인 관계를 측정하기 어렵고, 복잡하고 세밀한 일정 계획에는 적용하기 어렵다는 한계를 가지고 있다.

표 7-1 시간별 활동계획표(Gantt Chart)의 예

— 계획, … 실시현황

주요목표			기간(월별)													
	활동		1	2	3	4	5	6	7	8	9	10	11	12	1	2
1.0		취업알선센터 운영팀 구성	— …	— …												
	1.1	책임자 및 실무자 임명	— …													
	1.2	자원봉사자 모집		— …												
2.0		취업알선센터 장소 확보		—	— …											
	2.1	전체 공간 검토		— …												
	2.2	공간 재조정		— …												
	2.3	사무실 확보			—	…										
3.0		사무실 정비 및 비품 확보				—	— …	— …								
	3.1	사무실 공간 설계				—	…									
	3.2	컴퓨터 및 프린터 구입					—		…							
	3.3	전용전화 개설				— …										
	3.4	기타 사무비품 확보							— …							
4.0		취업알선센터 홍보				— …	— …	— …	— …	— …	— …	— …				
	4.1	언론기관 이용							—	— …	— …	— …				

2) 프로그램 평가검토기법(Program Evaluation Review Technique: PERT)

프로그램 평가검토기법은 미국 해군의 잠수함 건조 과정에서 고안된 기법으로, 목표달성을 위하여 설정된 주요 세부목표 활동과 각 활동의 관계를 시간과 연결시켜 도표화한 것이다. 이 기법은 명확한 목표를 가진 사업을 조직화하고 진행시간표를 작성하여, 예산을 수립하고 진행사항을 추적해 나가는 데 효과적이다.

프로그램 평가검토기법의 작성방법은 다음과 같다.

첫째, 최종 목표를 설정하고, 목표달성을 위한 업무 내용을 파악한다.

둘째, 업무의 순서를 정하고 도식화하여 경로(path)를 구성한다.

셋째, 경로별로 필요한 업무에 필요한 기대시간(Te)을 측정한다.

넷째, 시작에서 종료에 이르는 경로 중 가장 많은 시간이 소요되는 경로를 임계경로(critical path)를 정하고, 이에 필요한 시간을 확보한다.

다섯째, 예측에 대한 평가를 하고 최종적인 결정을 한다.

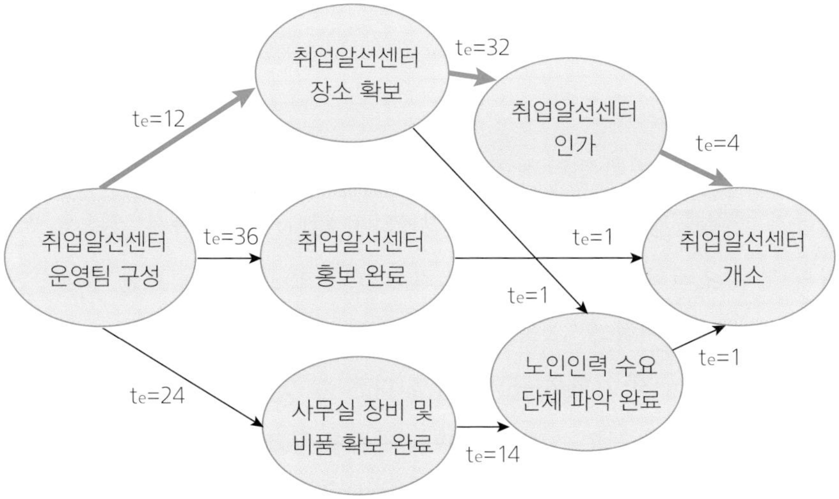

[그림 7-1] 프로그램 평가검토기법(PERT)의 예

주: 짙은 선은 가장 많은 시간이 소요되는 경로인 임계경로이다.

이러한 프로그램 평가검토기법은 활동 간의 상관관계를 잘 나타내기 때문에 전반적인 업무의 흐름을 이해하기가 쉽고, 특히 마감시간이 정해진 업무를 수행하는 경우에는 매우 효과적이다. 그러나 실제로는 소요시간을 예측하기 어려울 뿐만 아니라, 모든 업무의 연결성을 파악하여 순서대로 배치해야 하기 때문에 도식화에도 어려움이 있을 수 있다.

5. 기획의 유형

1) 장기기획

장기기획(long-range planning)은 특정한 기간(대개 3~5년)[1] 내에 달성하고자 하는 목표를 설정하고 장기적인 비전을 제시하며, 비전의 달성에 필요한 프로그램, 업무, 스케줄을 제시한다. 장기기획은 미래의 조건과 실체를 예측하고, 그에 대응해 조직의 기능을 짜는 다년간의 계획이다. 장기기획에 대비되는 것이 연간계획이다. 연간계획은 1년간의 목표, 업무, 방법, 스케줄, 책임 등을 기술한 것이다.

2) 전략적 기획

최근 사회복지기관들은 장기기획보다는 전략적 기획에 치중하고 있다. 전략적 기획과 장기기획의 차이는 명확하지 않다. 즉, 전략적 기획과 장기기획 모두 조직의 미래 비전을 개발하고, 비전의 성취에 필요한 우선순위, 절차, 과제를 제시한다. 그리고 장기적인 목표와 전략을 강조한다. 그러나 장기기획과 전략적 기획은 근본적으로 다른 게 있다. 전략적 기획은 전략, 즉 비전에 도달할 수 있는 방법에 관한 전략을 강조하는 데 비해, 장기기획은 비전의 결정을 중시한다. 다시 말해 장기기획이 조직의 목표(비전)를 중

1) 과거에 장기기획은 10~15년 앞을 내다본 것이었지만, 현재는 3~5개년 계획을 장기기획이라고 한다.

시한다면, 전략적 기획은 수단(전략)을 중시한다는 것이다. 전략적 기획은 조직의 사명을 가장 효율적이고 효과적으로 달성될 수 있도록 만드는 지침으로서 목표설정, 단계설정, 자원의 동원 등 조직의 주요 사항을 담는다.

3) 실행기획

실행기획(action plan, operational planning)은 단기계획으로 전략적 기획이 제시하는 목표를 수행하는 데 필요한 업무를 조정하는 것이다. 실행기획은 전략적 기획보다 세부적이다. 스케줄 및 인력의 역할과 배치를 상세히 기술하는 것이 실행기획이다. 연간계획이 대표적인 예이다.

실행기획은 전략적 기획의 다음 단계이다. 전략적 기획 없이 곧바로 실행기획을 하는 경우도 있으나, 전략적 기획 없는 실행기획은 실패할 가능성이 많다. 에이즈 예방 캠페인을 예로 들 수 있다. 미국에서는 에이즈 예방 캠페인을 동성애에 초점을 맞추어 동성 간의 성행위에서 주의해야 할 사항을 교육하는 데 중점을 두었다. 이 캠페인은 성공했다. 이를 모형으로 해서 아프리카에서도 에이즈 예방 캠페인을 전개했다. 하지만 실패했다. 아프리카 에이즈 환자들은 동성 간의 성행위가 아니라 다른 여러 요인(예, 비위생적인 수혈 등)으로 발생했기 때문이다. 전략적 사고 없이 실행에 옮긴 것이 실패의 원인이었다(원석조, 2018: 171-172).

실행기획은 구체적으로 누가, 무엇을, 언제, 어떻게, 무엇으로 할 것인가에 관한 단기적 실천계획이다. 이를 위해서는 예산과 재원을 분명히 해야 한다. 프로젝트를 예로 들면 인력 자원 동원 계획, 스케줄, 예산과 재무기획 등이 있어야 한다. 전략적 기획은 통상 3~5년에 한 번 하는 데 비해, 실행기획은 매년 한다.

표 7-2 전략적 기획과 실행기획의 차이

전략적 기획	실행기획
장기(3~5년)	단기(1년)
미래의 성취와 조건에 초점	매년 목표 달성에 초점
중요한 선택을 하기 전에 일련의 대안들 점검	계획된 활동의 실행, 대안 고려 안 함
몇 가지 기능, 수준, 요소의 통합	단일 부서 또는 관련 활동에만 초점
자원 동원 전략의 통합(지속가능성 기획)	사전에 실행에 필요한 자원 확보
거버넌스의 재가(결재) 필요	공식적 재가 불필요

사회복지기관은 전략적 기획과 실행기획 모두 필요하다. 전략적 기획은 큰 그림을 그리는 것이다. 하지만 기관은 매일 해결하여야 할 문제가 있고, 그러다 보면 큰 틀에서 생각하지를 못한다. 일상적 업무에 매몰되면 전략적 기획은 생각하지도 못하고 실행기획만 짜게 된다. 그러나 큰 그림에 해당하는 전략적 기획과 이를 실천에 옮길 실행기획 양자를 갖추고 있어야, 기관의 목표를 효과적·효율적으로 달성할 수 있다.

6. 전략적 기획

1) 전략적 기획의 개념

사회서비스 수요가 공급을 초과하던 1945~1970년대까지만 해도 사회복지기관의 기획은 사치스러운 일로 간주되었다. 그러나 1980년대 이후 사회복지기관에 대한 정부의 예산지원이 삭감되자, 이에 적극적으로 대처하기 위해 전통적인 장기기획(long-range planning)을 전략적 기획(strategic planning)으로 대체하기 시작하였다.

장기기획은 현재의 상황과 추세가 적어도 10~15년 정도 그대로 지속될 것으로 가정하는 기획방법이다. 장기기획은 제2차 세계대전 이후 경제성장이 지속되고 정부지원 사회프로그램이 확장되던 시기에 적합한 접근방법이었다. 그러나 장기기획은 1970년대 오일쇼크로 촉발된 세계적인 경기 후퇴 이후 설 자리를 잃었다. 경제적 급변 상황에서 10년 이상의 장기기획은 의미가 없어진 것이다.

그 대안으로 등장한 것이 1980년대의 전략적 기획이다. 전략적 기획은 3~5년 이후의 상황 변화를 상정하는 기획이다. 전략적 기획은 변혁적 기획(transformational planning)이라고도 하는데, 외부 환경의 변화(기회와 위기), 경쟁적 상황, 내부의 역량(장점과 단점)을 중시한다.

전략적 기획에서 많이 사용하는 기법은 SWOT분석이다. SWOT는 S(strength, 강점), W(weakness, 약점), O(opportunity, 기회), T(threat, 위기)의 약자이다. 여기서 강점과 약점은 기관이 가진 강점과 약점을 말하고, 기회와 위기는 기관을 둘러싼 환경의 기회요인과 위기요인을 말한다.

전략적 기획의 핵심은 전략이다. 전략은 기관의 전반적 기능, 장점과 단점, 문제점 등을 파악하는 데서 출발하는 총체적 접근방법이다. 전략은 기

내부환경 / 외부환경	강점(Strength) • • •	약점(Weakness) • • •
기회(Opportunity) • • •	SO 전략 • 공격전략 • 강점을 살림 • 기회를 활용	WO 전략 • 약점을 보강 • 기회를 활용
위기(Threat) • • •	ST 전략 • 강점을 살림 • 위협요인을 극복	WT 전략 • 방어전략 • 약점을 보강 • 위협요인을 극복

[그림 7-2] SWOT분석과 대응전략

관이 처한 조건, 의도한 목표의 달성 가능성을 명확히 해 주는 틀을 제공한다. 이런 틀을 '전략적 틀(strategic framework)'이라 한다. 전략적 틀은 조직이 우선순위와 전략을 정하는 데 도움을 준다.

전략적 기획에서 가장 중요한 것은 전략적 사고(strategic thinking)이다. 전략적 사고는 전통적인 장기기획과 확연히 구분되는 새로운 관점이다. 전략적 사고는 비판적 사고(critical thinking)와 유사하다. 전략적 사고를 위해 개인과 집단은 다음과 같은 역량을 지니고 있어야 한다(Austin & Solomon, 2000: 343).

첫째, 기관의 역사와 문화, 외부 환경에 대한 예리한 인식이 있어야 한다.

둘째, 기관운영의 각 측면에 내재되어 있는 가정들을 면밀히 검토한다.

셋째, 대안과 실질적인 옵션(viable options)을 만들어 내는 사색적 상상력(imaginative speculation)을 가지고 있어야 한다. 다른 사람들이 전략적 기획을 어떻게 생각하는지에 대해서도 관심을 기울여야 한다.

2) 전략적 기획의 요소

전략적 기획은 기관의 환경과 역량을 분석해 기술하고, 조직의 발전 방향을 제시하며, 조직에 열정을 부여하고, 조직의 발전 방안을 제시한다. 전략적 기획에서 반드시 기술해야 할 요소들은 다음과 같다(원석조, 2018: 165-167).

(1) 현재(the Present)

현재의 상황과 환경을 의미한다. 구체적으로는 기관의 사명, 원칙과 가치, 기관의 장점과 기회, 기관의 약점과 위기가 기술되어야 한다.

① 사명(mission): 기관의 사명은 기관의 최우선 목적(purpose)이다.[2] 기관

2) 목적(purpose)과 목표(goal)는 다르다. 목적은 목표보다 상위의 개념이다. 목적은 장기적인 지향점이고 목표는 단기적인 지향점이다. 목적이 최종 목적지라면 목표는 그 과정에서 거쳐 가는 중간 기착지이다.

이 현재 하고 있는 일과 대상 및 혜택을 기술한다.

② 지도원칙(guiding principles): 지도원칙은 기관의 목표달성 과정에서 어떤 것을 선택해야 할 경우 준수해야 할 사항들을 직접적으로 기술한 것이다. 지도원칙은 기관의 핵심 가치와 전략을 포괄한다. 지도원칙은 비교적 장기적인 의도를 갖지만 영구적인 것은 아니다. 지도원칙은 목표와 유사하지만 측정 가능한 목표를 포함하는 것은 아니다.

③ 촉진요인(enablers): 기관의 목표를 달성하는 데 필요한 기관의 역량을 촉진하는 외부 조건 또는 기관의 강점이다.

④ 방해요인(barriers): 기관의 목표를 달성하는 데 필요한 기관의 역량을 약화시키는 외부 조건 또는 기관의 약점을 말한다.

(2) 미래(the Future)

기관의 사명과 목적에 따라 원하는 미래를 기술한다.

① 비전(vision): 기관이 추구하는 이상으로, 조직의 사명이 성공적으로 달성되었을 때의 모습이다. 비전은 열망의 근원으로 기관의 현재 역량을 넘어서는 개념이다.

② 목표(goals): 목표는 사명의 달성을 지지하는 광범위하고도 측정 가능한 구체적인 목표이다.

③ 단기목표(objectives): 단기목표는 양적으로 표시할 수 있고, 기간이 정해진 낮은 수준의 특정한 목표이다.

④ 성과측정(performance measures): 성과측정은 각 단기목표가 어느 정도 달성되었는지를 측정한 결과를 기술한 것이다.

(3) 방법(the How)

기관의 목적, 목표, 사명을 달성하는 경로이다. 이는 전략적 목표와 관련지어 결정되며, 전략적 목표는 기관의 최우선 목표를 반영한다.

① 전략(strategy): 기관의 사명, 목표, 단기목표를 달성하는 접근방법이다. 기관의 비전을 지지하고, 조직의 장단점을 고찰하며, 지도원칙을 뒷받침한다.
② 주도(initiative): 전략을 주도적으로 수행하는 일련의 행동이다.
③ 행동(action): 행동은 목표달성을 위해 나아가는 특정한 단계들이다. 행동은 소요 인력과 소요 기간을 포함한다.

표 7-3 전략적 기획의 요소들

구분	요소	내용
현재	사명(목적)	조직의 최우선 목적
	지도원칙	조직의 목표달성 과정에서 무언가를 선택해야 할 경우 준수해야 할 사항들을 직접적으로 기술한 것. 지도원칙은 목표와 유사하지만 측정 가능한 어떤 목표(aim)를 포함하지는 않음
	촉진요인	조직의 목표와 단기목표를 달성하는 데 필요한 조직의 역량을 촉진하는 외부 조건 또는 조직의 강점
	방해요인	조직의 목표와 단기목표를 달성하는 데 필요한 조직의 역량을 약화시키는 외부 조건 또는 조직의 약점
미래	비전	조직이 추구하는 하나의 이상. 조직의 사명이 성공적으로 달성되었을 때의 모습
	목표	사명의 달성을 위한 광범위하고도 측정 가능한 목표(aim)
	단기목표	양적으로 표시할 수 있는 낮은 수준의 특정한 타깃
	성과측정	각 단기목표의 타깃이 어느 정도 달성되었는지를 측정한 결과를 기술한 것

방법	전략	조직의 사명, 목표, 단기목표를 달성하는 접근방법. 조직의 비전을 지지하고, 조직의 장단점을 고찰하며, 지도원칙을 뒷받침함
	주도	전략을 주도적으로 수행하는 일련의 행동
	행동	목표달성을 위해 나아가는 특정한 단계들. 소요 인력과 기간 포함

출처: Fogg, 1994.

7. 프로포절의 개념과 작성

1) 프로포절의 개념

전략적 기획에서 중요한 것이 프로포절(proposal)이다. 프로포절은 사회복지기관이 수행하고자 하는 프로그램의 내용을 설명하는 사업제안서이다. 사회복지기관이 프로포절을 제안하는 이유는 기관 외부로부터 재정적 지원을 얻어 내기 위해서이다. 그리고 사회복지기관에 재정적 지원을 하고자 하는 재단 등 단체에서도 프로포절이 필요한데, 기금 배분의 투명성과 프로그램의 질을 담보하기 위해서 그렇다.

미국의 경우 사회복지기관의 프로포절은 재정지원의 필수불가결한 조건이 되어 있다. 우리나라도 1991년 삼성복지재단에서 사회복지프로그램 신청공모제를 처음 실시된 이후 그리고 1999년 사회복지공동모금회가 공모제를 통해 기금을 배분하면서, 사회복지기관에서 프로포절은 보편화되었다. 우리나라도 프로포절이 없는 재정지원은 생각할 수 없을 정도가 된 것이다.

현재 사회복지기관들은 외부로부터의 재정적 지원을 확보하기 위하여 자체적으로 프로그램을 개발하고 개발한 프로그램을 프로포절에 담아 지원기관이나 단체에 제출한다. 프로포절이 채택되면 약정된 돈을 지원받아 프로포절에 담긴 내용대로 프로그램을 실시한다. 외부의 재정지원이 절실한 사회복지기관들은 재정지원의 성패가 프로포절에 좌우되기 때문에 많은 시간과 인력을 투입해 좋은 프로포절을 만들기 위해 노력하고 있다.

2) 프로포절 작성을 위한 준비사항

(1) 재정지원자에 대한 이해

재정지원 여부가 재정지원자의 판단에 의해 결정되므로 프로포절을 제안하는 측에서는 무엇보다도 먼저 재정지원자에 대해 정확히 이해해야 한다. 그리고 재정지원자는 재정지원을 원하는 기관들의 프로그램 중 자신의 재정지원 방침과 가장 잘 맞는 것을 선정해야 한다. 그러므로 재정지원을 원하는 기관은 재정지원자의 성격, 지원사업의 목적, 지원사업의 내용 등에 대해 사전에 잘 파악해야 하는 것이다.

(2) 아이디어 개발

재정지원자의 지원방침에 잘 부합되는 동시에 다른 기관의 프로그램과의 경쟁에서 우위에 서기 위해서는 프로그램이 담고 있는 내용이 참신해야만 한다. 그러기 위해서는 좋은 아이디어가 필요하다. 그리고 이런 아이디어를 개발하고, 발전시키며, 설득력 있게 표현하는 작업도 필요하다. 좋은 아이디어를 얻기 위해서는 다른 프로그램의 아이디어를 참고하는 것도 도움이 된다. 또한 이런 아이디어는 사회복지실천의 가치와 의의를 담고 있어야 한다.

(3) 성공적인 프로포절의 작성

실패한 프로포절을 보면, 프로그램을 설계하는 실무자들이 프로그램의 목표, 프로그램 설계, 서비스 전달 및 평가와의 관계를 명확히 이해하지 못하고 있는 경우가 많다. 그리고 프로그램 관련 주요 문제가 구체적으로 적시되어 있지 않거나 프로젝트 소요 재정규모에 대해 불명확한 경우도 있다.

성공적인 프로포절을 만들기 위해서는 제안사업이 무엇인가 새로운 것을 담고 있어야 하고, 제안사항의 표현이 논리적이어야 하며, 프로그램을 수행할 능력이 있는 기관임을 보여 주어야 한다.

3) 프로포절의 작성단계

사회복지기관이 프로포절을 작성하는 데는 보통 몇 가지 단계를 거친다. 예를 들면, 문제의 확인, 대상 집단의 설정, 목적과 목표의 설정, 실행의 구조화, 프로그램의 실천, 예산의 수립, 평가 등이 그것이다. 그리고 이러한 각 단계마다 반드시 고려해야 할 세부사항들이 있는데, 그 구체적 내용은 다음과 같다(김희성, 2009).

(1) 문제 확인 단계

이 단계에서는 해당 지역사회 또는 전체 사회의 문제가 되는 상황의 본질이 무엇인지, 문제의 크기와 심각성 정도가 객관적 통계 및 자료를 통해 제시되었는지, 문제가 되는 상황으로부터 개인들이 어떠한 영향을 받고 있으며 또 그 결과가 무엇인지, 사회적 문제의 원인이 되는 주요 요인들이 구체적으로 무엇인지 등이 명백히 기술되어야 한다.

(2) 표적집단(target group)의 설정 단계

이 단계에서는 각 인구집단의 크기와 성격이 분명하게 규정되었는지, 각 인구집단은 타당한 근거를 기초로 추정되었는지에 대해 객관적으로 기술해야 한다.

(3) 프로그램의 목적과 목표를 설정하는 단계

이 단계에서는 프로그램의 목적이 명확하게 제시되어 있는지, 프로그램 목적은 관련 문제와 확실하게 연관되어 있는지, 프로그램 목표가 측정 가능한 숫자와 용어로 명확히 기술되어 있는지, 프로그램 목표가 프로그램의 필요성과 명확히 연관되어 있는지, 프로그램 목표들이 중요성이나 필요성의 순서로 잘 서열화되어 있는지 등을 점검해야 한다.

(4) 실행의 구조화 단계

이 단계에서는 프로그램이 문제를 해결할 수 있다고 믿게 하는 이론적 근거가 있는지, 프로그램으로 하위 목표들을 달성할 수 있는지, 프로그램에 투입되는 인력의 수준과 자격요건이 명시되어 있는지, 장소, 시설, 장비 등 프로그램 환경이 잘 서술되어 있는지, 서비스 과정이 상세하게 기술되어 있는지 등이 중요하다.

(5) 프로그램 활동 단계

이 단계에서는 프로그램의 실행 방법이 구체적으로 서술되어 있는지, 어떤 프로그램을 어떻게 실천할 것인지가 명백하게 서술되어 있는지 등에 대한 점검이 필요하다.

(6) 평가 단계

이 단계에서는 평가지표가 프로그램 목표달성 여부를 판단할 수 있는지, 평가지표를 측정하는 도구가 타당성과 신뢰성을 갖고 있는지, 목표달성 여부를 평가하기 위한 조사 설계 방법이 적절한지에 대한 면밀한 검토가 필요하다.

2절 의사결정

사회복지기관을 운영한다는 것은 계속적인 의사결정의 과정이다. 의사결정은 사회복지기관 운영의 핵심적인 요소이고, 기관 운영자의 의사결정에 따라 사회복지기관의 목표 달성 여부가 결정된다. 이 절에서는 의사결정의 개념과 과정 그리고 의사결정의 모형에 대해서 살펴본다.

1. 의사결정의 개념

의사결정(decision making)이란 의사결정자가 목표를 설정하고, 목표달성에 필요한 행동을 선택하는 일련의 과정이다. 의사결정은 좁은 의미에서 보면 여러 행동 대안 가운데 하나를 선택하는 것이지만, 넓은 의미에서 보면 최종 대안의 선택이 있기까지 취해지는 전 과정을 포함한다.

사회복지기관의 운영자는 의사결정자(decision maker)이다. 사회복지기관 운영자의 합리적이고 효과적인 의사결정은 기관을 발전시킬 수 있지만, 잘못된 의사결정은 기관을 위기에 빠트릴 수도 있다. 따라서 의사결정에 관한 지식과 기술은 필수적이다.

의사결정 방법은 직관적 결정(intuitive decisions), 판단적 결정(judgemental decision), 문제해결적 결정(problem solving decision) 등이 있다. 직관적 결정은 합리성보다는 감정 또는 육감에 따라 결정하는 것이다. 판단적 결정은 개인의 지식과 경험을 기초로 결정하는 것이다. 문제해결적 결정은 관련된 사항에 관한 정보를 수집·분석하여 이를 토대로 내리는 결정이며, 합리적이고 과학적인 절차를 거친다. 일견 문제해결을 위한 결정이 가장 바람직해 보이나 항상 그런 것은 아니다. 경우에 따라서는 기관의 운영자는 직관적인 결정을 내려야만 한다. 즉, 기관이 긴급한 위기상황에 빠졌을 때 의사결정에 필요한 정보가 극히 제한되어 있다면 직관적인 결정을 하지 않을 수 없는 것이다.

한편, 의사결정은 규범적 · 이상적 접근과 현실적 · 실증적 접근으로 구분되기도 한다.

규범적 · 이상적 접근은 인간의 합리적 능력에 대한 신뢰에 입각해 있다. 의사결정에 필요한 정보를 충분히 확보할 수 있고, 그런 정보를 완벽하게 처리할 수 있는 능력이 있으며, 의사결정에 참여하는 사람들 간의 합의가 가능하다는 것을 전제로 한다. 그러나 이러한 접근방법이 이상적이긴 하나 의사결정과 정보수집에서 실현가능성의 문제에 봉착할 위험이 상존해 있다.

현실적 · 실증적 접근은 인간의 정보수집과 정보처리 능력의 한계, 의사결정의 장벽, 합의의 어려움 등을 전제로 한다. 현실적 · 실증적 접근방법은 현재 문제에만 집중하여 관련 정보를 수집하고, 대안들도 기존의 방법을 최대한 존중하면서 부분적으로 새로운 것을 선택하되 현실적이고 실현가능성이 있는 것을 선택한다(신복기 외, 2005: 206-207).

2. 의사결정의 과정

의사결정은 일련의 과정이다. 따라서 의사결정의 과정에 대한 이해가 필요하다. 의사결정 과정에 대해서 학자마다 조금씩 다른 견해를 내놓았지만, 문제와 욕구의 사정, 관련 정보의 수집, 대안의 모색, 대안의 선택, 대안의 실행, 피드백 등 6단계로 구분하는 것이 합리적으로 보인다(신복기 외, 2005: 208-211).

1) 문제와 욕구의 사정

사회복지기관 운영자가 성공적인 의사결정을 하자면 먼저 문제와 욕구의 핵심을 파악해야 한다. 다시 말해 사회복지기관이 처한 문제가 무엇인지, 사회복지사나 클라이언트가 원하는 것이 무엇인지를 정확히 알아야 한다는 것이다. 이때 감정중립성과 객관성을 견지해야 한다.

2) 관련 정보의 수집

문제나 욕구가 구체적으로 규명되면 관련 정보를 수집해야 한다. 의사결정에 중요한 정보는 반드시 수집되어야 하며, 정보 자료는 객관적이어야 한다. 정보의 출처와 수집방법은 문제나 욕구에 따라 다양하다.

3) 대안의 모색

관련 정보를 분석 · 정리한 다음에는 문제해결을 위한 대안을 개발해야 한다. 대안은 실현가능성과 현실적합성이 가장 중요하다. 따라서 대안을 모색할 때는 현실적 · 잠재적 제약요건을 살펴야 한다. 실행가능성이 있는 대안을 개발하기 위해서는 각 대안들의 장 · 단점, 성공가능성, 기대효과 등을 서로 비교하는 것이 좋다.

4) 대안의 선택

여러 대안을 검토한 다음 최선의 대안을 선택한다. 통상 대안에는 하부목표들이 들어 있다. 하부목표들은 동시에 추진될 수 없을 수도 있다. 이럴 때는 우선순위를 정하는 것이 좋다. 그리고 대안의 선택은 신중해야 한다. 그러나 신중함이 지나치면 적기를 놓치는 실수를 범할 수도 있다. 리더는 필요하면 과감하게 결단을 내려야만 한다.

5) 대안의 실행

대안이 선택되면 사회복지기관 운영자는 이를 실행에 옮긴다. 최선의 의사결정도 중요하지만 그 결정이 실행에 옮겨지도록 만드는 것이 더 중요하다. 선택된 대안에 대해 직원들이 소극적인 태도를 보이거나 관심이 적으면 신중하게 결정한 대안이라도 실패로 끝날 수도 있다.

6) 피드백

피드백은 의사결정의 과정과 대안의 실행과정에서 발생하는 문제와 실수를 점검하여 의사결정 과정에 다시 투입하는 것이다. 의사결정 과정과 대안의 실행과정에서 예상하지 못했던 문제가 발생하거나 결과가 예상과 다를 경우 결정을 변경하거나 다음 의사결정에 반영한다. 의사결정에 따른 결과를 모두 예상하기는 어렵기 때문에 피드백은 반드시 필요하다.

3. 의사결정의 모형

모든 조직은 자신의 목표를 달성하기 위해 활동을 전개하고, 그 과정에서 지속적인 의사결정이 이루어진다. 의사결정의 형태와 수준은 조직의 목표달성에 큰 영향을 미친다. 사회복지기관도 하나의 조직이다. 따라서 의사결정을 어떤 식으로 할 것인지는 사회복지기관의 목표달성에 매우 중요하다. 사회복지기관 운영자는 의사결정에 관한 수준 높은 지식과 기술을 갖추고 있어야 한다. 일반적으로 의사결정 모형은 합리 모형, 점증 모형, 만족 모형, 혼합 모형, 최적 모형, 쓰레기통 모형, 공공선택 모형 등이 있다(신복기 외, 2005: 212-219).

1) 합리 모형

합리 모형(rational model)은 문제해결을 위한 모든 대안을 검토하고, 각 대안이 가져올 결과에 관한 정보를 최대한 수집 · 분석한 다음 대안들의 장단점을 비교 평가함으로써 최선의 대안을 선택하는 모형이다.

합리 모형은 20세기 초 특히 경제학자들이 선호했던 모형으로, 인간은 이성과 합리성에 근거하여 결정하고 행동한다는 전제에서 출발한다. 말하자면 의사결정자는 조직의 이익을 극대화하고 비용을 최소화하려는 경제적 목적에 따라 움직이며, 합리적인 결정을 위한 합리적 사고, 합리적 행동만 하는 규범적 · 이상적 성격을 가지고 있다는 것이다. 요컨대 합리 모형은 최적 대안이 선택될 가능성보다는 이러한 선택이 가능하도록 최선을 다하는 데 중점을 두기 때문에 최선의 의사결정과 합리성을 저해하는 요인을 규명하는 데 강점이 있다.

그러나 완전히 합리적인 인간은 존재하지 않고, 완벽한 의사결정도 어려운 것이 현실이다. 말하자면 합리 모형은 인간의 동태적 요소를 경시하는 폐쇄적인 이론이고, 대안의 결과를 정확하게 예측할 수 있는 능력이 존재하지 않으며, 의사결정자의 지적 능력에 한계가 있고, 완전한 대안의 발견 및 선택에는 많은 비용이 소요된다는 점 등 한계가 명백하다는 것이다.

2) 점증 모형

점증 모형(incremental model)은 목표달성을 위해 여러 대안을 평가하여 최적의 것을 선택하는 합리 모형과 달리 기존의 정책이나 결정을 일단 인정한 토대 위에서 그것보다 약간 향상된 대안에 대해서만 부분적 · 순차적으로 탐색하여 의사결정을 하는 현실주의적 모형이다. 점증 모형에서는 인간의 지적 능력의 한계와 의사결정 수단의 기술적 제약을 인정하고 의사결정 과정에 있어서 대안의 선택이 종래의 정책이나 결정의 점진적 · 세부적 · 순차적 수정 또는 약간 향상된 수준에서 이루어지는 것이 일반적이라고 간주한다.

점증 모형의 장점은 현 상황에서 저항이 가장 적고 문제를 효율적으로 해결할 수 있는 대안을 찾을 수 있다는 데 있어 실제로 이러한 모형에 입각해 의사결정이 이루어지는 경우가 왕왕 있다. 그러나 점증 모형은 기존의 정책과 결정을 그대로 인정한다는 점에서 보수적이고, 기득권을 가진 세력의 이익을 지켜주며, 급격한 환경변화에 대응하기 어렵다는 약점을 지니고 있다.

3) 만족 모형

만족 모형(satisfying model)은 합리 모형의 현실적 제약점을 극복하기 위한 것으로 합리 모형과 같이 완벽한 합리성을 추구할 수는 없다는 사실을 인정하고, 현실적으로 만족할 만한 대안의 선택을 중시하는 현실주의적 의사결정 모형이다. 합리성을 추구하되, 제한적으로 한다는 것이다. 이 모형은 인간의 합리성보다는 조직 내 인간의 심리적 측면을 중시하는 개인적·행태론적 의사결정 모형로서 의사결정자가 어떤 결정을 할 경우 항상 최적만을 추구하는 것이 아니라 현실적·주관적 관점에서 만족할 만한 대안을 선택한다고 가정한다. 만족 모형은 의사결정자의 정책결정에서의 만족도를 결정지어 주는 객관적인 척도가 없고, 만족할 만한 대안을 선택했다고 하더라도 대부분 보수적인 것이기 때문에 급변하는 상황에 대처하기에는 부적합하다는 비판을 받고 있다.

4) 혼합 모형

합리 모형이 엄격하고 비현실적인 요건을 전제로 한다는 점에서 너무 이상주의적이고, 반면에 점증 모형은 지나치게 현실주의적 대안만을 택한다는 점에서 너무 보수적이라고 보고 양자의 장점만을 취한 것이 혼합 모형(mixed-scanning model)이다.

혼합 모형은 인간의 정보수집과 처리능력의 한계와 현실적 제약을 인정하면서 기본적으로 문제를 전체적·체계적으로 검토한 후에 이상이 있다고 판단되는 것에 초점을 맞추어 현실적인 제약의 한계 내에서 가능한 대안들을 검토하여 효과성과 효율성이 가장 높을 것으로 생각되는 것을 선택한다. 혼합 모형은 현재 문제되지 않는 사항도 전반적으로 검토한다는 점에서 점증 모형과 차이가 나고, 가능한 모든 대안을 체계적으로 검토하지 않고 현실적인 제약 속에서 가능한 대안들만 검토한다는 점에서 합리 모형과도 다르다.

혼합 모형은 합리 모형이 요구하는 이상적인 합리성을 현실화시키는 동시에 점증 모형이 갖는 보수성을 극복함으로써 단기적인 변화에 대처하면서 장기적인 안목을 동시에 가질 수 있는 장점을 가지고 있다. 이런 점에서 혼합 모형은 잠재적 사회문제나 욕구에 대처하는 것을 중시하는 사회복지기관의 기획과 의사결정에 도움이 된다. 그러나 양자의 장점만을 취한다는 것이 반대로 약점만을 종합하게 되는 변증법의 오류를 피할 수가 없다.

5) 최적 모형

최적 모형(optimal model)은 과거의 전례가 없는 전혀 새로운 의사결정을 해야 하는 경우 직관, 판단, 창의성과 같은 초합리적인 요인의 개입이 불가피하다고 보는 의사결정 모형이다. 정치적 · 경제적 측면에서의 실현가능성을 매우 중시한다.

다시 말해 만족 모형이나 점증 모형을 적용할 수 없는, 과거에 선례가 없는 비정형적인 의사결정을 해야만 하는 경우 불가피하게 직관 · 판단 · 창의와 같은 초합리적인 요인이 개입할 수밖에 없다고 보는 것이다. 제한된 자원, 불확실한 지식 및 정보의 결여 등으로 합리적인 의사결정이 불가능하다면 초합리성의 개입이 불가피하다는 것이다. 그러므로 의사결정의 최적 여부는 그 결정이 정치적 · 경제적 측면에서 실현 가능성이 얼마나 내포되어 있는가에 따라 평가되어야 한다고 본다. 그리고 계량적인 것보다는 질을 중시한다. 왜냐하면 최적치를 경제적 · 계량적인 측면에서가 아니라 정치적으로 동원 가능한 투입과 예상된 결과 간의 관계에서 찾기 때문이다.

최적 모형은 초합리성의 개념을 도입함으로써 사회변동 상황에서 혁신적인 의사결정이 정당화될 수 있는 이론적 근거를 제시했다는 점에서 합리 모형을 한 단계 발전시켰다는 평가를 받고 있다. 그러나 최적 모형에서 말하는 초합리성의 개념이 불분명하고, 인간의 초합리성을 인정하는 유토피아적 이상 모형이라는 비판에서 자유롭지 못하다.

6) 쓰레기통 모형

쓰레기통 모형(garbage can model)은 조직의 목표가 모호하고, 조직의 기술이 막연한 경우에 적용되는 모형이다. 문제, 해결책, 참여자, 선택기회 등 의사결정에서 고려해야 할 사항들을 혼합(쓰레기통에 우연히 함께 모인 여러 쓰레기의 특수한 혼합)해 의사결정을 한다.

쓰레기통 모형에서는 기존의 의사결정들이 간과(현재의 문제를 충분히 이해하지 않고 내리는 결정)와 도피(문제에서 벗어나 이루어지는 결정)를 통해 이루어지고 있고, 문제해결을 위해 노력해도 문제가 잘 해결되지 않아 이 문제, 저 문제로 옮겨다니다 보니 의사결정과 문제해결이 더욱 지연된다고 비판한다. 그러므로 기존의 문제해결에서 사용한 여러 방법을 혼합해 실용주의적으로 재사용하는 것이 현명하다는 것이다. 쓰레기통 모형은 보다 복잡하고 혼란한 상황에서 조직이 내리는 의사결정을 설명하는 데 적합하다. 그러나 조직이 항상 복잡하고 혼란한 상황에 있는 것만은 아니기 때문에, 어떠한 상황에서나 쓰레기통 모형을 적용하는 데에는 한계가 있다.

7) 공공선택 모형

공공선택 모형(public choice model)은 정부 재정 부문의 정책결정에서 바람직한 민주적 의사결정을 추구하면서 나온 모형으로서 국민의 정책결정에의 참여와 상황에 잘 적응하는 행정 구조를 강조한다. 공공선택 모형의 주요 내용은 다음과 같다.

첫째, 전통적인 경제적 인간이 아니라 의사결정자로서의 개인을 분석단위로 삼는다. 개인은 각자 서로 다른 선호를 가지고 있고, 정책대안들의 우선순위를 가릴 수 있는 능력을 가지고 있으며, 자신에게 가장 큰 이익을 주는 대안을 선택한다는 것이다.

둘째, 정부가 제공하는 공공재와 서비스를 중시한다. 공공재와 서비스는 민간 부문의 그것과는 다르다. 개인이 공공재와 서비스에 돈을 지불했다고 해서 이를 독점적으로 사용할 수는 없다. 도로와 교량이 대표적이다. 요컨대 상품과 서비스의 공익성을 강조하는 것이다.

셋째, 의사결정의 파급효과를 강조한다. 하나의 의사결정이 이루어지면 정치·행정체제 내부에만 머무는 것이 아니라 사회의 모든 부문에 영향을 미친다는 것이다.

요약하면 이기적인 개인이 서로 다른 이익을 관철시키려 하는 것이 의사결정이므로 가급적 많은 사람이 민주적으로 의사결정하는 것, 즉 집합적 의사결정이 가장 바람직하다는 것이다.

표 7-4 의사결정 모형

모형	주요 내용
합리 모형	문제해결을 위한 모든 대안을 검토하고, 각 대안이 가져올 결과에 관한 정보를 최대한 수집·분석한 다음 대안들의 장단점을 비교 평가함으로써 최선의 대안을 선택한다.
점증 모형	목표달성을 위해 여러 대안을 평가하여 최적의 것을 선택하는 합리 모형과 달리 기존의 정책이나 결정을 일단 인정한 토대 위에서 그것보다 약간 향상된 대안에 대해서만 부분적·순차적으로 탐색하여 의사결정을 하는 현실주의적 모형이다.
만족 모형	합리 모형의 현실적 제약점을 극복하기 위한 것으로 합리 모형과 같이 완벽한 합리성을 추구할 수는 없다는 사실을 인정하고, 현실적으로 만족할 만한 대안의 선택을 중시하는 현실주의적 의사결정 모형이다. 합리성을 추구하되 제한적으로 한다.

혼합 모형	인간의 정보수집 및 처리능력의 한계와 현실적 제약을 인정하면서 기본적으로 문제를 전체적 · 체계적으로 검토한 후에 이상이 있다고 판단되는 것에 초점을 맞추어 현실적인 제약의 한계 내에서 가능한 대안을 검토하여 효과성과 효율성이 경험적으로 가장 높을 것으로 생각되는 대안을 선택한다.
최적 모형	과거의 전례가 없는 전혀 새로운 의사결정을 해야 하는 경우 직관, 판단, 창의성과 같은 초합리적인 요인의 개입이 불가피하다고 보는 의사결정 모형이다. 정치적 · 경제적 측면에서의 실현가능성을 매우 중시한다.
쓰레기통 모형	조직의 목표가 모호하고, 조직의 기술이 막연한 경우에 적용되는 모형이다. 문제, 해결책, 참여자, 선택기회 등 의사결정에서 고려해야 할 사항들을 혼합(쓰레기통에 우연히 함께 모인 여러 쓰레기의 특수한 혼합)해 의사결정을 한다.
공공선택 모형	정부 재정 부문의 정책결정에서 바람직한 민주적 의사결정을 추구하면서 나온 모형으로서 국민의 정책결정에의 참여와 상황에 잘 적응하는 행정 구조를 강조한다. 이기적인 개인이 서로 다른 이익을 관철시키려 하는 것이 의사결정이므로 가급적 많은 사람이 민주적으로 의사결정을 하는 것, 즉 집합적 의사결정이 가장 바람직하다.

8장
조직화와 조직문화

사회복지기관 운영의 두 번째 과제는 조직화이다. 모든 사회복지기관의 운영은 조직을 통하여 이루어지므로, 조직을 어떻게 구성하는가의 문제는 사회복지기관 운영의 성패를 결정하는 중요한 요소가 될 수 있다.

사회복지기관의 조직화는 사회복지기관의 조직과 유사한 개념이기는 하나, 관점이 다르다. 즉, 조직(organization)은 조직의 구조적인 상태를 의미하는 정적인 개념이고 결과적인 개념인 데 반하여, 조직화(organizing)는 조직을 구성해 나가는 동적인 개념이고 과정적인 개념인 것이다. 8장에서는 사회복지기관의 조직화와 조직문화에 대해서 알아본다.

1절 조직화

사회복지기관의 조직화는 사회복지기관의 조직을 구성하는 과정이다. 사회복지기관의 조직을 구성하는 것은 사회복지기관의 성과와 직결되기 때문에 매우 중요한 과제라고 할 수 있다. 이 절에서는 우선 사회복지관의 조직을 구성하는 방법인 조직화의 유형에 대해서 살펴보고, 조직의 업무를 나누는 조직의 부문화와 세분화에 대해서 살펴본다.

1. 조직화의 유형

사회복지기관도 다른 기관과 마찬가지로 기관의 유지 발전을 위하여 조직을 구성한다. 조직을 구성하는 조직화의 방법은 전통적인 관료제 조직화가 기본을 이루고 있으나, 최근에는 관료제 조직화의 폐해를 극복하기 위한 조직화의 방법으로 사업부제, 프로젝트, 매트릭스, 팀, 네트워크 등의 방법이 시도되고 있다.

1) 관료제 조직화

일반적으로 조직은 피라미드 구조를 이루며, 상명하복의 수직적인 구조와 역할분담에 따른 수평적 구조인 관료제 구조를 이루고 있다. 즉, 관료제 조직화는 능률을 높일 수 있는 공식적 조직 구조의 편성에 초점을 두어 각각의 업무 단위를 생산부, 인사부, 기획부 등 병렬로 나열하는 것이다. 관료제 조직화는 주로 업무를 표준화할 수 있을 때 가능한 조직화이고, 지나치

게 규정을 중시하고 규범적이어서, 사회복지기관에는 적합하지 않다.[1]

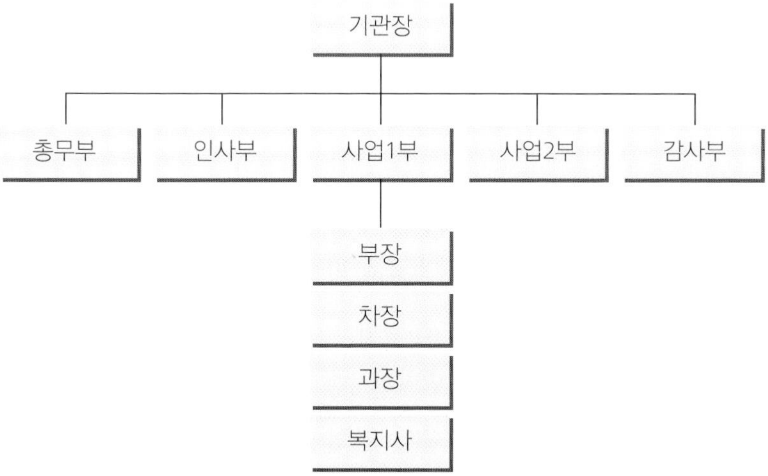

[그림 8-1] 관료제 조직화

2) 사업부제 조직화

사업부제 조직화는 조직이 다수의 사업부 단위의 하위 조직으로 나뉘어, 각각 독립적으로 운영하는 것이다. 분화의 원리에 따라 사업부단위를 편성하고 각 단위에 대하여 독자적인 생산·마케팅·재무·인사 등의 독자적인 관리권한을 부여함으로써, 제품별·시장별·지역별로 이익 중심점을 설정하여 독립채산제를 실시할 수 있는 분권적 조직화이다. 사업부제는 생산, 판매, 기술, 개발, 관리 등에 관한 최고 경영층의 의사결정권한을 단위 부서장에게 대폭 위임하여, 각 부서가 마치 하나의 독립된 기관처럼 운영되는 시스템이다.

1) 관료제는 규정대로만 일하며, 클라이언트의 문제와 욕구 해결에 창조적이고 적극적이지 않다는 비판이 있다. 이를 '학습된 무능(learned incompetence)'이라고 한다. 또한 관료제에서는 조직 내부의 사정을 우선시하는 의사결정으로, 서비스가 필요한 클라이언트가 거부당하는 '관료주의적 배제(bureaucratic disentitlement)'도 일어난다. 이처럼 조직이 자신의 사명을 망각하고 조직의 이익에만 관심을 두는 것을 '조직의 목표치환(goal displacement)'이라고 한다.

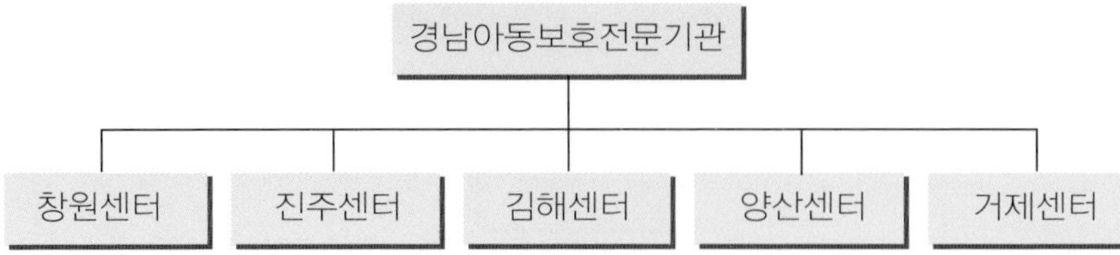

[그림 8-2] 사업부제 조직화

사업부제 조직화는 조직 규모가 크고 조직의 활동 영역이 다양할 때 가능한 조직화이며, 대규모 사회복지기관에 적합한 조직화이다. 사업부제 조직화의 장점은 사업부별로 책임을 부과함으로써 각 사업부가 투철한 책임감과 함께 업무성과를 내기 위해 노력한다는 것, 조직 환경에 신속하고 유연하게 대처하면서 효율적으로 환경을 관리할 수 있다는 것이다. 단점은 각 사업부 내에 기능부서가 동일하게 설치되어 있기 때문에 조직 전체로 볼 때 중복으로 인한 조직의 자원 낭비가 초래되고, 사업부 간 경쟁으로 인하여 조정에 어려움이 상존한다는 것이다.

3) 프로젝트 조직화

프로젝트 조직화는 특별한 프로젝트 수행을 위해 인력을 파견하고, 해당 프로젝트를 완료할 경우 원래의 부서로 복귀하도록 하는 것이다. 주로 주요 사안을 해결하기 위해 부처 간 경계를 두지 않고 다양한 전문성을 가진 구성원을 팀으로 조직하여 그 사안을 해결할 때까지 운영하도록 하는 조직화를 뜻한다.

프로젝트 조직화는 조직 구성이 유지되는 동안에는 대량의 자원과 재능을 집중할 수 있다는 장점이 있다. 그렇지만 이는 어디까지나 임시적인 것에 불과하다. 일정한 역할을 수행한 후 해체한다는 특성 때문에 프로젝트 조직에서 제안한 정책이 끝까지 집행되기 어렵고 도중에 변질될 가능성이 있다는 문제점이 있다. 조직 내 이용 가능한 인적·물적 자원보다 훨씬 더

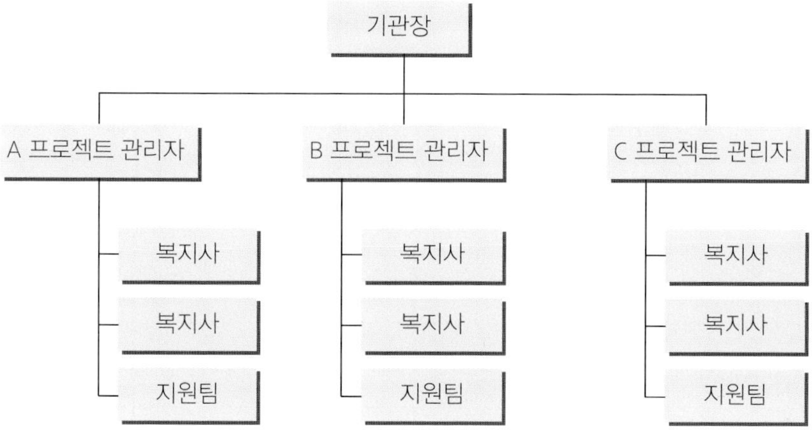

[그림 8-3] 프로젝트 조직화

많은 자원을 필요로 하는 사업을 구상하거나 업무를 수행해야 하는 경우, 여러 부서의 협조가 필요하고 이 활동이 서로 밀접하게 관련되어 상호 영향을 미치거나 강력한 수평적 작업관계가 요구될 경우 프로젝트 조직화를 고려하게 된다.

4) 매트릭스 조직화

매트릭스 조직화는 구성원이 각자 기능 부서에 속한 동시에 프로젝트 부서에도 속하도록 하는 것이다. 즉, 구성원을 두 개 이상의 부서에 속하도록 배치한 방식이다. 예를 들어, 기획 업무를 담당하면서도 아동 · 청소년을 대상으로 하는 사업에 투입된 구성원이 있다고 할 때, 그가 속한 조직을 매트릭스 조직이라 볼 수 있는 것이다. 사회복지서비스 조직은 기본적으로 행렬구조를 띠고 있다. 복수의 프로그램을 수행하고 있으면서도 분과의 구분과 프로그램별 배합에 의해 업무를 할당받기 때문이다.

매트릭스 조직화는 집권화와 분권화가 동시에 가능하다. 계속되는 업무세분화와 분권화에 대해 통합적인 서비스를 유지하면서도 복잡성이란 장점

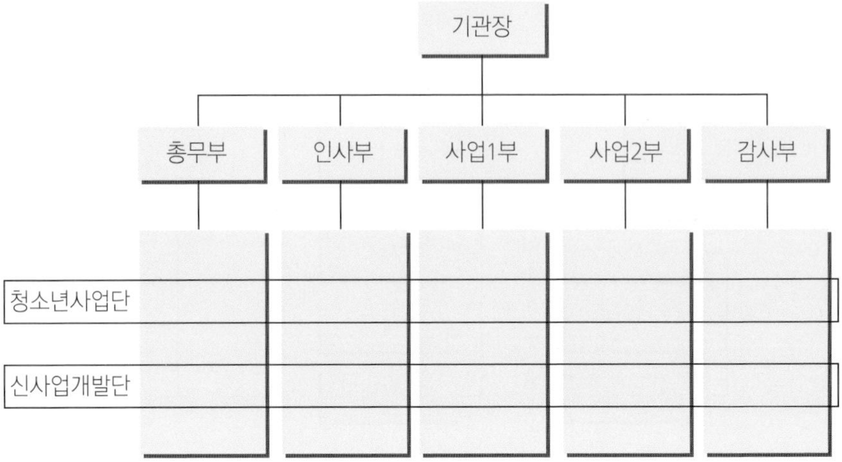

[그림 8-4] 매트릭스 조직화

을 살리려고 할 때 비교적 적합한 구조로 고려하고 있다. 또한 일상적으로 수행해야 할 기능은 수직적 위계의 축을 통해 꽤 일정하게 지속될 수 있는 반면, 기관의 프로그램과 같이 외부 환경에 의해 빈번한 변화를 겪게 되는 기능은 조직의 기본 골격과는 상관없이 환경에 반응하여 자유롭게 변화시킬 수 있다. 즉, 수직적이고 정형화된 구조가 주는 장점인 안정성과 수평적인 구조가 주는 장점인 탄력성을 동시에 갖출 수 있다. 이 점이 매트릭스 구조화의 대표적인 장점이다.

하지만 업무를 조정하기 위한 역할과 권한이 명료하게 정의되지 않아서 불협화음이 발생하기 쉽다는 단점이 있다. 또한 매트릭스 구조에서는 개별 업무 담당자가 수평적 · 수직적 기능 사이의 교차점에 위치해 있어서 자신의 역할과 책임 소재에 대한 인식이 불분명해질 수 있으며, 그로 인해 담당자 간에 갈등이 생길 수 있다. 개인이 기능부서와 프로그램 부서에서 이중적인 역할을 하면서 둘 간에 역할긴장이 생겨날 소지도 있다. 결과적으로 평가에 필요한 자료가 두 개 이상의 부서에 분산되어 있기 때문에 업무수행에 대한 평가 또한 어렵다.

5) 팀 조직화

팀 조직화는 과거의 전통적인 부 · 과 · 계 등의 체계를 재편 · 통합 · 분할하고 하나의 팀으로 전환시켜, 팀장을 중심으로 업무를 수행하도록 만든 조직이다. 결과에 대해 공동으로 책임을 지는 조직 단위로, 복잡한 조직 환경에 대응하기 위해 개별적이고 이기적인 업무 방식에서 탈피하여 집단적으로 조직의 요구에 부응할 수 있도록 만든 것이다.

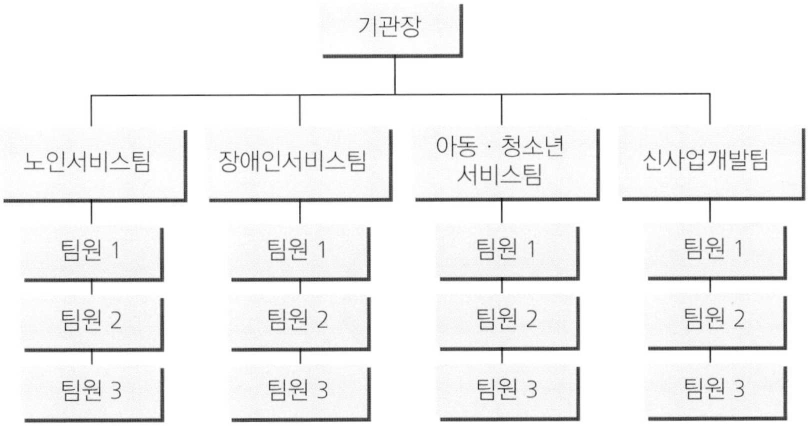

[그림 8-5] 팀 조직화

효과적인 팀 조직화를 하면 동일한 목표의식 공유, 팀 능력에 대한 신뢰를 통한 임파워먼트, 조직구성원 간 수용적 인간관계, 책임과 리더십의 분담 등 융통성 발휘, 조직구성원 개인의 실적과 팀의 실적 모두 인정, 팀워크에 대한 열의, 자부심, 낙관적 팀 정신의 공유 등이 나타날 것이다.

팀 조직화는 급속한 조직 환경 변화에 대한 신축적 조직 운영과 관리감독계층 축소 및 중복 기능의 통합, 자율적 책임체제, 조직구성원의 창의성과 전문성 제고와 같은 여러 가지 장점이 있으나, 팀별로 칸막이가 강화되면 '팀 우선주의' '소집단주의' 등의 단점이 나타날 가능성도 있다. 따라서 팀 조직화가 성공을 거두기 위해서는 최고 관리자의 이해와 통합의 노력이 필수적이며, 조직 목표에 대한 명확한 인식, 상층부와 하층부 간의 신뢰, 훈련과 능력개발 같은 조직구성원에 대한 투자가 이루어져야 한다.

6) 네트워크 조직화

네트워크 조직화는 환경 변화에 신속하고 적절하게 대응할 수 있도록 외부 자원의 효과적 활용을 꾀하는 방법이다. 이는 상호 의존적인 조직 사이의 신뢰를 바탕으로 서로 독립성을 유지하는 조직이, 상대 조직이 보유하고 있는 자원을 마치 자신의 자원인 것처럼 활용하기 위해서 수직적 · 수평적 · 공간적 신뢰관계로 연결하는 조직화이다.

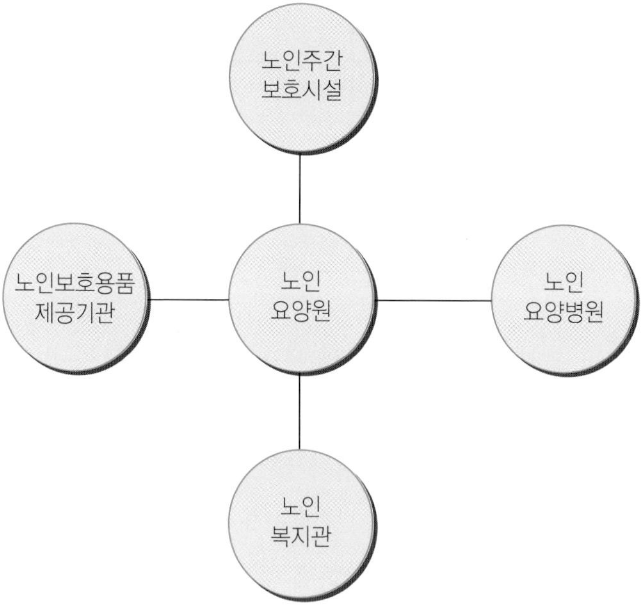

[그림 8-6] 네트워크 조직화

네트워크 조직화에서는 조직이 보유한 자원을 핵심 사업 또는 비교 우위가 있는 한정된 분야에만 국한시키고, 나머지 활동 분야는 아웃소싱(outsourcing)하거나 전략적 제휴를 맺어 외부 전문가에게 맡긴다.

7) 연계조직화

연계조직화는 사람과 서비스를 연결해 주는 활동을 하도록 만드는 조직화이다. 사회복지기관은 대부분 연계기술을 활용하고 있지만 서비스 제공이 조직의 1차적 기능이다. 이에 비해 연계조직은 조직의 1차적 기능이 중재자라는 점에서 차이가 있다. 사회복지기관 중 푸드뱅크(food bank), 입양기관이 대표적인 연계조직이다.

2. 조직의 부문화

조직의 부문화(departmentation)는 업무분화가 확대되어 부서와 직무가 증가하게 되면, 상호작용의 빈도와 갈등이 증가하는 만큼 조정비용도 늘어나기 때문에 이러한 문제점을 해결하기 위해 조직의 효율성을 제고하기 위한 방향으로 목적이나 기능에 맞게 조직을 개편하는 것을 의미한다. 이러한 부문화의 원리는 동일한 역할자의 수, 시간, 기능, 지리적 영역, 서비스, 고객, 서비스 접근통로 등에 따라 일곱 가지로 유형화할 수 있다.

1) 수 기준 부문화

같은 역할을 하는 사람들을 한 명의 슈퍼바이저 아래에 소속시키는 방법이다. 한 사람 밑에 사람의 수가 너무 많으면 둘 이상의 비슷한 단위를 만들 수 있다. 그러나 조직구성원 개인의 능력 차이를 고려하지 않고 부문화할 경우 업무효과성이 낮아지므로 다른 부문화의 방법과 병행하도록 한다.

2) 시간 기준 부문화

업무시간을 2교대, 3교대, 격주 토요일 근무 등으로 하여 업무를 부문화하는 방법이다. 24시간 서비스를 제공하는 생활시설(주거시설)이나 요양원, 병원, 의원과 같은 보건의료서비스 조직 등에서 유용하게 활용할 수 있는 조직화 방법이다.

3) 기능 기준 부문화

사업, 경영지원, 회계 등과 같이 주요한 기능에 따라 동질적 업무를 묶어서 부문화하는 방법이다. 이 방법은 조직요원의 능력, 선호도, 관심 등에 근거하여 직무상 적성에 맞는 분야에 사람을 배치하는 식으로 부문화하는 방법이다. 종합사회복지관에서 사례관리팀, 서비스제공팀, 지역조직화팀, 총무팀 등으로 부문화하는 것을 그 예로 들 수 있다.

4) 지리적 영역 기준 부문화

클라이언트의 거주지역을 중심으로 조직을 부문화하는 방법이다. 즉, 잠정적 고객 또는 클라이언트의 거주지역에 따라 부문화하는 것이다. 규모가 큰 조직이 지회나 지부를 두는 것을 그 예로 들 수 있다. 이는 서비스의 효율성을 높일 수 있고 책임소재를 명확히 할 수 있는 장점이 있는 반면, 각 지리적 특성으로 업무단위 간 업무량의 차이가 발생할 수 있고 이에 따라 직원의 사기가 저하될 우려가 있다는 단점도 있다.

5) 서비스 기준 부문화

개별사회사업, 집단사회사업, 지역사회사업 등 사회복지의 실천방법에 따라 조직을 부문화하는 방법이다. 이 방법은 사회복지서비스의 전문성을 높일 수 있다는 장점이 있으나 서비스의 파편화와 분절성이 발생하여 통합적인 서비스제공이 어려울 수 있으며, 고객의 욕구가 복합적일 경우 여러 가지 서비스를 포괄적으로 제공할 수 없다는 단점도 있다.

6) 고객 기준 부문화

클라이언트의 인구사회학적 특성이나 욕구에 따라 조직을 부문화하는 방법이다. 예를 들어, 아동복지, 장애인복지, 노인복지나 비행, 학대, 방임 등으로 업무를 부문화하는 것이다.

7) 서비스 접근통로 기준 부문화

클라이언트가 서비스에 접근할 수 있는 통로(예: 유료, 무료)별로 업무를 부문화하는 방법이다. 사회복지서비스의 경우 서비스 제공이 유료든 무료든 많은 사람이 이용할 수 있도록 다양한 서비스 조직을 설치하여 통로를 다양화한다. 뿐만 아니라 현수막, 홍보물, 기관 홈페이지 등 다양한 매체를 이용하여 서비스를 홍보한다.

3. 조직세분화

조직세분화는 조직 내 업무가 나뉘어 있는 정도를 의미하며, 직무세분화, 업무세분화라고도 한다. 조직 단위와 그에 따른 직위의 수가 많을수록 조직세분화는 높아진다. 조직을 세분화하면 세분화된 조직 단위에서 기술이 단순화되므로 기술발전이 용이해지며, 이는 결국 효율성을 증대시킨다. 그뿐만 아니라 관리자는 단순화된 기술이 잘 적용되는지 관리 · 감독하기가 쉽다.

그러나 직무와 기술이 복잡해지면서 불확정적인 특성을 띠는 전문적 서비스 환경 속에서 조직세분화는 오히려 구성원들의 단조로운 역할과 활동으로 매너리즘에 빠지게 할 수도 있다. 또한 조직세분화 과정에서 각 업무 간에 적용된 기준이 다르면, 클라이언트는 혼란스러워할 것이다. 또한 개별 직무가 전체 목표에 기여하도록 조정하는 데 비용이 들기도 한다.

따라서 과도한 조직세분화가 초래하는 부정적 영향을 상쇄하기 위해, 사례관리, 사례옹호, 팀 구성, 직무확대 직무순환 등의 방안을 활용하고 있다.

① 사례관리: 클라이언트의 복합적인 욕구를 충족시키기 위해 사례관리자가 직접 및 간접 개입을 한다.
② 사례옹호: 클라이언트의 욕구와 권익을 대변한다.
③ 팀 구성: 세분화된 다양한 분야의 전문가들이 모여 한 클라이언트의 문제를 공동으로 해결한다.
④ 직무확대: 업무수행자의 매너리즘과 업무로부터의 소외현상을 극복하기 위해 개별 업무 수행자들이 맡게 될 업무를 확대한다.
⑤ 직무순환: 업무수행자를 가급적 종류가 다른 업무에 순환적으로 배치한다.

2절 조직문화

1. 조직문화의 개념

조직문화(organizational culture)는 사회시스템의 집합적 특성으로서 조직 내부에서 이루어지는 일의 방식을 추동하는 가치와 규범을 말한다. 조직문화는 조직 안에서 일하는 사람들이 어떻게 상호작용하고, 일에 어떻게 접근하며, 보상과 제재를 통해 어떤 행동이 인정받는지 등을 포함한다.

1) 조직문화의 정의

조직문화에 관한 전문가들의 정의를 정리하면 다음과 같다. Pettigrew(1979)는 조직문화를 '상징, 언어, 의례, 신화의 총체'라고 했고, Deal & Kennedy(1982)는 '조직구성원에게 중요한 의미를 갖는 조직의 가치, 신화, 히어로, 상징의 집합으로서 조직의 핵심 가치'라고 했다. 그리고 Denison(1984)은 '조직의 정체성을 결정하는 일련의 가치와 신념'으로 정의했다(문비치, 2008: 28 재인용).

조직문화에 관한 여러 정의를 종합적으로 고찰한 Schein(1985)은 조직문화를 다음과 같이 요약했다(정수련, 2011: 18 재인용).

첫째, 사람들이 상호작용할 때 관찰할 수 있는 행동규칙(behavioral regularities), 예컨대 일상적으로 사용하는 언어, 존경과 복종을 표현하는 방식이다.

둘째, 조직 내에서 자연발생적으로 생기는 규범(norms)이다.

셋째, 조직이 강조하는 지배적인 가치관(dominant values), 예를 들면 최고의 품질, 값싸고 좋은 제품 생산을 강조하는 것이다.

넷째, 조직구성원과 고객에 대한 정책을 수립하는 데 지침이 되는 철학(philosophy)이다.

다섯째, 조직에 적응하는 데 필요한 게임의 규칙(rules)으로 새로 조직에 들어온 사람이 그 조직의 구성원으로 인정받기 위해 배워야 하는 요령과 같은 것이다.

여섯째, 직원이 고객이나 외부인사와 접촉하는 방식과 사무실의 물리적 배치 등과 같은 조직 내부에 흐르는 어떤 느낌(feeling)이나 분위기(climate)이다.

2) 조직문화의 기능

조직문화의 긍정적인 기능은 다음과 같다.

첫째, 조직문화는 조직을 안정시키고, 조직구성원의 일체감을 형성해 조직구성원을 결속시킨다.

둘째, 조직문화는 조직 내의 모든 행위나 과정에 있어 지침과 규범의 기능을 갖는다.

셋째, 조직문화는 내부적으로는 통합기능, 외부적으로는 환경적응기능을 한다.

넷째, 조직문화는 장기적이고 지속적으로 작용하는 무형의 자원으로서 대외적인 경쟁력이 된다.

다섯째, 조직문화는 조직구성원들의 직무만족과 조직몰입에 긍정적인 영향을 주어 결과적으로 조직생산성을 향상시킨다(박미경, 2009: 12).

3) 조직문화의 유형

조직문화는 조직의 성격에 따라 다르다. 일반적으로 가장 많이 인용되는 조직문화의 유형은 집단문화(collective culture), 발전문화(development culture), 위계문화(hierarchial culture), 합리문화(rational culture)이다(문비치, 2008: 28-29).

첫째, 집단문화는 가족적이며 인간미가 넘치는 분위기를 특징으로 하며, 유연성, 재량성, 역동성과 내부지향, 통합, 단결을 강조한다.

둘째, 발전문화는 생동감 있고 활기가 넘치는 문화로서 융통성, 재량권, 역동성, 외부지향, 분화, 경쟁을 강조하는 문화이며, 잠재능력 개발을 통한 조직발전을 중시한다.

셋째, 위계문화는 조직구성원들이 공식적인 규칙을 중심으로 결속하며, 내부지향, 통합, 단결, 안정, 통제, 질서를 강조한다. 권위체계를 중시하고 목표달성을 중심으로 뭉치며, 외부지향, 분화, 경쟁, 안정, 통제, 질서를 중시한다.

넷째, 합리문화는 계획을 수립하고 계획에 따라 목표를 달성해 나가는 것을 조직구성원들이 중시하는 문화이다.

4) 조직분위기

조직문화와 유사한 개념으로 조직분위기(organizational climate)가 있다. 조직분위기란 동일한 작업환경 속에서 일하는 사람들이 공유하는 개인(인지)의 특성이다. 다시 말해 조직분위기는 작업환경이 근로자에게 미치는 심리적 영향(impact)에 대해 직원들이 공유하는 인식(shared perception)인 것이다.

조직문화가 작업환경의 사회적 맥락에 관한 것이라면, 조직분위기는 작업환경에 대한 심리적 영향에 관한 것이며, 조직문화가 사회적 상호작용의 패턴에 관한 것이라면, 조직분위기는 개별 근로자가 이러한 상호작용에 부여하는 개인적 의미에 관한 것이다(Glisson, 2000: 198-199).

5) 사회복지기관의 조직문화

조직문화는 사회복지기관에서 매우 중요하다. 왜냐하면 사회복지기관의 성공여부는 서비스 제공자와 서비스 수급자 간의 관계에 의해 좌우되는데, 조직문화와 조직분위기가 그러한 관계에 상당한 영향을 미치기 때문이다.

공공병원의 응급실을 예로 들면, 심하게 다친 환자와 그 가족을 적극적으로 지지하는 응급실 의료진의 행위를 높이 평가하고 그런 것이 응급실의 하나의 규범이 되어 있는 병원이 있는가 하면 그렇지 않은 곳도 있다. 전자의 조직문화와 조직분위기는 환자와 가족에게 좋은 영향을 줄 것이고, 그에 따라 그들로부터 호감을 사게 될 것이며 나아가 병원의 평판에도 좋은 영향을 줄 것이다.

사회복지기관의 전문직(사회복지사, 교사, 간호사 등)이 자신의 작업환경을 비지지적이고 비인격적이며 스트레스를 주는 곳이라고 인지한다면 그들이 상대하는 클라이언트에게 그런 인지가 반영되어 좋지 않은 결과를 가져올 가능성이 높다. 실제로 긍정적이고 덜 규제적인 분위기를 가진 사회복지기관일수록 서비스 결과가 더 좋다는 보고가 있고, 공정한 작업환경, 명확한 역할 설정, 협력관계가 구축되어 있고, 갈등 수준이 낮은 사회복지기관일수록 서비스 질과 결과가 더 좋다는 보고도 있다(Glisson, 2000: 201-205).

2. 조직유형과 조직문화

조직문화는 조직 형태별, 즉 휴먼서비스기관과 비휴먼서비스기관, 영리기관과 비영리기관, 공공기관과 민간기관별로 차이가 난다. 이를 정리하면 다음과 같다(Glisson, 2000: 212-213).

1) 휴먼서비스기관 대 비휴먼서비스기관

휴먼서비스기관은 인간의 기능이나 복지를 개선하는 것을 사명으로 한다. 휴먼서비스기관은 인간적이라는 것이다. 반면에 휴먼서비스기관 외의 기관에서는 이러한 인간적 측면이 다소 약하다. 휴먼서비스기관과 비휴먼서비스기관의 조직문화와 분위기의 차이를 분석한 연구는 거의 없는데, 다만 이스라엘에서 이루어진 한 연구에 의하면 휴먼서비스기관에 비해 비휴먼서비스기관, 예를 들어 생산조직(공장)에서는 보상시스템을 직원의 성과 중심으로 시행하는 것으로 나타났다.

2) 영리기관 대 비영리기관

일반적으로 비영리기관은 영리기관에 비해 금전적 유인이 약하다. 기관이 영리를 추구하지 않기 때문에 매니저도 이윤에 대한 압박을 받지 않는다. 사회복지기관의 매니저는 복지적인 가치와 규범 및 개성을 지닌 직원을 채용하길 원한다. 반면에 영리기관에서는 기관에 경제적인 이득을 줄 수 있는 직원을 선호한다.

3) 공공기관 대 민간기관

전통적으로 공공기관은 관료적 형식주의, 무책임한 관료주의, 세금 낭비 조직의 오명을 받아 왔다. 공공기관과 민간기관은 비효율성 대 효율성, 무능 대 유능, 무책임 대 책임의 기준으로 비교되었다. 그러나 이러한 고정관념이 항상 사실인 것은 아니다. 적어도 공공기관은 모든 클라이언트를 평등하게 대하며 통일된 행정 절차를 적용한다.

공공사회복지기관과 민간사회복지기관의 차이는 분명히 존재한다. 예컨대, 민간조직은 공공조직에 비해 성과에 따른 보상(성과급)과 효율성을 더 강조한다. 그리고 공공사회복지기관이 결과보다는 과정을 중시하고, 조직의 사명보다는 규칙을 중시하는 문화가 있고, 관료적 절차와 형식주의에 매몰되어 클라이언트의 복지에 대한 관심이 덜한 것은 부인할 수 없는 사실이다.

9장
인사관리와 직무관리

사회복지기관의 운영에서 조직화가 이루어지고 나면, 조직에 적합한 인선을 해야 한다. '적재적소(適材適所)'라는 전통적인 인사원칙은 '적절한 인재를 적합한 자리에 배치한다.'는 것이다. 이처럼 사회복지기관의 인사관리는 기관의 목표를 효과적이고 효율적으로 달성할 수 있도록 직원을 관리하는 것이다. 그리고 적절한 인사관리는 적절한 직무관리로 이어져야 한다. 즉, 적절한 인재의 배치와 함께 이들이 계속해서 직무에 적응하고 발전할 수 있도록 하여야 하기 때문이다.

9장에서 다루는 인사관리와 직무관리는 사회복지행정의 기능인 POSDCoRBE 중에서 인사(Staff)와 조정(Coordination)에 해당된다. 1절 인사관리에서는 인사관리의 개념과 기능을 살펴보고, 2절 직무관리에서는 직무만족과 조직몰입, 직무스트레스, 소진에 대해서 알아본다.

1절 인사관리

인사관리란 '기관의 직원들이 기관의 목표를 효과적이고 효율적으로 달성할 수 있도록 직원을 관리하는 것'이다. 사회복지기관에서 인사관리는 매우 중요하다. 왜냐하면 사회복지서비스는 주로 일선 사회복지사의 직접적인 서비스로 이루어지기 때문이다. 또한 기관장, 중간 관리자와 일선 사회복지사 간의 업무 협력과 공식적·비공식적 인간관계가 업무의 효율성과 효과성을 제고시키는 데 큰 영향을 주기 때문이다.

인사관리의 주요 기능은 충원, 선발, 직무분석, 직무디자인, 오리엔테이션, 훈련, 직무개발, 직무 슈퍼비전 및 코치, 직무상의 문제점 처리, 징계, 해직 등 다양하다. 그중 인사관리에서 중요한 충원, 직원 오리엔테이션, 직무분석, 직무평가, 직원개발과 직원훈련, 보상 등에 대해 살펴보기로 한다.

1. 충원

충원(recruitment)은 기관이 구성원으로서 필요한 역량을 가진 사람을 찾아내는 과정이며, 충원은 일반적으로 외부 충원을 말한다. 외부 충원은 기관 외부에서 기관에 필요한 인재를 충원하는 것이다. 외부 충원의 장점은 조직 외부에서 조직에 필요한 새로운 역량을 보충하는 것이다. 그러나 필요하면 내부에서 충원할 수도 있다. 예를 들어, 다른 부서에서 일하는 직원을 전직을 통해 충원하는 것이다. 내부 충원의 장점은 기관에 대해 이미 잘 알고 있는 인력을 활용할 수 있다는 데 있다.

조직에 필요한 인재인지 여부를 판단하여 채용하는 것이 선발(selection)

이다.

선발의 기준은 업무능력(전문성)과 적응력(인간성)이다. 선발의 방법은 다양하다. 추천, 면접, 경력, 각종 검사(적성검사, 아이큐검사, 직무능력검사 등)의 방법을 사용하거나 필요하면 시험(사회복지학, 영어 등)을 볼 수도 있다. 직원은 한번 채용하면 변경하기가 힘든 만큼 엄격한 기준에 따라 신중하게 결정해야 한다.

충원과 선발의 단계를 정리하면 다음과 같다(Pecora & Wagner, 2000: 404).

- 제1단계: 교육, 경력, 기술보유 유무 등 최소한의 자격요건에 관한 정보를 담은 직무명세서의 개발
- 제2단계: 공고 및 외부 광고
- 제3단계: 지원서, 이력서 검토 및 체크리스트, 시험(필요한 경우) 등 응모자에 대한 스크린
- 제4단계: 면접
- 제5단계: 최종 채용 후보자의 선발 및 탈락자 고지

2. 직원 오리엔테이션

직원 오리엔테이션(staff orientation)은 직원을 기관에 사회화(socialization)시키는 과정이다. 이 과정은 기관의 직원이 되기 위한 첫 단계인 것이다. 즉, 기관의 목표, 역사, 정책, 규정, 구조, 직무 절차, 프로그램, 자원, 네트워크, 임금, 승진 등 기관의 주요 시스템 내용을 직원들에게 교육시켜 기관에 일체화시키는 작업인 것이다. 직원 오리엔테이션은 신규 직원을 대상으로 하는 경우도 있고 기존 직원을 대상으로 하는 경우도 있다. 직원 오리엔테이션에서는 직원에게 기관의 정책과 절차, 동료 직원, 직원의 역할과 책임, 조직구조 등 기관을 소개한다(Pecora & Wagner, 2000: 410).

3. 직무분석

1) 직무분석의 개념

합리적인 인사관리를 위해서는 직원이 수행하는 업무의 방법과 절차, 그리고 업무수행에 필요한 지식, 경험, 기술의 수준과 정도를 파악하여 각 직무의 내용을 명확히 하는 작업이 필요하다. 이를 직무분석(job analysis)이라고 한다.[1] 기관이 성장해 규모가 커지고 직무가 다양해지면 경영합리화를 위해 직무분석이 반드시 필요하다.

직무분석에 관한 정의를 보면, Hartley(2003)는 '직무에 대한 정보를 수집하고 분석하는 체계적인 과정으로서 업무환경, 수행하는 업무, 직무들 간의 관계, 기본적인 훈련에 필요한 조건 등에 관한 정보를 제공하는 활동'이라고 했다(김신영, 2008: 5-7 재인용). 즉, 직무분석이란 '업무의 성격, 업무의 내용, 업무환경, 업무를 수행하는 직원에게 요구되는 지식, 기술, 역량, 책임 등 직무상의 제반 요건에 관한 자료 또는 정보를 수집해 분석하는 일련의 과정'이라는 것이다.

직무분석으로 수집된 자료는 직무내용에 관한 정보를 담은 직무기술서(job description)와 직무수행자의 자격요건을 담은 직무명세서(job specification)의 토대가 된다. 직무기술서는 '직무에 관련된 과업, 임무, 책임에 관한 정보들을 제공하고, 직무분석 결과 개선해야 할 사항과 개선한 후의 요점을 기술한 문서'이다. 직무명세서는 '직무기술서보다 구체적으로 인사관리의 특정한 목적에 맞도록 세분화시켜서 기술한 문서'를 말하는데, 직무의 성격과 개인의 자질, 예컨대 업무에 필요한 지식, 기술, 능력 등 능률적인 업무수행에 필요한 사항을 기록한 것이다. 직무명세서는 인력개발에 유용하다. 직무명세서에 특정 직무에 필요한 기술, 지식, 능력이 제시된다면,

1) 직무분석은 Taylor의 시간연구와 Gilbreth의 동작연구에 뿌리를 두고 있다.

기관과 직인은 그것에 맞는 경력을 개발하기 위해 노력할 것이기 때문이다 (Siegel, 1996: 485-494).

사회복지기관은 직무분석을 통해 새로운 직원의 충원 필요성 여부를 판단하고, 직원의 업무성과를 평가하며, 직원 이직과 관계없이 직무가 지속적으로 유지될 수 있게 만들고, 필요하면 직원 간 또는 부서 간의 직무를 재배치할 수도 있게 한다. 그리고 직무분석은 구성원들에게 자신이 수행해야 할 직책과 직무를 알려 줌으로써 책임과 역할을 이해할 수 있게 만들며, 나아가 직무조직, 직원교육 프로그램 개발, 보상관리 등과 같은 인사관리 전반의 기초자료가 된다. 직무분석은 직무중심의 공정한 인사관리에 반드시 필요한 작업이다(한국능률협회, 2004).

2) 직무분석의 방법

직무분석의 방법은 다양하다. 직무분석에 필요한 자료의 유무에 따라 최초분석법과 비교확인법으로 나뉜다. 최초분석법은 분석대상 직무에 관해 참고할 만한 자료가 거의 없고 그 분야에 관한 지식과 경험을 갖춘 사람이 별로 없을 때, 예컨대 신설된 직무에 관해 분석을 할 때 사용한다. 주로 현장방문을 통해 이루어진다. 비교확인법은 기존에 축적된 자료가 충분할 경우 사용한다. 기존의 자료를 참고해 직무상태를 비교해서 확인하는 방법이다. 데이컴법(Developing A Curriculum: DACUM)도 있다. 특정 분야에 풍부한 경험과 지식을 가진 전문가들이 수일간의 워크숍을 통해 분석한 자료를 바탕으로 직무를 분석하는 방법이다(김희정, 2012: 7-8).

4. 직무평가

직무평가(job evaluation)는 직원의 직무성과(job performance)를 평가하는 것이다. 직무성과는 직원이 기관의 목표를 위해 일한 일련의 활동을 말하며, 평가는 평가대상자의 활동 가치를 따지는 것이다. 따라서 직무평가는 직원이 기관의 목표를 위해 노력한 활동의 가치를 평가하는 것이 된다(한용석, 2011: 43). 직무평가 결과는 고용, 해고, 승진, 보상, 이직 방지 등 인사관리의 기본이 되는 매우 중요한 자료이다.

기관이 직원을 대상으로 직무평가를 하는 이유는 다음과 같다.

첫째, 기관의 목표에 맞춰 직원의 직무가 수행되었는지의 여부를 파악할 수 있다.

둘째, 직원관리에 필요한 임금, 승진, 해고 등에 관한 정보를 얻을 수 있다.

셋째, 직원 계발을 위한 자료를 얻을 수 있다.

직무평가는 평가내용에 따라서 네 가지 유형으로 나뉜다(Noe et al., 1997).

첫째, 결과평가(results approach)로 직원의 업무활동 결과가 바람직한 것인지 여부를 평가한다.

둘째, 행동평가(behavioral approach)로, 효과적인 업무활동에 필요한 직원의 행동을 평가한다.

셋째, 자질평가(traits approach)로, 리더십, 창의력, 경쟁력 등 직원이 보유하고 있는 바람직한 자질을 평가한다.

넷째, 총체적 평가(total quality management approach)로, 업무에 대한 책임성과 효과성, 기관에 대한 충실성 등 직원을 종합적으로 평가한다.

직무평가의 생명은 공정성이다. 평가가 공정하게 진행되어야 기관이 원하는 정보를 얻을 수 있고, 평가대상자의 불만을 예방할 수 있다. 직무평가의 방법은 객관적 방법과 주관적 방법으로 나뉜다.

객관적 방법은 매출액, 작업량, 불량률과 같은 생산 관련 자료와 근무연수, 교육, 상벌, 결근과 같은 인사 관련 자료를 활용하는 것이다. 주관적 방법은 평가척도를 이용하거나 평가자의 주관에 의존하는 것이다. 객관적 방법은 계량적 자료로 평가하기 때문에 평가자의 주관을 배제할 수 있는 장점이 있다. 하지만 평가에 포함시킨 객관적 기준의 합리성에 이의가 제기될 수 있다는 점에 유념해야 한다. 예를 들어, 직무평가에서 매출액만을 기준으로 삼고 고객만족도와 같은 다른 중요한 기준을 제외하면 객관성을 잃게 된다는 것이다.

주관적 방법은 평가자의 자유로운 생각을 반영해 평가대상자의 새로운 면모와 장점을 발견할 수 있는 장점이 있지만, 주관성을 배제할 수 없어 평가오류가 발생할 소지가 크다.

직무평가를 아무리 객관적으로 하려 해도 평가자의 편견을 완전히 배제하기는 어렵다. 예를 들어, 평가자가 조직 내에서 평판이 좋은 직원을 평가할 경우 객관적 기준 외에 평판이 평가에 유리하게 작용할 수 있다. 또한 평가자는 자신과 같은 배경(출신학교, 출신지 등)을 가진 직원을 보다 우호적으로 평가할 가능성이 크다(안윤정, 2010: 25-26).

5. 직원개발과 직원훈련

직원개발(staff development)은 직원 개인을 발전시키는 작업이다. 직원개발을 위해서 기관은 직원개발 프로그램을 만들어 시행하는 것이 좋다. 직원개발 프로그램에는 다음과 같은 내용이 들어 있어야 한다.

첫째, 조직 환경(지역사회, 지방정부, 중앙정부)의 변화에 대한 점검으로, 관련 사회정책들, 혁신, 소비자 피드백 등 서비스 전달 또는 기관의 인사관리 기능에 영향을 주는 기관 외부 환경의 변화를 점검한다.

둘째, 기관에 관한 분석으로, 서비스 전달 또는 서비스 지원관리에 영향을 주는 이슈 및 문제점을 분석한다.

셋째, 모든 직원의 훈련 필요성에 대하여 사정한다.

넷째, 점검, 분석, 사정 활동을 통해 수집된 자료를 통합하여 기획, 관리, 평가 프로그램을 작성한다.

그리고 직원개발은 다음과 같은 과정을 거친다(Pecora & Wagner, 2000: 412).

① 기관의 사명과 관련된 정책을 분석하고,
② 조직의 관점과 직원 개인의 관점을 합일(incorporating)시키고,
③ 직원의 직무학습의 필요성에 대해 사정하고,
④ 훈련내용과 스케줄을 디자인하고,
⑤ 훈련활동을 평가한다.

직원개발 프로그램에 따라 직원훈련(staff training)이 이루어진다. 직원훈련은 직원의 직무 역량을 증대시키고, 근무 사기를 높이며, 기관의 혁신과 안정에 기여한다. 또한 직원의 직무에 관한 지식, 기술, 행동을 학습시키는 계획된 노력이다. 직원훈련의 효과를 높이기 위해서는 직원을 대상으로 한 훈련의 필요성에 대한 욕구조사를 하고, 직원의 훈련에 대한 준비상태를 점검하며, 효과적인 훈련 프로그램과 훈련방법을 마련해야 한다. 그리고 훈련 종료 후 훈련내용이 실제 직무에 반영되어 효과를 보고 있는지, 훈련목표가 적절히 달성되었는지를 평가하는 것도 훈련 효과를 높이는 데 필요하다. 직원훈련에서 가장 중요한 것은 직원들이 배우고 싶어 하는 지식과 기술이 무엇인지를 사전에 파악하는 일이다.

6. 보상

기관의 피고용자인 직원은 일에 대한 대가로 기관으로부터 보상(reward)을 받는다. 보상은 임금과 부가급여(fringe benefits)로 구성된다. 임금은 직원 개인의 성과, 노력, 연공서열, 지식과 기술수준, 업무의 중요성과 난이도, 조직상의 지위 등에 의해 결정된다. 부가급여는 각종 보험(주로 사회보험), 휴가, 안식년제, 교육이나 취미활동 지원, 퇴직 관련 급여(퇴직금, 연금 등) 등 임금 이외의 간접적 보상프로그램이다. 부가급여는 법정급여와 비법정급여로 구분된다. 법정급여란 법에 의해 기관이 직원들에게 반드시 지급해야 할 의무가 있는 급여를 말하고(우리나라의 경우 퇴직금이나 퇴직연금 등), 비법정급여는 기관 자체적으로 직원의 사기진작과 복지를 위해 지급하는 급여를 말한다(무료 직원식당, 통근차량 등).

상급자의 칭찬(praise)도 훌륭한 보상이 된다. 칭찬은 언어적 칭찬(말로 하는 칭찬), 문서화된 칭찬(칭찬 내용을 문서로 만들어 알리는 칭찬), 상징적 보상(직원의 행동을 칭찬하는 의미를 담은 자체 증명서 부여 등) 등이 있다.

7. 인사관리 매뉴얼

사회복지기관은 인사관리의 명확화와 공정성 유지를 위해 기관의 고용정책, 근무시간, 근로조건, 봉급, 수당, 권리 및 의무, 직원개발 등을 상세히 규정한 매뉴얼을 갖고 있어야 하며, 인사관리 담당자는 세부 규정을 숙지하고 있어야 한다. 사회복지기관의 인사관리 매뉴얼에는 기관소개, 고용, 근무시간 및 근로조건, 봉급, 봉급 외 혜택, 피용자 권리 및 의무, 직무수행과 승급, 직원개발, 일반적인 정책과 절차, 일반적인 실무와 절차, 해직 등에 관한 사항을 담고 있어야 한다(Pecora & Wagner, 2000: 397의 표 20.1.).

- 기관소개: 기관의 철학 및 사명, 기관의 주요 목표 및 세부목표, 기관의 프로그램 및 서비스 유형 등 기관의 사명, 목표, 프로그램을 소개한다.
- 고용: 고용 주체, 차별금지 및 신분보장 정책, 종사상의 지위(풀타임, 파트타임, 임시직, 자원봉사 등), 수습기간 및 절차, 인사기록 유지 등 고용에 관한 사항이다.
- 근무시간 및 근로조건: 근로 스케줄 및 근무시간, 탄력근무제, 초과근무시간 및 초과근무수당, 결근 형태 및 결근 신고 등 근무시간과 근로조건에 관한 사항이다.
- 봉급: 봉급구조 및 기본 근무일수, 봉급인상(성과급 및 물가상승 고려)의 가이드라인과 기준, 근무 관련 비용의 보상 등 봉급에 관한 사항이다.
- 봉급 외 혜택: 결근, 휴가, 휴일, 병가, 출산휴가, 보험, 사회보장연금, 건강보험, 생명보험, 장애보험, 실업보험, 산재보험(근로자보상), 기업연금 및 퇴직금 등 봉급 외의 직원 혜택에 관한 사항이다.
- 피용자 권리 및 의무: 피용자 의무, 피용자 권리, 불만처리절차 등 피용자의 권리와 의무에 관한 사항이다.
- 직무수행과 승급: 직무수행의 절차와 타이밍, 수습기간, 승진정책과 승진절차 등 직무수행과 승급에 관한 사항이다.
- 직원개발: 신규 직원의 오리엔테이션, 인서비스(in-service) 훈련 및 관련 활동을 위한 기획과정, 교육 프로그램 및 콘퍼런스 등 직원개발에 관한 사항이다.
- 일반적인 정책과 절차: 직장 외부에서의 행동, 사무실 개폐, 전화, 여행, 직원사유물 등 일반적인 정책과 절차에 관한 사항이다.
- 일반적인 실무와 절차: 사직, 퇴직, 퇴출, 감원 등 일반적인 실무 및 절차에 관한 사항이다.
- 해직: 면직 조건, 해임 시 직급별 봉급, 차별금지와 성희롱, 갈등 처리 절차, 개인 평가 절차와 양식 등 직원 해직과 관련된 사항이다.

2절 직무관리

사회복지기관이 인사관리를 하는 궁극적인 목적은 직원의 직무능력을 향상시키고 이를 바탕으로 기관의 목표를 효과적이고 효율적으로 달성하기 위한 것이다. 사회복지기관의 내부에는 직원의 직무능력을 향상시키는 요소도 있고, 저하시키는 요소도 있다. 사회복지기관의 책임자와 인사관리 담당자는 직원 직무능력과 관련된 조직 내 상황을 지속적으로 확인하고 관리해야 한다. 이를 위해 직무만족, 조직몰입, 직무스트레스, 소진 등과 같은 직무 관련문제를 잘 이해하고 있어야 한다.

1. 직무만족

1) 직무만족의 정의

직무만족(job satisfaction)이란 '직무 또는 직무 경험상의 즐겁거나 긍정적인 정서적 상태'이다(Locke, 1976). Spector(1997)는 직무만족의 특성을 세 가지로 요약했다.

첫째, 직무만족은 직원이 생각하는 자신에 대한 기관의 처우(존중과 공정성)를 반영한다.

둘째, 직무만족은 직원의 심리적·정서적 건강상태를 보여 주는 하나의 지표이다.

셋째, 직무만족은 직원의 행동뿐만 아니라 기관의 기능과 생산성에도 영향을 준다.

또한 Luthan(1998)은 직무만족을 세 가지 차원(dimensions)으로 설명했다.

첫째, 직무만족은 직무상황에 대한 정서적 반응이다.

둘째, 직무만족은 결과가 기대에 부합되었는지 여부에 따라 달라진다. 같은 부서의 다른 사람보다 열심히 일했는데 보상을 적게 받는다고 생각하면 직무에 불만이 생기고, 반대로 자신이 제대로 대접받고 있다고 생각하면 직무에 만족한다.

셋째, 직무만족은 일 자체, 보수, 기회, 슈퍼비전, 동료 등 직무특성의 영향을 받는다.

2) 직무만족의 요인과 결과

직원의 직무만족 요인은 매우 다양하다. 직무만족 요인이 다양하다는 것은 기관이 직원의 직무만족을 향상시키기 위해 할 수 있는 일도 많다는 것을 의미한다(Syptak, Marsland, & Ulmer, 1999).

- 기관의 정책: 기관의 정책은 투명하고 공평하며 평등해야 한다. 그렇지 않으면 불만을 야기한다. 정책의 공평성과 투명성은 직원의 업무 태도를 개선하는 데 결정적으로 중요하다.
- 보수: 다른 기관에 비해 높은 수준의 보수는 직원의 직무만족을 높인다. 이직이나 전직도 방지한다. 경쟁력을 높이기 위해 성과급을 주는 것도 좋은 방법이다.
- 인간관계: 동료와의 관계가 좋으면 팀워크뿐만 아니라 직무만족도 향상된다. 생산성 향상에도 기여한다.
- 근무조건: 직무 관련 시설, 설비, 장비, 공간과 같은 근무조건도 직무만족에 영향을 준다. 근무조건이 열악하면 직원은 좌절한다.
- 성취: 직원은 자신의 재능을 발휘하도록 적절한 자리에 배치하면 성취감이 생기고 이는 직무만족의 향상으로 이어진다.
- 인정: 일을 잘한다고 인정해 주면 직무만족이 증대된다. 긍정적이고 건

설적인 피드백은 사기를 진작하고 직무성과도 높인다.

- 자율성: 직원에게 자유를 주고 주인의식을 갖게 하면 직무만족이 높아진다. 자신의 일과 그 결과에 책임감을 불어넣는 것이다.
- 승진: 높은 성과와 충성심을 보이는 직원에게 승진의 기회를 부여하면 직무만족이 향상된다. 상위의 직급과 더 많은 책임감은 직무만족을 높인다.
- 직무안전: 직무안전도 직무만족에 영향을 준다. 직무가 안전하다는 것이 보증되면 직무만족이 향상된다.
- 일과 생활의 균형: 직원이 자신의 일과 가정생활에 균형을 유지하도록 만드는 것도 직무만족에 중요하다. 직원과 가족의 욕구를 무시하면 직무만족이 감소한다.

직무만족은 조직몰입과 상관성이 있고, 이직과도 관계가 있으며, 직무불만은 이직의 신호일 수 있다. 그리고 직원의 사기가 낮으면 커뮤니케이션, 문제해결 노력, 협력에 부정적인 영향을 주고 갈등과 불만을 증대시킨다. 직무만족도가 낮으면, 즉 직무에 대한 불만이 크면 정서적 탈진, 소외, 업무와 클라이언트에 대한 관심의 상실과 같은 소진으로 연결될 확률도 높다 (Patti et al., 1988: 187).

우리나라 사회복지사 직무만족 요인에 관한 연구들을 보면, 직무만족 요인은 심리적 요인(인간 내부요인)과 물리적 요인(인간 외부요인)으로 나뉘는데, 심리적 요인은 소속감, 안정감, 성공감, 인정감 등이고, 물리적 요인은 보수, 업무, 승진, 업무환경 등이다(신복기 외, 2005: 277).

3) 직무불만

직무만족의 반대가 직무불만(job dissatisfaction)이다. 사회복지기관의 운영자는 직무에 불만을 가진 직원의 행동을 잘 파악해야 한다. 직원의 직무불만을 조기에 인지하여 사전에 대응해야 직원의 직무불만으로 인한 기관의 피해를 막거나 줄일 수 있다.

직무불만에 대한 직원들의 반응은 다양하다. 직무불만에 적극적으로 대응하는 사람도 있고 소극적으로 대응하는 사람도 있다. 자신과 기관에 이롭게 건설적으로 대응하기도 하고, 반대로 파괴적으로 대응하기도 한다. 이를 조합하면 발언(voice), 충성(loyalty), 탈출(exit), 방임(neglect)과 같은 네 가지 이념형적 반응이 도출된다.

① 발언: 업무처리 개선 방법에 관한 아이디어를 내는 등 기관을 개선하는 데 앞장서는 것이다. 발언은 적극적이고 건설적인 반응이다.
② 충성: 기관에 대한 신뢰를 유지하는 것이다. 충성 자체는 수동적인 것이지만 기관의 발전에 대한 희망을 견지한다는 점에서 낙관적인 태도이다. 충성은 수동적이고 건설적이다.
③ 탈출: 새로운 일자리를 찾아 직장을 떠나는 것이다. 탈출은 파괴적이고 적극적인 반응이다.
④ 방임: 결근, 지각, 태업 등 일을 열심히 하지 않는 것이다. 방임은 수동적이고 파괴적이다.

	적극적	수동적
건설적	발언	충성
파괴적	탈출	방임

[그림 9-1] 직무불만에 대한 반응

출처: Farrell, 1983.

직무불만에 대해 직원이 행동으로 대응하기도 하고 심리적으로 대응하기도 한다(Zhou & George, 2001). 행동으로 자신의 대응을 보여 주는 방법은 성과(performance), 항의(protest), 철수(withdrawal)가 있다.

① 성과: 일반적으로 직무불만이 있는 사람은 성과도 좋지 않다고 생각한다. 하지만 항상 그런 건 아니다. 불만은 문제해결과 변화의 방아쇠가 될 수도 있다. 직무에 불만이 있으면 상황을 개선시키기 위해 더 열심히 일을 하는 것이다.

② 항의: 노조 결성 또는 노조 가입이 대표적이다. 보수와 근로조건의 개선을 위해 노조에 가입해 활동하는 것이다. 불만의 원인을 해소시키는 것이 목적이다.

③ 철수: 직무에 불만을 가진 직원은 결근을 하거나 이직을 선택한다.

2. 소진

1) 소진에 관한 연구동향

소진(burnout)에 관한 연구는 1970년대 중반 미국의 휴먼서비스와 보건의료 분야에서 시작되었다. 소진에 대한 최초의 연구자는 Freudenberger (1974)이다. 그는 약물중독자와 노숙자를 무료로 치료하는 뉴욕 성 마르크 무료진료소(the St Mark's Free Clinic)의 정신과의사였는데, 자신의 일을 헌신적으로 수행했음에도 기대했던 성과나 보상이 없어 심한 인간적 좌절과 회의를 겪었다. 진료소 자원봉사자들도 자신과 유사한 경험을 하는 걸 확인한 후 정서적 탈진, 동기의 상실, 조직몰입의 감퇴를 개념화하여 소진으로 이름을 붙였다. 그는 자신이 겪은 소진이 만성 약물중독자의 황폐화된 정신상태와 유사하다고 생각했다. 1974년 그가 발표한 소진에 관한 논문은 많은

반향을 일으켜 후속 연구가 이어졌다.[2)]

1976년 이와 별도로 사회심리학자 Maslach(1976)도 소진에 관한 논문을 발표했다. 그녀는 동료들과 함께 휴먼서비스 직원들을 광범위하게 인터뷰한 결과를 토대로 이들이 정서적 곤란을 극복하는 방법, 예컨대 인지적 초연함(detached concern)에 관심을 두고 연구하다가 이들이 정서적 탈진을 경험하고 그 결과 클라이언트와 그 가족에 대해 부정적 생각과 감정을 갖게 된다는 사실을 발견했다. 그녀는 이런 전문직의 증후를 소진으로 규정했다.

이처럼 소진에 관한 연구는 서비스 제공자와 서비스 직업 종사자에게 연원을 두고 있다. 이들은 서비스 제공자와 수급자 간의 관계 속에 있는 직원이라는 공통점이 있다. 이는 소진이 개인의 스트레스 반응(stress response)이 아니라 기관 내에서 개인들이 주고받는 관계(relational transactions)에 관한 문제임을 의미한다. 이런 주고받는 관계는 휴먼서비스기관 직원의 정서와 동기 그리고 그들의 직무에 내재된 가치에 초점이 맞춰져 있다.

소진 연구 초기의 이와 같은 임상적 · 사회심리적 관점, 즉 임상적으로는 소진의 증후와 정신상태에, 사회적 측면에서는 서비스 제공자와 수급자 간의 관계에 초점을 둔 관점은 후속 연구에 큰 영향을 미쳤다.

1980년대 들어 소진 연구는 보다 체계적인 경험적 연구로 발전했다. 주로 질적 연구, 소규모 면접조사가 주류를 이룬 초기와 달리 질문지조사 기법이 사용되고 표본수도 커졌다. 소진을 측정하는 방법도 개발되었다. 1981년 Maslach & Jackson(1981)이 개발한 Maslach 소진 측정도구(the Maslach Burnout Inventory: MBI)가 그것이다. 이론적 연구는 산업조직심리학에서 두드러졌다. 산업심리학 분야에서 소진은 직무스트레스의 하나로 간주되었는데, 직무만족, 조직몰입, 이직 등의 개념과 연관해서 연구가 활발하게 진행되었다.

2) 그는 소진 연구 공로로 1999년 미국 심리학회에서 주는 골드메달 상을 받았다.

1980년대 후반부터 소진의 연구 범위와 관점이 확대되었다. 소진에 관한 연구가 휴먼서비스 분야(보건의료, 사회사업, 정신치료, 법률서비스, 경찰 등)를 넘어 조직의 매니저, 기업가, 화이트칼라, 블루칼라 등 여러 분야 직종으로 퍼져 나갔다. 클라이언트를 상대로 하는 직업에서 창조성, 문제해결 능력, 멘토링을 하는 직업으로 확대된 것이다. 소진의 개념도 자신의 직업 가치를 냉소적으로 보고 성취 능력을 의심하는 정서적 탈진 상태로 보다 일반화되었다. 소진 연구방법과 통계적 도구도 세련되었다. 작업환경과 개인적 생각 간의 관계의 변화를 분석한 종단적 연구(longitudinal studies)도 진행되었다. 종단적 연구는 소진의 영향을 평가하는 데 유용하다(Maslach, Jackson, & Leiter, 1996; Maslach, Schaufeli, & Leiter, 2001).

2) 소진의 세 가지 차원

소진에 관한 연구에서 가장 많이 인용되고 있는 것이 Maslach(1993)의 소진의 세 가지 차원(three dimensions of burnout)이다. 소진의 세 가지 차원이란 정서적 탈진(emotional exhaustion), 비인격화(depersonalization), 개인적 성취감의 감소(reduced personal accomplishment)를 말한다.

① 정서적 탈진: 정서적 탈진은 소진의 핵심이다. 복잡한 소진 증후 중 가장 명백한 것으로 소진을 경험한 사람이 자신의 상태를 다른 사람에게 말을 할 때 가장 많이 호소하는 것이 탈진이다. 정서적 탈진은 정서적 자원의 완전 고갈 상태로서 별다른 혜택도 없이 과도하게 많은 시간과 노력을 업무에 쏟음으로써 생기는 일반적인 피로감이다. 회복가능성이 적은 클라이언트와 관계에서 주로 생긴다.

② 비인격화: 비인격화는 클라이언트에게 냉담한 태도를 취하거나 클라이언트와 의도적으로 거리를 두는 냉소주의(cynicism)이다. 정서적 · 인지적 거리두기(distancing)는 탈진한 사람의 즉각적인 반응 중 하나로 여

러 직업에서 공통적으로 나타나는 현상이다. 클라이언트를 비난하거나 클라이언트에게 불행한 일이 생겨도 감정이입이 일어나지 않고 슬퍼하지도 않는다. 모든 일에 부정적이고 무감각해지며 냉소적인데, 동료마저도 비인격적으로 대하고 비전문가적 코멘트를 하기도 한다. 비인격화는 일종의 분리장벽(a detachment barrier)이다.

③ 개인적 성취감의 감소: 클라이언트의 문제해결과 욕구충족을 위해 노력했음에도 기관이나 동료, 클라이언트로부터 인정을 받지 못할 때 그리고 자신의 업무에 보람과 의미를 못 느낄 때 자신의 능력과 자질을 의심하고 무기력해진다. 개인적 성취감의 감소는 탈진 및 냉소주의와 동시에 나타난다. 그리고 탈진 및 냉소주의가 과도한 업무와 사회적 갈등 때문에 나타난다면, 개인적 성취감의 감소는 정서적 탈진과 비인격화가 심화되면서 스스로 죄의식을 갖고 정서적으로 한계를 느끼면서 나타난다.

3) 소진의 원인과 결과

Maslach는 소진의 요인으로 업무량, 시간 압력, 역할 갈등, 역할 모호성, 사회적 지지의 결여, 피드백의 결여, 자율성의 결여, 의사결정과정에의 참여의 결여를 들었다(Maslach et al., 2001). 소진은 직무와 깊은 관련이 있다. 예컨대, 과도한 업무량, 자신의 존재에 대한 과소평가, 기대와 우선순위에 관한 혼란, 직무 안전에 대한 불안, 과도한 책임의식, 보수에 비해 너무 많은 의무에 대한 불만 등이다.

소진의 원인을 개인적 요인과 조직적 요인으로 구분할 수 있다. 개인적 요인으로는 빈약한 자존감, 수습 메커니즘의 부적응, 이상적 세계관을 가진 어린 성인(younger adults), 비현실적으로 높은 기대, 재정적 문제 등을 들 수 있고, 조직적 요인으로는 과도한 업무량, 동료와의 갈등, 자원의 감소, 통제와 투입의 결여, 노력과 보상의 불균형, 인력 부족, 급격한 제도적 변화 등이

표 9-1 소진의 개인적 요인과 조직적 요인

개인적 요인	조직적 요인
빈약한 자존감 수습 메커니즘의 부적응 이상적 세계관을 가진 어린 성인 비현실적으로 높은 기대 재정적 문제	과도한 업무량 동료와의 갈등 자원의 감소 통제와 투입의 결여 노력과 보상의 불균형 인력 부족 급격한 제도적 변화

있다.

한편, 소진은 직무만족과 조직몰입을 저하시킬 뿐만 아니라 직무성과에 부정적인 영향을 준다. 소진상태에서 직장생활을 계속하면 직무 생산성이 저하된다. 소진 증후의 하나인 개인적 성취감의 감소가 이를 말한다(Maslach et al., 2001: 406).

소진은 다양한 형태의 직무 이탈(job withdrawal), 즉 결근, 이직 의사, 실제 이직과 관련이 깊다. 소진을 겪은 전문직들 상당수는 이직이나 전직에서 돌파구를 찾는다. 직원의 이직과 전직은 조직에 피해를 준다. 새로운 인력의 충원에 따른 제 비용이 발생하기 때문이다. 소진을 겪는 사람은 동료에게도 부정적인 영향을 준다. 동료들과 갈등을 하거나 직무 과업을 혼란시키기 때문이다. 소진은 전염성이 있다. 소진은 가정생활에도 나쁜 영향을 준다.

소진은 스트레스와 연결되어 건강에도 부정적인 영향을 준다. 소진은 스트레스 관련 건강의 예측 지표이며 알코올 의존, 자살충동, 외상 후 스트레스 장애(post-traumatic stress disorder)를 야기할 수 있다. 외상 후 장애는 비극적인 사건을 겪은 것에 대한 반응으로 인지장애와 기분장애를 포함한다. 정신적으로 소진은 신경과민, 신경쇠약의 요인이 되기도 한다. 소진의 가장 일반적인 결과는 정신적 역기능(mental dysfunction)이다. 정신적 역기능이란 불안, 억압, 자존감의 감소 등과 같은 정신건강 상의 부정적 결과를 말한다.

표 9-2 소진의 부정적 결과

조직	건강
직무만족 저하	알코올 의존
조직몰입 저하	자살충동
직무 생산성 저하	외상 후 스트레스 장애
직무 이탈	신경과민, 신경쇠약
직장 동료와의 갈등	불안, 억압, 자존감의 감소

따라서 기관의 운영자는 직원의 소진이 발생하지 않도록 유념해야 한다. 소진을 막기 위해서는 소통의 강화, 적절한 직원 배치, 직원 간 상호협력, 직원의 인정, 효과적인 의사결정, 성실한 리더십이 요구된다.

4) 소진과 직무만족

일반적으로 소진을 경험하는 사회복지사들은 직무에 대한 만족도가 낮은 것으로 알려져 있다. 다시 말해 소진 수준이 높을수록 직무만족도가 낮을 확률이 높고, 반대로 소진 수준이 낮을수록 직무만족도가 높을 가능성이 크다는 것이다(Zietz & Erlich, 1984: 477). 소진을 예방하고 거기에 적절히 대응하는 것은 사회복지사 개인의 책임도 있지만 소진이 직무 관련 스트레스로 발생한다는 사실을 고려할 때 기관의 슈퍼비전이 매우 중요하다.

직무만족과 소진을 교차시키면 [그림 9-2]에서 보듯이 네 가지 형태의 이념형(ideal type)이 가능하다.

		직무만족도	
		고	저
소진	고	제1형	제2형
	저	제3형	제4형

[그림 9-2] 직무만족도와 소진의 매트릭스

출처: Zietz & Erlich, 1984: 479의 그림 34-1.

제1형은 직무만족도는 높지만 소진된 사회복지사이다. 제2형은 낮은 직무만족도에 소진된 사회복지사이다. 제3형은 직무만족도가 높고 소진되지 않은 사회복지사이다. 제4형은 직무만족도는 낮지만 소진되지 않은 사회복지사이다. 직무만족도가 낮고 소진된 제2형의 경우 기관과 슈퍼바이서의 적극적인 관심과 개입이 필요하다.

3. 직무수행상 문제점과 처리

사회복지기관의 직원들은 자신에게 부여된 직무를 수행하면서 여러 가지 문제에 직면한다. 이를 직무수행상의 문제점(employee performance problems)이라고 한다. 직무수행상의 문제점으로는 직원의 직무 관련 지식 또는 기술의 부족, 무성의한 직무태도(직무에 대한 애착심의 결여), 근무시간의 비합리적인 사용 등을 들 수 있다. 이 외에도 불분명한 기관 정책, 제한된 자원, 모호한 직무 우선순위 또는 직무기준, 불성실한 슈퍼비전, 담당 건수의 부족, 부적절한 케이스 배당 등 직원 외적 요인으로부터 문제가 발생하기도 한다(Pecora & Wagner, 2000: 416).

직무수행상의 문제점을 합리적 · 효과적으로 처리하기 위해서는 먼저 직원규율과 불만처리절차가 기관의 인사정책에 규정되어 있어야 한다. 예를 들어, 직무수행상의 문제점을 처리하는 절차에 관한 규정을 작성해 놓거나, 직원의 바람직한 행동과 항명의 결과에 관한 지침을 마련해 놓는 것이다.

직무수행상의 문제점을 해결하는 데는 슈퍼바이저의 적절한 슈퍼비전도 효과적이다. 직속상관 슈퍼바이저는 최일선에서 직무수행상의 문제점을 예방하고 치유한다. 슈퍼바이저는 직원의 경쟁력(장점)과 기관의 직원에 대한 직무 요구를 연결시키고, 직원에게 직무수행 기준을 지속적으로 명확히 해주고, 직무수행의 장애물을 제거하는 위치에 있다. 뿐만 아니라 효과적인 직무행동을 하도록 훈련, 모니터, 피드백하는 역할도 한다. 아울러 직원의 건강, 스트레스, 기타 정서적 문제, 직무 외적 문제(부부관계, 가족문제 등), 근무 습관상의 문제점(회사장비의 무단 사용, 부주의, 제멋대로의 시간 관리 등) 등 직무수행에 영향을 주는 개인적 요인에 대해서도 주의를 기울인다.

직원규율시스템(discipline system)을 개발하여 직무수행상의 문제점을 해결하는 것도 바람직하다. 이 시스템은 직무수행에 초점을 두고 직원의 바람직한 행동의 기준과 내용에 관한 사항을 반드시 포함하고 있어야 한다. 사회복지기관도 다른 조직과 마찬가지로 직무수행상의 문제점을 처리하기 위한 직원규율시스템을 시행하고 있는데, 보통 4단계를 거친다(Pecora & Wagner, 2000: 417).

- 제1단계: 카운슬링 또는 직원훈련
- 제2단계: 문서로 된 견책
- 제3단계: 최종 경고와 정직
- 제4단계: 해고와 면직

이 4단계 중 가장 어려운 것이 마지막 해고 단계이다. 직원의 해임은 인사관리에서 가장 어렵고 부담스러운 직무 중의 하나이다. 따라서 매우 신중하게 처리해야 한다. 직무수행을 평가하는 데 있어 가장 중요한 것이 명확한 직무 내용과 기준이다. 해고는 대체로 무능한 직무수행과 과실 이상의 어떤 사유 때문에 발생한다. 따라서 해고사유에 대해 상세히 기술한 정책이 반드시 필요하다. 문서로 된 해고사유에 관한 인사정책이 있어야 직원의 독단적인 행동을 막고 해임 결정이 합법적이고 정당하다는 것을 보증할 수 있다.

해고사유는 보통 인사정책에 상세히 기술되어 있다. 의원면직, 기관과 직원의 합의, 감원, 부실한 직무수행(동료와의 효과적인 직무관계를 만드는 능력의 부족 포함), 직무상의 과실, 퇴직 등이 그것이다. 장기근속 직원은 관대한 배려(퇴직금 등)를 해 주는 것이 보통이다. 연령 때문에 다른 직장을 잡기 힘들기 때문이다(Pecora & Wagner, 2000: 418).

4. 직장 내 성희롱

여성의 직장 진출이 활발해지고, 또 사회적 지위가 신장되면서 직장 안에서의 새로운 성차별 현상으로서 성희롱(sexual harassment)이 문제가 되고 있다. 성희롱은 직무수행상의 문제점인 동시에 불만사항이다.

성희롱은 회사, 공장, 학교, 학원, 연예계 등 다양한 곳에서 발생한다. 그 중에서도 직장과 학교에서 빈번하게 발생하고 있는데, 가해자가 자신의 경제적 지위나 학문적 지위를 이용하여 피해자를 성적으로 희롱할 수 있는 환경에 놓여 있기 때문이다. 그리고 성희롱 피해자는 대부분 여성이고 가해자는 여성을 감독하거나 감시하는 위치에 있는 남성들이란 점도 특징이다(Zastrow, 2000: 187).

성희롱은 대개 가해자가 피해자에 대해 우월적인 권한과 권위를 가진 위치에 있다. 우월적 권한과 권위로 피해자를 승진시킬 수도 있는 위치에 있다. 가해자는 클라이언트, 동료, 부모, 법적 후견인, 친척, 교사, 교수, 학생, 친구, 이방인 등 다양하다. 가해자는 자신의 행위가 모욕적이거나 성적으로 희롱하는 것이고 불법이란 사실을 전혀 인지하지 못하는 경우도 적지 않다. 성희롱을 당하는 사람도 그런 행동이 성희롱이란 사실을 모르는 경우도 있다.

성희롱에 관한 정의 중 가장 많이 인용되는 것이 미국 고용기회평등위원회(Equal Employment Opportunity Commission: EEOC)의 정의이다. EEOC는 성희롱을 성차별의 하나로 규정하고 다음과 같이 정의하였다.[3)]

3) https://www.eeoc.gov/laws/types/sexual_harassment.cfm(EEOC 검색일 2016. 9. 16.)

> 성희롱은 사람을 성적으로 희롱하는 것으로 불법이다. 성희롱은 성행위에 응할 것을 요구하거나 언어적 또는 신체적으로 희롱하는 등의 성적인 희롱과 원하지 않는 성적 접근(unwelcome sexual advances)을 포함한다. 성희롱은 사람의 성에 관한 모욕적인 언동이다. 여성 일반에 관해 모욕적으로 언급함으로써 한 여성을 희롱하는 것이 좋은 예이다. 성희롱 피해자와 가해자는 여성이거나 남성이며, 동성일 수도 있다. 단순한 치근거림(simple teasing), 대수롭지 않은 코멘트(offhand comments) 또는 사소한 일회성 사건(isolated incidents)은 불법이 아니다. 하지만 이런 언동이라도 빈번하게 하거나 심각하게 함으로써 적대적 또는 모욕적인 작업 환경을 조성하거나 성희롱 피해자를 해고 또는 강등시키는 등 피해자에게 불리한 고용결정을 하는 것은 불법이다. 가해자는 피해자의 감독자일 수도 있고, 타 부분의 감독자일 수도 있으며, 동료일 수도 있고, 클라이언트나 고객일 수도 있다.

직장 성희롱을 가장 먼저 사회문제화한 미국은 「시민권법」 제7장 703조를 성희롱 처벌의 법적 근거로 삼고 있다. EEOC의 성희롱 지침도 이 조항에 근거해 있다. 「시민권법」 제7장은 원하지 않는 성적 접근(성행위에 응하도록 요구하는 것과 성에 관한 언어적 또는 신체적 언동)을 다음과 같이 규정하고 있다.

첫째, 원하지 않는 성적 접근에 복종하는 것이 명시적·비명시적으로 개인의 근로조건에 의해 조성되고, 둘째, 원하지 않는 성적 접근에 복종 또는 불복종하는 것이 그 개인의 고용 결정에 이용되거나, 셋째, 원하지 않는 성적 접근이 개인의 근무성과에 불합리하게 개입하고자 하는 의도 또는 효과를 갖거나 근로환경을 협박, 적대, 모욕적이게 조성하는 의도 또는 효과를 갖거나 하는 경우이다.

첫째와 둘째를 대가성(this for that/something for something) 성희롱이라고 한다. 성적 뇌물(sexual bribery) 또는 혜택 약속하기(promising of benefits) 및 성적 강압(sexual coercion)을 말한다. 대가성 성희롱은 직장에서 근로자

의 고용에 관련된 어떤 결정을 이용해 근로자를 성적 언동에 복종시키려 하는 것이다. 예를 들어, 감독자가 직원에게 자신과 데이트해 주면 승진시켜 주겠다고 약속하거나 거부하면 해고하겠다고 하는 것이다. 직원이 평가를 받을 때 성적 언동의 대가로 감독자가 직원에게 어떤 좋은 기회를 제공하는 것도 대가성 성희롱이다.

셋째를 적대적 작업환경(hostile work environment) 성희롱이라 한다. 적대적 작업환경 성희롱은 직원에게 성에 대해 언급하거나, 원하지 않는 신체접촉을 하거나, 모욕적인 성적 물건을 작업장에 방기하는 것이다. 일회성 사소한 사건은 적대적 환경에 해당하지 않는다. 법원은 심각성과 빈도를 중시한다. 감독자, 매니저, 동료, 고객이 적대적 환경을 만드는 데 책임이 있다. 여기서 우리는 성희롱이 성희롱 행위 그 자체와 성희롱을 조성하는 적대적인 근무환경 두 가지 유형이 있음을 알 수 있다.[4)]

직장 내 성희롱은 증가 추세에 있으며, 연령, 결혼여부, 외모, 인종, 직업, 봉급수준과 관계없이 광범위하게 발생하고 있다. 성희롱은 이미 직장의 주요 성차별 문제로 등장했다. 성희롱은 그 자체로 직장의 중요한 성차별 문제인 동시에 그로 인해 직원 당사자들 간은 물론 조직과의 법적 갈등이 야기되기도 하고 경징계는 물론 중징계를 받는 직원이 나올 수도 있다. 따라서 사회복지기관과 조직 매니저는 성희롱 문제를 중요한 인사관리의 대상으로 삼아 적극적으로 대처해야 한다.

---

4) 두 유형이 이론적으로는 구분되지만 경계가 항상 명확한 것은 아니며 두 가지가 동시에 발생하기도 한다. 예컨대, 성적으로 적대적인 근무환경이 여성 근로자의 직무에 영향을 주어 직장을 그만두는 경우가 있다. 감독자가 부하 여직원에게 원하지 않은 성적 접근을 하여 그녀가 불만을 제기하지 않으면 그녀의 직무 지위에 위협을 가할 수도 있다. 그리고 가해 감독자가 자신의 권한을 고용 결정에 남용해 피해자를 성희롱하고 이를 감내하게 만드는 것은 대가성 성희롱으로 인해 적대적 환경이 조성되는 것이다. 성희롱은 보복성 해고로 이어지기도 한다. 가해자나 고용주에게 성희롱 사실을 폭로한 피해자를 저항에 대한 보복으로 해고해 버리는 것이다. 이런 경우는 성희롱 행위와 적대적 환경 양쪽에 해당한다.

10장
리더십과 슈퍼비전

사회복지기관의 운영에서 리더십의 중요성이 점차 강조되고 있다. 그 이유는 사회복지기관은 대상자에게 사회서비스를 제공하는 조직이기 때문에, 서비스를 직접 제공하는 인적 자원이 가장 중요하고, 이러한 인적 자원을 이끌어 나가는 리더의 역할이 어떤 다른 조직보다 중요하기 때문이다.

10장에서는 사회복지기관의 운영에서 지시(directing)와 조정(coordinating)에 해당하는 리더십과 슈퍼비전에 대해서 다룬다. 1절에서는 리더십의 개념과 학계에서 논의되고 있는 리더십에 관한 이론을 분석해 보고, 사회복지기관에서 리더십이 중요한 이유를 살펴본다. 2절에서는 사회복지기관에서 전통적으로 이루어지고 있는 전문적인 지도 방법인 슈퍼비전을 다룬다. 우선 슈퍼비전의 개념을 살펴보고, 슈퍼비전의 주요 기능과 조건, 그리고 슈퍼비전의 원칙, 슈퍼비전의 절차와 주요내용을 분석해 본다.

1절 리더십

리더십(leadership)에 대한 정의는 매우 다양하지만 이러한 다양한 정의를 요약해 보면, 리더십이란 '기관의 리더가 직원을 추동하거나 동기를 부여하여 기관의 목표를 달성하게 만드는 능력'을 말한다. 이때 중요한 것은 기관의 목표인데, 리더와 직원 모두가 추구하는 가치와 동기가 같아지도록 하는 것이 목표가 된다.

리더십에 관해서는 정치학, 행정학, 경영학, 사회학 등 여러 사회과학에서 다루어 왔다. 이들의 관심은 주로 리더의 특성, 리더의 행동, 리더와 그를 둘러싼 주변상황과의 관계 등 세 가지 측면에 집중되었다(원석조, 2018: 140; Bargal, 2000: 303-309).

1. 자질이론

초기 리더십에 관한 관심은 리더의 자질(trait)에 있었다. 즉, 리더가 가지고 있는 일반인에게는 없는 특별한 자질이 무엇인가 하는 데 관심을 가졌다. 그러나 리더의 자질이 과학적인 근거가 빈약하다는 비판이 제기되면서 20세기 중반 들어 그 관심이 리더의 행동, 즉 조직구성원의 업무성과를 향상시키는 관리자의 행동에 옮겨가면서 리더의 자질론은 쇠퇴하였다.

리더의 자질에 초점을 맞춘 이론 중 대표적인 것이 카리스마적 리더십(House, 1976)이다. 카리스마적 리더십은 Max Weber가 일찍이 말한 카리스마적 권위(charismatic authority)에서 출발하는데, 카리스마란 '하늘이 부여한 예외적인 자질', 즉 천부적 특질로서 위대한 정치인이나 종교인에게서 발현

된다. 카리스마적 리더는 확고한 자신감, 분명한 비전, 비전에 대한 확실한 신뢰, 개성 강한 행동, 개혁적이고 혁신적인 태도, 조직 환경에 대한 민감성, 활발한 커뮤니케이션, 활발한 행동 등 특별한 자질을 보유하고 있으며, 이런 자질로 인해 추종자들은 리더에 대해 강력한 신뢰, 애정과 복종, 높은 기대 등을 보이며 자발적으로 리더의 명령에 따른다. 카리스마적 리더는 이러한 조직구성원의 높은 기대와 신뢰를 바탕으로 조직을 이끌며 때때로 믿을 수 없는 아주 예외적인 열광을 추동해 내기도 한다. 이런 것들이 조직의 높은 성과로 나타나는 것이다. 그러나 정치현실에서 보듯이 카리스마적 리더는 권위주의적으로 변질되기 쉽고 나아가 독재자가 되는 경우도 있다. 사회복지기관의 리더도 예외일 수는 없다.

2. 행동이론

1950년대에는 리더의 행동, 다시 말해 조직의 업무성과를 향상시키는 조직 리더의 행동에 대한 관심이 높았다. 전술한 리더의 자질은 리더 개인이 천부적으로 보유한 능력이고 따라서 일반인이 이를 따라 하기가 거의 불가능한 것이라면, 리더의 행동은 후천적으로 학습된 것이기 때문에 노력 여하에 따라 일반인도 보유할 수 있는 능력이다. 리더의 행동에 대한 관심은 기본적으로 교육훈련을 통해 리더십을 배양할 수 있다는 인식에서 출발한다.

이런 입장은 1980년대 오하이오 주립대학교와 미시간대학교의 리더십 행동에 관한 연구에서 출발하였다. 오하이오 주립대학교 연구에서는 조직구성원의 업무성과를 제고시키고 직무만족을 높이는 슈퍼바이저의 행동은 두 가지가 있음이 확인되었다. 하나는 일의 구조를 주도하는 행동(initiating structure behavior)으로서 리더가 과업을 조직하고 정의하며, 업무를 할당하고, 커뮤니케이션 통로를 만들며, 업무 성과를 평가하는 행동이다. 직원이 해야 할 일을 상세하게 설명하고 지도해 주며 완수할 수 있도록 리드하는 행동도 포함된다. 다른 하나는 배려행동(consideration behavior)으로서 일을 수행하면서 겪는 곤란과 특별한 상황을 고려해 지지해 주고 반응해 주는 행동으로서, 신뢰, 상호존중, 우정, 지지, 직원복지에 관심을 두는 행동이다. 이러한 두 가지 행동에서 높은 점수를 얻는 리더가 좋은 리더이다.

미시간대학교 연구는 생산성이 높은 그룹과 생산성이 낮은 그룹을 비교 분석하여 성과가 높은 그룹의 슈퍼바이저의 행동 특성을 찾아냈다. 먼저 리더십을 두 가지 스타일, 즉 직무중심 리더십(job-centered leadership)과 직원중심 리더십(employee-centered leadership)으로 분류하였다. 직무중심 리더는 세심한 감독, 법적 · 강제적 권한의 활용, 업무계획에 따른 실천과 성과평가를 중시한다. 직원중심 리더는 인간적이고, 권한과 책임의 위임, 직원의 복지와 욕구, 승진, 개인적인 성장을 중시한다. 두 리더십을 비교한 결과 직원중심 리더십이 직무중심 리더십보다 높은 생산성과 직무만족도를 얻는 것으로 나타났다. 말하자면 기획과 통제, 조정, 업무 지원 등을 강조하는 리더십보다 직원을 중시하고 우선시하는 인간주의적 리더십이 더 높은 성과를 거둔다는 것이다.

이 두 연구를 바탕으로 텍사스대학교에서는 비슷한 시기에 리더십 행동유형을 만들었다. 리더의 우선적 관심이 인간에 있는지, 생산에 있는지 라는 두 개의 축을 교차시켜 리더십 행동유형을 다섯 가지로 구분하였다.

		사람중심		
		고	중	저
생산중심	고	팀형		과업형
	중		중용형	
	저	친목형		무기력형

[그림 10-1] 리더십의 행동유형

첫째, 팀형(team management)으로서 사람에 대한 관심과 생산에 대한 관심이 모두 지대하게 높은 리더이다. 가장 바람직한 리더 유형이다.

둘째, 과업형(task management)으로서 생산에만 관심이 있고 사람에 대해서는 관심이 전혀 없는 리더이다.

셋째, 친목형(country club management)으로서 사람에 대한 관심만 지대하고 생산에 대해서는 관심이 전혀 없는 리더이다.

넷째, 무기력형(impoverished management)으로서 사람과 생산 모두에 관심이 전혀 없는 리더이다.

다섯째, 중용형(middle of the road management)으로서 사람에 대한 관심도 중간이고 생산에 대한 관심도 중간인 리더이다.

3. 상황이론

리더십은 상황에 따라 달라질 수 있다. 상황이론(situational theory)은 조직에 대한 리더의 영향력은 상황적 변수에 의해 결정된다고 본다. 상황이론에는 Fiedler(1967)의 상황적합이론(contingency theory), Hersey & Blanchard (1977)의 상황이론(situational theory), House(1971)의 경로-목표이론(path-goal theory)이 있다.

Fiedler는 먼저 조직의 상황을 세 가지 요소, 즉 관리자와 부하의 관계, 과업이 구조화되어 있는 정도, 관리자의 지위권력 정도의 강약에 따라 분류하였다. 예를 들면, 부하와의 관계도 좋고, 과업이 잘 구조화되어 있으며, 관리자의 지위권력도 강한 아주 유리한 상황에서 정반대로 부하와의 관계도 나쁘고, 구조화도 되어 있지 않고, 지위권력도 약한 아주 불리한 상황까지 가능하다. 그리고 리더십을 관계지향적 리더십(직원들이 함께 일하길 원하는 리더)과 과업지향적 리더십(직원들이 함께 일하기 싫어하는 리더)으로 구분했다. 그리고 상황별 바람직한 리더십을 적용하였다. 그 결과 상황이 아주 좋을 때와 반대로 상황이 아주 좋지 않을 때는 과업지향적 리더십이 필요하고, 상황이 보통(중간)일 때는 관계지향적 리더십이 효과적이란 사실이 확인되었다. 조직의 상황이 좋거나 나쁠 때는 일을 중시하는 리더가, 보통 때는 인간을 중시하는 리더가 적합하다는 것을 잘 보여 준다.

Hersey & Blanchard는 부하직원이 처한 상황에 주목했다. 부하직원의 성숙도(maturity)를 능력 차원(지식, 경험, 기술의 보유 등)과 의지 차원(믿음, 헌신, 동기 등)에 따라 네 가지로 나누었다.

① 상황 1: 부하가 능력도 없고 의지도 없는 상황
② 상황 2: 부하가 능력은 없는데 의지만 있는 상황
③ 상황 3: 부하가 능력은 있는데 의지는 없는 상황
④ 상황 4: 부하가 능력과 의지 모두를 갖고 있는 상황

그리고 이 네 가지 상황에 적합한 리더십도 다른 것을 발견했다.

상황 1에서는 부하가 능력도 없고 의지도 없기 때문에 모든 것을 지시하고 점검해 주는 지시형 리더십이 효과적이고, 부하가 능력은 없지만 의지는 있는 상황 2에서는 아이디어를 제시해 주고 방향을 제시해 주는 제시형 리더십이 효과적이며, 부하가 능력은 있는데 의지가 없는 상황 3에서는 참여를 유도해 부하가 책임감을 갖고 이를 통해 의지를 강화시키는 참여형 리더십이 효과적이고, 부하가 능력과 의지가 모두 있는 상황 4에서는 일을 위임하면서 함께 일해 나가는 위임형 리더십이 효과적이라는 것이다.

표 10-1 부하의 상황별 바람직한 리더십

상황	바람직한 리더십
능력도 의지도 없는 부하	지시형 리더십
능력은 없지만 의지가 있는 부하	제시형 리더십
능력은 있지만 의지가 없는 부하	참여형 리더십
능력과 의지가 있는 부하	위임형 리더십

한편, 경로-목표이론은 상황에 적합한 리더의 행동이 바람직하고 효과적인 성과와 직무만족을 가져온다고 본다. House는 상황을 부하의 상황과 업무환경의 상황으로 구체적으로 나누어서 제시하고, 이러한 상황들에 적합하게 적용될 수 있는 네 가지 리더십 행동을 제시한다.

먼저, 두 가지 측면의 상황을 제시하는데, 하나는 부하의 상황이고 다른 하나는 업무환경과 관련된 상황이다. 부하의 상황은 통제를 받는 위치, 욕구(관계욕구, 성취욕구, 권력욕구, 자율욕구), 직무관련 능력 등이고, 업무환경 상황은 과업의 속성 및 구조화, 조직에서의 공식적 권위 시스템(리더의 합법적 권한, 조직의 정책과 규칙이 직원의 행동을 규제하는 정도), 작업그룹의 특성(구성원 간의 관계의 질) 등으로 파악된다. 이 두 가지를 조합하면, 직원의 상황은 자신감 부족, 모호한 일, 도전적 과업 부족, 부정확한 보상 등 네 가지로 나뉜다.

이때 바람직한 리더십은 부하직원의 자신감 부족 상황에서는 성과를 내기 위해 자신감을 북돋우는 지지적 리더십이, 직원의 일이 모호한 상황에서는 일의 경로를 명확하게 만들어 주는 지시적 리더십이, 직원의 도전적 과업이 부족한 상황에서는 동기를 강화시키고 도전적 목적을 강화시켜 주는 성취지향적 리더십이, 부정확한 보상의 상황에서는 종업원의 견해를 존중하면서 참여유도와 격려를 통해 종업원을 이끄는 참여적 리더십이라는 것이다. 이 이론의 장점은 조직의 상황에 적합한 리더십 행동을 구체적으로

표 10-2 부하와 업무 상황별 바람직한 리더십

상황	바람직한 리더십
부하직원의 자신감 부족	지지적 리더십
직원의 일이 모호한 상황	지시적 리더십
직원의 도전적 과업이 부족한 상황	성취지향적 리더십
부정확한 보상	참여적 리더십

제시하고 있다는 데 있다.

4. 변혁적 리더십

1990년대 들어 다시 리더의 자질에 대한 관심이 커지면서 그에 대한 과학적 접근이 시도되었다. 예를 들어, 리더가 조직에 제시하는 비전, 동기부여, 직원에 대한 배려, 신뢰, 자신감 등이 조직의 성과를 향상시킨다는 증거를 내놓기 시작한 것이다(Bass, 1990).

변혁적 리더십이란 조직구성원으로 하여금 조직이 기대하는 것 이상의 성과를 가져오도록 조직구성원의 자질을 변화시키는 리더십을 말한다. 이는 원래 미국 대통령의 리더십을 연구하다가 나온 것이다(Burns, 1978). 변혁적 리더의 자질은 비전 제시, 카리스마, 상징적 행동, 부하에 대한 임파워먼트, 지적 자극, 인격적 통합성 등이다.

변혁적 리더십은 다음과 같은 능력을 보인다. 첫째, 변혁적 리더십은 조직구성원을 추종자가 아닌 리더로 계발시킨다. 조직구성원이 조직에서 스스로 일을 수행하고 문제를 해결해 나갈 수 있게 만든다. 둘째, 변혁적 리더십은 조직구성원들이 Maslow가 말한 낮은 단계의 욕구, 즉 안전과 안정의 욕구에 머물지 않고 높은 단계의 욕구, 즉 자기존중 및 자아실현 욕구를 지향할 수 있도록 만든다. 셋째, 변혁적 리더십은 조직구성원이 개인의 이해

관계를 초월해서 조직의 공공의 선을 지향할 수 있게 한다. 넷째, 변혁적 리더십은 조직구성원들이 소망하는 미래의 상태, 즉 비전을 이루기 위해 어려움을 극복하면서 높은 수준의 헌신을 실천할 수 있게 만든다(황성철, 2003: 117-119).

변혁적 리더십은 특히 조직이 침체되거나 불안정에 빠질 때 조직구성원을 자극함으로써 위기를 돌파하고 보다 높은 성과를 얻고자 할 때 필요한 리더십이다.

5. 서번트 리더십

최근에 사회복지기관의 리더십으로 가장 바람직한 것으로 받아들여지고 있는 것이 서번트 리더십(servant leadership)일 것이다. 서번트 리더십은 1970년 Greenleaf(1970)가 처음 소개했다. 그에 의하면, 서번트 리더십은 타인을 위한 봉사를 가장 중시하고, 종업원, 고객 및 공동체를 최우선시하며, 이들의 욕구 충족을 위해 헌신하는 리더십이다. Greenleaf 이후 서번트 리더십에 대한 관심이 이어졌는데, Spears(1995)는 서번트 리더십을 인간의 존엄성과 가치에 대한 믿음에서 출발하고, 리더의 권위는 강제가 아니라 그 추종자들의 자발적 순응에서 나오는 민주적인 원칙에 입각한 리더십이라고 규정하였다. 그리고 Schwartz(1991)는 서번트 리더십을 조직과 구성원의 목표가 균형을 이루는 가운데 구성원 각자를 팀 리더의 일부로 봄으로써 구성원들이 자율성, 공동체 의식, 주인의식을 갖도록 유도하고, 지시보다는 조언과 대화를 중요한 관리도구로 사용하는 리더십이라고 보았다. 서번트 리더십이 있는 조직은 구성원의 일체화와 공감대 형성을 통하여 조직의 목표를 달성한다. 한편, Sims(1997)는 비전의 공유를 촉진하는 사람, 다른 사람들의 욕구 충족을 위해 파워를 사용하는 사람, 공동체와의 협력을 장려하는 사람, 다른 사람을 수용하는 사람, 정직하게 의사소통을 하는 사람, 다른 사람을 고무시키는 사람 등이 서번트 리더이며, 서번트 리더십은 부하의 존엄성과 가치를 존중하고, 그들의 창조적 역량을 일깨워 주는 것이라고 하였다. 그리고 이와 유사하게 Boyer(1999)도 질문하고 이해하려고 노력하는 사람, 격려하고 보살피며 편안한 분위기를 만들려고 노력하는 사람, 타인을 존중하는 사람, 도덕성을 갖춘 신뢰할 만한 사람, 권한을 위임하고 학습을 장려하는 사람, 공동체를 형성하는 사람을 서번트 리더라고 규정하였다(원석조, 2018: 155 재인용).

서번트 리더십은 기존의 전통적 리더십과는 확연히 구분된다. Bass(1990)는 전통적 리더십과 서번트 리더십의 차이를 자원에 대한 인식 측면, 조직의 생산성 측면, 조직구성원에 대한 믿음과 임파워먼트, 투자와 커뮤니케이션 방법이라는 네 가지 측면에서 비교했는데, 양자의 차이점을 정리하면 다음과 같다.

첫째, 자원에 대한 인식 측면에서의 차이점이다. 전통적 리더십은 조직구성원을 자신이 활용할 수 있는 자원 중 하나라고 간주하고, 리더가 지시한 결과를 만들어 내는 대상으로 생각하며, 리더는 일의 결과와 추진과정 및 방법에 관심을 둔다. 반면에 서번트 리더십은 조직의 목적을 달성하는 데 가장 중요한 자원이 조직구성원이라고 생각하고, 리더의 역할을 조직구성원들의 성장을 도와주고 능력을 육성시키는 것이라고 본다.

둘째, 조직의 생산성 측면에서의 차이점이다. 전통적 리더십은 가시적이며 양적인 기준을 중심으로 평가하고, 인간보다는 과제를 중시한다. 하지만 서번트 리더십은 구성원들의 자발적인 행동의 정도를 평가함으로써 과제보다는 인간을 중시한다.

셋째, 조직구성원에 대한 믿음과 임파워먼트에 있어서의 차이점이다. 전통적 리더십은 조직구성원들의 비판이나 반대 의견을 무시하는 경향이 있고, 리더 자신의 경험과 지식이 조직구성원의 지식보다 우위에 있다고 믿는다. 그러나 서번트 리더십은 조직구성원들의 판단을 존중하고 권한을 위임함으로써 조직구성원의 능력을 믿는다.

넷째, 투자와 커뮤니케이션 방법에 있어서의 차이점이다. 전통적 리더십은 상의하달식의 일방적 커뮤니케이션이라면, 서번트 리더십은 목표수립 과정에서 조직구성원들과의 커뮤니케이션을 활성화시킴으로써 모든 정보를 공유하고 조직구성원들의 어려움을 경청하는 쌍방적 커뮤니케이션 방법을 사용한다.

요약하면, 서번트 리더는 자신을 스스로 서번트 또는 지지자로 인식하고, 조직에서 가장 가치 있는 자원은 사람이라고 생각하며, 늘 학습하는 태도를 보이고, 부하나 타인의 말에 경청하며, 설득과 대화로 업무를 추진한다. 그리고 서번트 리더는 조직이 커뮤니티를 형성하도록 지지하며, 권한의 위임을 통해 리더십을 공유한다.

서번트 리더의 가장 중요한 역할은 조직구성원들이 업무를 수행함에 있어 자신의 잠재력을 최대한 발휘할 수 있도록 도와주고, 그들이 공동의 목표를 이루어 나가는 데 있어 정신적 · 육체적으로 지치지 않도록 상호 협력과 원조환경을 조성해 주고 도와주는 것에 있다. 그리고 서번트 리더십의 원동력은 구성원의 성공과 성장이다. 개인이 성장할 때 목표를 보다 탁월하게 달성할 수 있기 때문이다. 요컨대 서번트 리더는 다른 사람들에게 봉사하면서 그들을 이끌어 가는 열린 마음을 가진 사람이다(이영희, 2008).

한편, 서번트 리더십을 처음 주장한 Greenleaf(1998)는 서번트 리더십에 영향을 주는 요인으로 조직구성원에 대한 공감과 배려를 꼽았다. 이어 Farling(1999)은 리더가 보여 주는 비전과 설득에 의한 의견의 전달과 수정, 리더의 윤리, 도덕적 속성이 서번트 리더십에 영향을 준다고 하였다. 그리고 Spears(1995)는 서번트 리더십의 하위 영역으로 경청, 공감, 치유, 설득, 인지, 통찰, 비전 제시, 청지기 의식, 구성원의 성장, 공동체 형성 등 10가지를 들었는데, 서번트 리더십의 구성요소로 간주해도 좋을 듯하다. 또한 Wheaton(1999)은 경청, 공감, 인지, 설득, 통찰, 비전 제시, 치유, 팀워크, 반영, 청지기 의식을 서번트 리더십의 구성요소로 보았다. 서번트 리더십 척도를 개발한 Laub(1999)은 서번트 리더십을 인간존중, 성장 지원, 공동체 형성, 진실성, 리더십 발휘, 리더십 공유 등과 같은 6가지 하위 영역으로 구분하였다. Adjibolosoo(2000)는 서번트 리더십의 개념적 분석틀을 4개의 하위 영역으로 나누었다. 즉, 첫째, 정직, 겸손, 봉사(섬김)의 특성을 포함한 인격, 둘째, 다른 사람을 돌봄, 임파워링, 개발시킴의 특성을 포함한 관계, 셋째, 비전 제시, 목표설정, 학습(배움)의 특성을 포함한 과업, 넷째, 모델링, 협력(팀 형성), 의사결정의 공유의 특성을 포함한 과정이 그것이다. Hardin(2003)은 정직/신뢰, 사랑/존경, 봉사, 경청, 소명/가치체계를 서번트 리더의 특성이라고 하였고, Patterson(2003)은 아가페적 사랑, 겸손, 이타주의, 비전, 신뢰, 봉사, 임파워먼트를 서번트 리더십의 구성요소로 제시하였다(이영희, 2008 재인용).

여기서 보듯이 서번트 리더십의 구성요소는 매우 다양하다. 그러나 공통점이 있다. 즉, 이런 요소들이 모두 리더가 인간존중을 바탕으로 조직구성원들이 업무를 수행함에 있어 자신의 잠재능력을 최대한 발휘할 수 있도록 도와주는 데 필요한 요소들이라는 것이다.

6. 사회복지기관의 리더십

Campbell, Dunnette, Lawler, & Weick(1970)은 '사회복지기관의 관리효과성에 관한 개인-과정-산출 모델(person-process-product model of managerial effectiveness)'을 제시한 바 있다. 이 모델에 따르면 사회복지기관의 리더는 리더로서 개인적 특성, 지식, 기술 등을 갖추어야 할 뿐만 아니라 조직의 사명과 목표에 맞는 생산물을 효과적으로 산출할 수 있는 경영관리 능력을 보유해야 하며, 개인, 과정, 산출별로 리더로서의 요소를 갖추고 있어야 한다.

먼저 리더 개인으로서 갖추고 있어야 할 요소이다. 첫째, 동기와 자질로서 의욕(성취, 열망, 주도력), 신뢰성, 유연성, 카리스마, 전문가적 세계관이 필요하다. 둘째, 지식으로서 사회복지와 사회사업에 관한 공식적 교육, 휴먼서비스조직과 그 서비스에 관한 지식을 보유하고 있어야 한다. 셋째, 기술이다. 목표설정, 기획, 문제해결, 자원관리, 조직환경관리 등과 같은 관리기술과 경청, 의사소통, 네트워크 등과 같은 대인관계기술이 필요하다.

행정 과정에 관한 리더의 요소는 직무지향적 활동(task-oriented activities)과 관계지향적 활동(relation-oriented activities)에 관한 것이다. 첫째, 직무지향적 활동에서는 비전의 제시, 전문직 문화의 창출, 지적 자극, 권한의 위임, 임파워링, 부하직원의 의사결정에의 참여 유도 등과 같은 요소가 필요하다.

표 10-3 사회복지기관의 리더가 갖추어야 할 요소

개인(person)	과정(process)	산출(products)
1. 동기와 자질 • 의욕(성취, 열망, 주도력) • 신뢰성 • 유연성 • 카리스마 • 전문가적 세계관 2. 지식 • 사회복지와 사회사업에 관한 공식적 교육 • 휴먼서비스조직과 그 서비스에 관한 지식 3. 기술 • 관리기술: 목표설정, 기획, 문제해결, 자원관리, 조직환경관리 • 대인관계기술: 경청, 의사소통, 네트워크	1. 직무지향적 활동 (task-oriented activities) • 비전의 제시 • 전문직 문화의 창출 • 지적 자극 • 권한의 위임 • 임파워링 • 부하직원의 의사결정에의 참여 유도 • 영감(inspiring) 2. 관계지향적 활동 (relation-oriented activities) • 직원에 대한 개인적 관심, 멘토링(mentoring) • 갈등관리 • 지지 • 보상	1. 클라이언트와 그들을 둘러싼 환경의 변화 2. 서비스의 질 3. 클라이언트 만족도 4. 직원의 낮은 소진율과 이직률

출처: Bargal, 2000: 311의 표 15.1.

둘째, 관계지향적 활동으로는 직원에 대한 개인적 관심, 멘토링(mentoring), 갈등관리, 지지, 보상 등과 같은 요소를 지니고 있어야 한다.

행정의 결과, 즉 산출과 관련해서 리더는 클라이언트와 그들을 둘러싼 환경의 변화, 서비스의 질, 클라이언트 만족도, 직원의 낮은 소진율과 이직률을 유지할 수 있는 능력을 보여야 한다.

한편, Patti 등(1988: 191)은 사회복지기관의 리더십으로 방향제시적 리더십, 위임적 리더십, 참여적 리더십 등 세 가지를 제시했다.

방향제시적 리더십(directive leadership)은 리더가 부하직원의 의견을 청취하지 않고 그들과 상의도 하지 않고 일방적으로 의사결정을 하는 스타일이다.

위임적 리더십(delegative leadership)은 리더가 광범위하게 의사결정 권한을 부하직원들에게 위임하는 스타일이다.

참여적 리더십(participatory leadership)은 중간 부분의 리더십으로서 중요한 의사결정에 있어 부하직원의 아이디어와 정보, 선호도 등을 수용하고, 의사결정권을 부하직원의 업무 분야의 감독자에게 위임하며, 상부에서 결

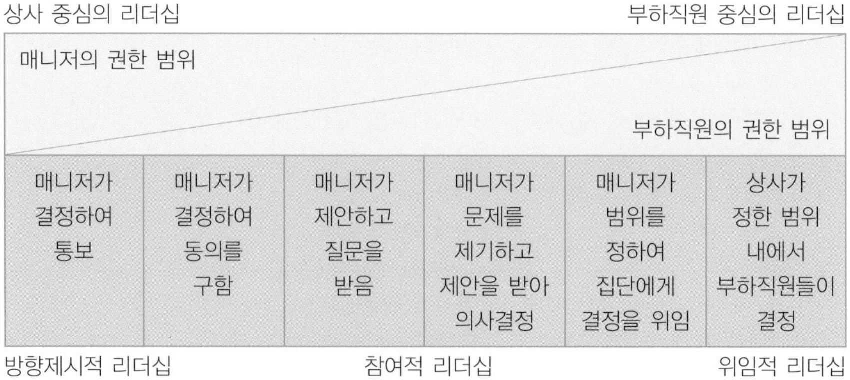

[그림 10-2] 리더십의 연속선

출처: Patti et al., 1988: 192의 그림 6-1을 보완.

정된 사항을 하급 직원들이 실행하는 스타일이다.

이 세 가지 스타일의 리더십은 하나의 연속선을 이루는데, 방향제시적 리더십은 상사 중심의 리더십에 가깝고, 위임적 리더십은 부하직원 중심의 리더십이며, 참여적 리더십은 그 중간에 위치한다.

2절 슈퍼비전

사회복지기관은 사회서비스를 직접 제공하는 조직이기 때문에, 다른 조직에 비하여 인건비의 비중이 크고, 서비스를 직접 담당하고 있는 직원의 중요성도 크다고 할 수 있다. 따라서 사회복지 현장에서 서비스를 효과적이고 효율적으로 제공하려면, 사회복지에 관한 기본적인 교육만으로는 부족하고, 실무과정에서 스스로의 노력과 함께 경험자의 도움을 받아 서비스에 관한 지식과 기술을 계속적으로 발전시켜 나가야 한다. 그러므로 사회복지기관에서는 서비스 제공자의 업무능력을 발전시키기 위하여 도움을 제공하는 슈퍼비전(supervision)이 필요한 것이다.

1. 슈퍼비전의 개념

사회복지기관 운영의 핵심적 활동인 사회복지 전문직(profession of social work)의 슈퍼비전은 '사회복지기관의 직원이 서비스를 효과적이고 효율적으로 제공하기 위하여 지식과 기술을 잘 사용하도록 도움을 주는 활동'을 말한다. 이와 같은 슈퍼비전은 잘 훈련되고 경험이 많고 능력이 있고 전문지식과 기술을 갖추고 있으면서 전문직업적 태도를 가진 사람은 경험과 지식과 기술이 부족한 사람들에게 도움을 줄 수 있다는 전제 위에서 이루어지는 것이다(최성재 · 남기민, 2016: 441).

슈퍼비전의 필요성은 전통적으로 인정되어 사회복지기관에서 행해지고 있고 실제로 슈퍼비전을 주고받는 사람들이 그 유용성을 크게 인정하고 있다. 그러나 슈퍼비전은 일률적으로 누구에게나 필요한 것이라기보다는 개인의 능력과 업무경험에 따라 슈퍼비전의 질이 정해져야 할 것으로 본다.

2. 슈퍼비전의 기능

슈퍼비전에는 여러 가지의 기능이 있지만 주로 다음과 같은 세 가지의 기능이 가장 중요하다고 본다(Skidmore, 1990: 206-207).

1) 학습의 기능

슈퍼비전은 다른 사람을 가르쳐 주는 것을 주요 기능의 하나로 하고 있는데, 학습기능의 목적은 상대방으로 하여금 전문직업적 태도를 확립하고 지식과 기술과 이해를 증진시키는 것을 목표로 하고 있다. 일반적으로 사람은 실행함으로써 배우게 되는데 슈퍼비전을 받는 사람이 실제로 행한 일에서 잘된 것과 어려웠던 것을 슈퍼바이저와 같이 토의하면서 배우게 된다. 학습내용에 포함되어야 할 사항은 ① 사회복지 철학과 역사 및 기관의 정책, ② 사회복지 지식과 기술, ③ 자기인식, ④ 기관 내외의 가용자원, ⑤ 서비스의 우선순위와 시간관리를 포함하는 것이 바람직하다(Watson, 1973: 81).

2) 행정의 기능

슈퍼바이저는 행정적으로 하급자에게 지시하고 그들을 지도하며, 업무의 질과 양에 있어서 통일성과 효율성을 기하기 위하여 봉급, 승진, 사례의 할당, 위원회의 약속 등을 포함하는 행정적 일을 돕는 역할을 한다. 행정기능에는 ① 의사소통 체계 연결, ② 직무수행의 책임성, ③ 프로그램 평가, ④ 사례의 배당 및 업무분담, ⑤ 정서적 지지, ⑥ 각 직원의 경험 활용 등이 포함되는 것이 바람직하다(Watson, 1973: 81).

3) 업무촉진의 기능

슈퍼바이저는 하급자들이 사회서비스 제공업무에 있어서 맡겨진 일을 스스로 노력하여 잘 감당할 수 있도록 장애요소나 방해요소를 제거해 주고, 용기를 주고 지지해 주는 역할, 즉 업무촉진자의 역할을 한다. 즉, 슈퍼바이저는 하급자를 앞서서 이끌어 가는 것이 아니라 하급자가 스스로 할 수 있도록 옆에서 도와주는 역할을 해야 한다.

3. 슈퍼비전의 조건

슈퍼바이저가 효과적인 슈퍼비전을 하기 위해서는 다음과 같은 조건을 갖추고 있어야 한다(Skidmore, 1990: 209-210).

첫째, 슈퍼바이저는 전문직에 대한 지식과 기관에 대한 종합적인 지식을 갖추어야 한다.

둘째, 슈퍼바이저는 자신이 클라이언트에 대한 문제를 해결해 본 경험과 기술을 갖추고 있어야 한다. 즉, 슈퍼바이저는 사회복지의 일반적 실천에 대한 능력과 특별한 실천방법에 대한 능력을 갖추고 있어야 한다.

셋째, 슈퍼바이저는 응급 시 및 필요시 하급자가 쉽게 접근하여 질문하고 어떤 지도를 받을 수 있는 기회를 마련해야 한다. 예를 들면, 주 1회 정도 만나는 기회를 마련하면 하급자가 가지는 대부분의 문제를 해결할 수 있다.

넷째, 슈퍼바이저는 기관, 하급자, 자신과의 역동적 관계에 대하여 진실하고 지속적인 관심을 가져야 한다. 진실하고 지속적인 관심은 하급자에게 적극적인 동기부여를 하고 그의 지식과 기술을 향상시키는 데 크게 도움이 될 것이다.

다섯째, 슈퍼바이저는 하급자가 제기한 질문이나 문제해결에 대한 해답을 모르거나 제시할 수 없을 때는 자신의 입장을 솔직히 밝히고 또한 실수가 있을 때도 그것을 솔직히 인정할 수 있어야 한다.

여섯째, 사람은 인정받고 칭찬받기를 갈망하기 때문에 가능하면 감사와 칭찬의 태도를 가지고 하급자의 동기를 유발하고 전문직업적 발전을 도모하여야 할 것이다. 특히 하급자에게 감사하는 태도를 보이는 데 인색하면 슈퍼비전의 효과가 줄어들 수 있고 하급자의 능력도 저하시킬 수 있다는 점에 유의하여야 할 것이다.

4. 슈퍼비전의 원칙

효과적인 슈퍼비전을 주기 위한 원칙으로 다음의 다섯 가지를 제시할 수 있다(Skidmore, 1990: 211-212).

첫째, 슈퍼바이저는 그 기관과 서비스에 대한 올바른 지식, 원칙, 기술을 가르치고 사회복지사가 자율적으로 업무를 처리하도록 해야 한다. 이렇게 가르치는 것은 사회복지사가 공식적 또는 비공식적 교육에서 배운 지식과 경험을 확인하고 사회복지사의 지식과 기술을 기관에서의 실무를 통하여 증진시키도록 하기 위해서이다. 사회복지사에게 신뢰감을 갖게 하고 적절한 지침을 주고 과거의 경험과 교육을 보강해 주면 사회복지사는 스스로 업무를 잘 처리할 수 있는 능력이 있다는 점을 유의해야 할 것이다.

둘째, 슈퍼바이저는 사회복지사로 하여금 슈퍼바이저가 제시한 지식과 원칙에 일치하는 목표를 설정하게 하여 자신을 스스로 관리하도록 해야 한다. 즉, 슈퍼바이저는 사회복지사로 하여금 기관의 직원으로서 그리고 한 개인으로 적합한 목표를 스스로 설정하도록 하고 무엇을 할 것인가를 스스로 결정하도록 한다는 것이다. 목표가 설정되면 그것에 대한 우선순위를 정하도록 하고 그러한 목표가 기관의 정책과 절차에도 일치하도록 하여야 한다.

셋째, 슈퍼바이저는 일상적인 가르침과 학습경험을 제공하는 것 외에 슈퍼비전에 대하여 준비하고, 필요할 때는 사회복지사를 도울 수 있는 시간을 마련하여야 한다. 슈퍼바이저는 그 역할의 중요성을 인정하고 그 역할이 짐이 된다는 생각보다는 사회복지사와 서비스 수혜자에게 이익이 된다는 생각하에 슈퍼바이저의 역할을 수행해야 할 것이다. 그러기 위해서는 슈퍼바이저의 사무실 문은 항상 두드릴 수 있도록 준비되어 있어야 한다.

넷째, 슈퍼바이저는 사회복지사와 원칙과 규칙을 정하여 필요시 사회복지사가 연락할 수 있도록 하여야 한다. 이러한 체계가 없으면 많은 문제가 악화되고 결정이 연기되는 경우가 많아 적시에 효율적으로 서비스를 제공할 수 없게 된다. 중요한 것은 사회복지사가 도움이 필요할 때 슈퍼바이저에게 접촉하여 도움을 받을 수 있도록 하는 것이다.

다섯째, 슈퍼바이저는 사회복지사가 슈퍼바이저에게 자신의 활동에 대하여 책임 있는 설명을 하고 함께 상의하여 장래의 목표를 설정할 수 있도록 하여야 한다. 사회복지서비스의 효율성과 효과성에 대한 평가와 이에 대한 책임의 문제는 사회복지기관의 전반적인 관심사가 되고 있고 이를 중요시 하는 경향으로 나가고 있다. 따라서 슈퍼바이저는 사회복지사의 업무 전반에 대하여 정기적인 평가기회를 가지고(주간, 월간, 6개월간, 연간 등) 자기평가와 타인평가를 받을 수 있도록 해야 한다.

5. 슈퍼비전의 절차

슈퍼비전에는 그 내용에 따라 다양할 수 있지만 가장 일반적으로 적용할 수 있는 단계를 생각해 본다면 다음과 같은 4가지 단계로 이루어질 수 있다 (Coulshed, 1990: 137). 그러나 이러한 절차나 틀에 얽매여 충분한 토의가 제한되지 않도록 유의하여야 할 것이다.

1) 문제의 서술

무엇이 일어났고 어떻게 되었는지를 하급 사회복지사로 하여금 설명하게 하고 이때 슈퍼바이저는 가능하면 최소한으로 관여한다.

2) 문제확인

그것은 무엇을 의미하는지에 초점을 맞추고 슈퍼바이저가 인식하는 대로의 상황을 이해하려고 노력한다.

3) 문제분석

하급 사회복지사로 하여금 문제가 된다고 생각되는 측면을 확인하도록 한다. 이때 도움이 된 것은 무엇이고, 그렇지 못한 것은 무엇이고, 왜 그렇게 되었는지, 그리고 학습적인 요점은 무엇인지 등의 질문을 중심으로 문제를 확인하게 한다.

4) 수행

현재 여기서 어디로 가야 할 것인가를 생각하여 하급 사회복지사로 하여금 다음 단계로 나가게 한다.

슈퍼비전은 대체적으로 이러한 단계로 진행하지만 어떤 틀과 절차에 매여 충분한 토의가 제한되지 않도록 하는 것이 가장 중요하다.

6. 슈퍼비전의 내용

슈퍼비전의 주요내용을 살펴보면 다음과 같다(Cohen & Rhodes, 1997: 289-290).

① 과업배분과 수행을 위한 개인과 집단의 목표설정
② 공동의사결정 사항 수행

③ 집단과정 지도(주제 설정 포함)

④ 기획업무 및 사례관리

⑤ 의사소통망 개발

⑥ 직무성과 평가

⑦ 동기부여

⑧ 사례 컨설테이션 및 전문직 업적 지지

⑨ 팀 구성

⑩ 사회복지사와 클라이언트의 대변

⑪ 갈등관리

⑫ 직원과 클라이언트의 관심사를 수렴하여 관계의 변화 추진

이러한 내용에 대한 교육적 효과를 높이기 위하여 역할연기, 전개연습(development exercise: 어떤 내용을 상정하고 그것이 전개되는 과정에 따라 슈퍼비전을 주는 연습을 하는 것), 시뮬레이션(simulation: 모의실험이라고도 하는데 주로 컴퓨터를 이용하여 설정된 내용에 대한 슈퍼비전 연습을 하는 것) 등이 사용되고 있다.

11장
정보관리와 마케팅

과학기술의 급격한 발달과 매스컴의 확산으로 우리는 정보와 마케팅의 홍수 속에 살고 있다. 이러한 환경은 사회복지행정에서도 마찬가지로, 정보관리와 마케팅은 필요한 자원을 외부에서 조달해야 하는 사회복지기관의 운영에서 점차 중요성을 더해 가고 있다.

사회복지기관 운영의 6번째 단계인 보고(reporting) 단계에서는, 사회복지기관의 필요한 정보를 관리하고, 적극적으로 외부에 알리는 마케팅을 분석해 본다. 1절에서는 사회복지기관의 정보관리에 대해서 살펴보고, 2절에서는 사회복지기관의 마케팅을 분석해 본다.

1절 정보관리

정보화시대에서 사회복지기관의 정보관리는 이제 더 이상 지체할 수 없는 과제가 되어 가고 있다. 이 절에서는 우선 사회복지기관에서 정보관리시스템이 필요한 이유에 대해서 살펴보고, 사회복지기관의 정보관리시스템 발전과정과 시스템 구축과정 등에 대해서 알아본다.

1. 사회복지기관의 정보관리시스템

정보화시대의 정보기술(information technology: IT)의 발전은 사회복지행정에도 큰 영향을 주고 있다. 대표적인 것이 컴퓨터와 인터넷이다. 사회복지기관의 모든 문서가 워드프로세서로 작성되고 있고, 재무가 컴퓨터 프로그램으로 관리되고 있으며, 전자결재가 일상화되어 있고, 업무 연락이나 문서 교환이 이메일로 이루어지고 있으며, 기관의 소개는 물론 직원 채용공고나 프로그램 홍보가 기관의 인터넷 홈페이지에서 가능하다.

그러나 민간기업이나 정부기관에 비해 사회복지 분야의 정보기술 활용 수준은 아직 낮은 편이다. 사회복지기관이 정부와 기업을 중요한 자원으로 활용해야 하고, 프로그램에 따라 여러 기관과 협력해야 하는 상황에서, 정보기술 활용 수준을 향상시켜야 하는 것은 사회복지기관의 중요한 과제라 하지 않을 수 없다.

정보관리시스템(management information system)은 조직관리에 필요한 정보를 처리하기 위해 컴퓨터를 활용하는 것이다. 그러나 반드시 컴퓨터로 처리된 것만을 의미하지는 않는다. 조직의 회의나 대화를 통해 나타난 정보를 기록으로 남겨 관리하는 것도 넓은 의미의 정보관리시스템에 포함된다. 그리고 사회복지기관이 컴퓨터를 보유했다고 해서 정보관리시스템을 구축했다고 말할 수는 없다. 정보관리 관련 소프트웨어를 갖추고 이를 직원들이 일상적으로 사용하는 시스템이 만들어져야 비로소 정보관리시스템을 구축했다고 할 수 있는 것이다. 정보관리시스템은 기관의 업무를 통해 나타나는 각종 정보를 수집하여 관리하고 처리한다. 정보처리 결과는 기관의 실무자와 매니저에게 매우 유용한 정보가 된다. 그리고 이러한 정보를 직원들이 공유함으로써 기관통합이 강화된다.

사회복지기관은 사회서비스에 관한 막대한 양의 정보를 수집하여 기록해 두어야 하고, 필요할 때 이를 정부, 지역사회, 서비스 이용자, 이사회 등에게 제공해야 한다. 정보를 체계적으로 관리하는 기술이 이를 가능케 한다. 정보관리시스템은 대량의 복잡한 정보를 신속히 효율적으로 활용하여 효과적 관리를 가능하게 하는 편리한 도구인 것이다. 사회복지기관에서 정보관리시스템이 필요한 이유는 다음과 같다(한국사회복지행정학회 편, 2003: 267-268).

첫째, 사회복지기관의 사업결과에 관해 서비스 이용자는 물론 정부, 납세자, 시민들은 알기를 원한다. 왜냐하면 정부의 예산을 사회복지기관에게 지원하고, 시민은 후원금을 내기 때문이다. 이를 위해 객관적이고 과학적인 정보의 수집, 보관, 정리 등이 필요한데, 정보시스템이 이러한 일을 한다.

둘째, 사회복지기관의 직원들은 자신이 진정으로 서비스 이용자를 돕고 있으며, 문제를 해결하기 위해 노력하고 있다는 사실을 확인받길 원한다. 적절한 정보관리시스템이 있다면 이런 작업이 훨씬 용이할 것이다.

셋째, 사회복지기관의 직원들은 자신이 수행한 사업에 대한 적절한 평가와 피드백을 통해 수행방법의 개선과 전문성의 강화를 원한다. 사회복지기관에 정보관리시스템이 도입되면 이런 일이 가능해진다.

요약하면 사회복지기관은 정보관리시스템을 활용하여 자신의 업무를 과학적으로 관리하고, 이를 통해 업무수행능력을 강화시킬 수 있으며, 나아가 기관의 업무성과를 대내외적으로 검증받고 그 결과를 홍보할 수 있다.

2. 정보관리시스템의 발전

업무처리를 위해 컴퓨터가 사용되기 시작한 것은 1950년대부터이다. 당시는 주로 회계 · 재고관리를 위해서 데이터프로세싱(data processing: DP)이 사용되었으며, 컴퓨터 크기에 비해 정보처리 속도가 매우 느렸다. 1960년대 들어 방대한 정보를 빠르게 처리할 수 있는 관리정보시스템(management information system: MIS)이 개발되었다. 1970년대에는 자료처리 속도가 한층 높아진 의사결정지원시스템(decision support system: DSS)이 등장하였다. 정보기술의 눈부신 발전과 함께 1990년대에는 업무능력을 향상시키는 데 중점을 둔 업무수행지원시스템(performance support system: PSS)이 개발 · 보급되었다. 정보관리시스템의 유형별 기능을 적시하면 〈표 11-1〉과 같다.

표 11-1 정보관리시스템의 유형과 기능

유형	목적	기능	사례
DP(data processing) 전산자료처리시스템	효율	• 업무처리과정, 기록보관, 업무보고 • 사무적인 업무처리의 능률향상에 역점	월급명세서
MIS(management information system) 관리정보시스템	보고	• 구조화된 의사결정을 위한 사무능률 향상 • 정보교환의 매체를 통하여 운영하부시스템을 서로 연결하여 조직의 산출을 최적화하는 데 목적을 둠 • 의사결정을 내리는 데 필요한 정보를 제공하고 이러한 과정에서 시너지작용을 할 수 있는 체계를 조직 • 일상적이고 구조화된 의사결정의 능률 향상에 목적을 둠	클라이언트 정보시스템

DSS(decision support system) 의사결정지원시스템	효과	• 의사결정과 이의 집행을 돕도록 설계 • 의사결정과 조직의 효과성에 초점 • 비구조화되거나 준구조화된 의사결정을 위하여 모델링 기법을 이용하여 의사결정자를 도와줌 • 관리능률 향상에 중점	클라이언트 접수시스템
PSS(performance support system) 업무수행지원 시스템	성과	• 업무수행에 필요한 정보를 통합·제공하여 업무를 향상시킴 • 서비스 제공자의 성과에 초점을 둠 • 사용자가 업무수행을 위해 어떤 정보가 필요한지를 확인시켜 주고 도와줌	서비스 기획

출처: 한국사회복지행정학회 편, 2003: 277의 표 10-1.

표에서 보듯이 데이터프로세싱시스템(DPS)은 업무처리과정, 기록보관, 업무보고 등 사무적인 업무처리의 능률 향상에 역점을 두고, 관리정보시스템(MIS)은 의사결정에 필요한 정보를 제공하여 일상적이고 구조화된 의사결정의 능률 향상에 목적을 두고 있다. 의사결정지원시스템(DSS)은 의사결정과 이의 집행을 지원함으로써 관리능률을 향상시키는 데, 업무수행지원시스템(PSS)은 사용자가 업무수행을 위해 어떤 정보가 필요한지를 확인시켜 주고 도와주는 데 목적이 있다.

3. 정보관리시스템의 구축

정보관리시스템을 사회복지기관에 구축하는 데는 몇 가지 단계가 있다. 전형적인 방법에 의하면 정보관리시스템 구축을 위해서는 실행가능성과 준비상태의 점검 → 시스템 분석 → 시스템의 개괄적 디자인 → 시스템 세부디자인 → 시스템 테스트 → 실행 → 시스템 모니터 및 평가 → 오퍼레이션, 유지, 수정 등 8개의 단계를 거친다(Schoech, 2000: 323-324).

제1단계에서는 실행가능성과 준비상태를 점검한다. 직원들에게 새로운 시스템을 도입한다는 사실을 알리고, 관련 위원회를 조직하며, 필요한 자원을 계산하고, 새로운 시스템 도입에 따른 기대효과를 측정한다.

제2단계에서는 시스템을 분석한다. 필요한 정보, 정보의 소스, 정보수집 방법을 정하고, 데이터 투입, 처리, 산출, 필요사항을 분석하며, 필요한 자원의 동원 가능성을 검토하고, 다른 기관의 유사한 노력을 살펴보며, 필요하다면 정부와 유관 단체에 지원을 요청한다.

제3단계에서는 시스템을 개괄적으로 디자인한다. 새로운 IT 기술 적용의 범위, 목표, 세부 목표, 개선점 및 성공 내용을 확인하고, 시스템의 세부 사항을 개괄적으로 디자인하고, 디자인 제약 요소에 대해서도 살펴보며, 디자인 결과를 소프트웨어, 하드웨어, 네트워크로 전환하고, 디자인의 장점, 단점, 전제를 상세히 기술한다.

제4단계에서는 시스템 세부 사항을 디자인하고 개발한다. 선택된 디자인에 대한 통제 및 기술적 실행 기준을 마련하고, 선택된 디자인에 필요한 소프트웨어를 선택하며, 소프트웨어에 적합한 하드웨어를 선택하고, 필요한 네트워크 및 커뮤니케이션 기술과 장비를 선택하며, 데이터 수집 양식, 데이터 가공, 처리, 특정 파일, 데이터베이스 구조, 에러 체크, 저장 메커니즘, 백업 방법, 산출 리포트 등을 디자인하고 개발한다.

제5단계에서는 시스템을 테스트한다. 새로운 시스템에 맞춰 기관의 정책과 절차를 변경하고, 프로그래밍, 양식, 작동절차, 지침, 리포트, 산출의 활용 등을 테스트한다. 시스템 오퍼레이터, 데이터 유저 등에 대한 교육과 훈련도 필요하다.

제6단계에서는 실행한다. 구형 시스템을 폐기하고 새로운 시스템을 곧바로 실행할 것인지 아니면 일시적으로 신구형 시스템을 동시에 작동시킬 것인지 등을 결정하고, 시스템 수행평가, 신규직원 오리엔테이션과 훈련 등 표준 오퍼레이팅 절차를 실행한다. 아울러 직원과 업무공간을 재조직하고, 새로운 장비, 전산처리 방법 및 절차를 적용하며, 모든 시스템과 통제장치

표 11-2 IT 기술개발 적용의 과정

단계	개발 내용
제1단계 실행가능성과 준비 상태의 점검	• 전 직원을 대상으로 IT 노력에 대해 의사소통 • 기관 내에 관련 위원회, 하부위원회 결성 • IT 기술 적용의 목적, 개발, 스케줄, 책임의 규정 • 자금, 시간, 전문기술자, 핵심 인력 등 소요 자원의 계산 • 새로운 IT 기술 적용 시 예상 효과의 측정 • 새로운 IT 기술 적용으로 영향을 받는 사람과 그의 반응과 기대에 대한 확인 • 개선 메커니즘과 성공적 결과에 대한 초고 작성 • 준비상태와 실행가능성에 관한 보고서 작성 • 계속 진행할 것인지 종결지을 것인지 결정
제2단계 사정 (시스템 분석)	• IT 기술의 주요 필요성의 인식과 기술 적용 여부의 결정 • 필요한 정보, 정보의 소스, 정보수집 방법의 특성 규정 • 현재와 미래의 데이터 투입, 처리, 산출, 필요사항(양식, 데이터 가공, 파일, 리포트, 정보의 흐름 등)의 분석 • 일처리 방식의 문제점에 대한 평가 • 새로운 IT 기술 적용에 필요한 자원의 동원 여부의 검토 • 기본적인 데이터의 수집 • 다른 기관의 유사한 노력에 대한 검토 및 정부와 유관 단체에 지원 요청 • 사정의 준비 • 계속 진행할 것인지 여기서 종결지을 것인지 결정
제3단계 개괄적 디자인	• IT 기술 적용의 범위, 목표, 세부 목표, 개선점 및 성공 내용의 마지막 확인 • 필드, 레코드, 파일, 데이터 가공, 양식, 리포트, 그래픽 등 개괄적 디자인 개발 • 탄력성, 신뢰도, 프로세싱, 통계적 요건, 성장 잠재성, 기대수명, 다른 IT 기술과의 연계성 등 특정 디자인의 적용 • 데이터 빈도, 크기, 안정성, 보안, 돈, 시간, 전문 인력 등 디자인을 제한하는 요소의 적용 • 지속적 개선사항에 관한 정보의 수집과 보고 메커니즘의 디자인 • 디자인 결과를 소프트웨어, 하드웨어, 네트워크로 전환 • 디자인의 장점, 단점, 전제를 상세히 기술 • 개괄적 디자인의 준비, 계속 진행할 것인지 여기서 종결지을 것인지 결정

제4단계 세부 디자인 및 개발	선택된 디자인에 대한 통제 및 기술적 실행기준의 마련 선택된 디자인에 필요한 소프트웨어의 선택 소프트웨어에 적합한 하드웨어의 선택 필요한 네트워크 및 커뮤니케이션 기술과 장비의 선택 데이터 수집 양식, 데이터 가공, 처리, 특정 파일, 데이터베이스 구조, 에러 체크, 저장 메커니즘, 백업 방법, 산출 리포트 등의 디자인과 개발 문서화 및 지침 매뉴얼의 준비
제5단계 테스트 및 준비	시스템 운용자 및 사용자 준비 새로운 적용기술에 필요한 기관의 정책과 변화된 절차의 개발 테스트 계획의 개발 프로그래밍, 양식, 작동절차, 지침, 리포트, 산출의 활용 등에 대한 테스트 시스템 오퍼레이터, 데이터 유저 등에 대한 교육과 훈련
제6단계 실행	구형 시스템을 폐기하고 새로운 시스템을 실행할 것인지 아니면 일시적으로 신구형 시스템을 동시에 작동시킬 것인지 등에 관한 전환계획의 개발과 확정 시스템 수행평가, 신규 직원 오리엔테이션과 훈련 등 표준 오퍼레이팅 절차의 실행 직원과 업무공간의 재조직 새로운 장비, 전산처리 방법 및 절차로 전환 모든 시스템과 통제장치가 제대로 작동하는지 확인
제7단계 모니터 및 평가	새로운 적용기술의 실행 결과를 시작 단계에서 정한 목표에 부합되는지 비교 시작 단계에서 예측한 비용과 효과를 실행 결과와 비교 개선 메커니즘이 제대로 작동하는지 확인
제8단계 오퍼레이션, 유지, 수정	백업, 응급상황에서의 대응 방법과 절차의 마련 데이터의 첨가, 삭제, 수정에 관한 지침의 문서화 확정 데이터 통합, 시스템 유지, 백업, 새로운 소프트웨어의 적합성, 바이러스 방지 등에 대한 책임자 선정 사용자에 대한 지속적인 교육훈련 제공 지속적인 시스템 확장, 시스템의 유지와 결함 제거 새로운 하부 시스템 개발의 필요성이 제기되면 제1단계에서 새로 시작

출처: Schoech, 2000: 324-325의 표 16.1.

가 제대로 작동하는지 확인한다.

제7단계에서는 새로운 시스템을 모니터하고 평가한다. 새로운 적용기술의 실행 결과를 시작 단계에서 정한 목표에 부합되는지 비교하고, 시작 단계에서 예측한 비용과 효과를 실행 결과와 비교하며, 개선 메커니즘이 제대로 작동하는지 확인한다.

제8단계에서는 오퍼레이션, 유지, 수정을 한다. 백업, 응급상황에서의 대응 방법과 절차를 마련하고, 데이터의 첨가, 삭제, 수정에 관한 지침을 문서화하며, 데이터 통합, 시스템 유지, 백업, 새로운 소프트웨어의 적합성, 바이러스 방지 등에 관한 책임자를 선정하고, 사용자(users)에 대한 지속적인 교육훈련을 실시하며, 지속적으로 시스템을 확장하고 유지하며 시스템 결함을 제거한다.

4. 사회복지기관의 정보관리시스템

사회복지행정체계는 2010년 지방정부의 복지업무처리 지원정보시스템인 사회복지통합관리망의 도입으로 새로운 전기를 맞게 된다. 사회복지통합관리망의 목적은 중앙정부와 지방정부의 복지 급여와 서비스의 이력을 개인 및 가구별로 통합관리하고 소득 재산조사를 표준화하여, 수급자 선정의 정확성과 사후관리의 효율성을 확보하고, 급여 지급절차를 전산화하여 투명성을 높이려는 것이었다. 이러한 사회복지통합관리망은 오늘날 사회보장정보시스템 행복e음으로 이어지고 있다.

우리나라 사회복지정보관리시스템은 보건복지부의 행복e음과 범정부용 사회보장정보시스템으로 구분된다.

1) 행복e음

행복e음은 각종 사회복지 급여와 서비스 지원 대상자의 자격 및 이력에 관한 정보를 통합 관리하여, 지방정부의 사회복지 업무처리를 지원하는 시스템이다. 행복e음은 기존의 시 · 군 · 구별 새올행정시스템(주민, 지적, 재정, 세정, 복지 등 31개 업무지원시스템)에서 복지 분야를 분리하여 보건복지부에서 통합 구축한 사회복지 정보시스템이다.

표 11-3 행복e음의 주요 서비스

서비스	서비스 내용
일괄 신청 및 맞춤형 서비스	• 서비스 신청 시 민원인의 욕구를 정확하게 파악하여 필요한 서비스를 누락 없이 맞춤형으로 설계하여 일괄 신청할 수 있도록 안내
제출 서류 간소화로 민원 편의 증대	• 사업별 유사하거나 중복되는 서식을 통합하고, 제출 서류를 공적 자료로 대체하는 등 제출 서류 간소화로 민원 편의 증대 • 사업별 신청서, 동의서, 통지서 등의 37종을 6종으로 간소화
복지급여, 서비스 신청에 따른 결정 처리 기간 단축 및 처리 결과의 신속한 안내	• 복지급여, 서비스 신청에 따른 결정 처리 기간을 단축시키고, SMS(핸드폰 문자 서비스), 이메일 등으로 처리 결과를 신속하게 안내
추가 지원 가능한 서비스 안내를 통한 서비스 누락 방지	• 사회복지 대상자의 연령, 건강 상태 등의 변화로 추가 서비스가 발생할 경우 추가 지원이 가능한 서비스를 안내함으로써 서비스의 누락 방지
보건복지콜센터와 시 · 군 · 구콜센터 연계를 통한 후속 서비스 제공	• 보건복지콜센터와 시 · 군 · 구콜센터 연계를 통해 필요시 전화 및 상담 정보를 해당 시군구로 이관하여 후속 서비스 제공
사회복지 대상자의 정확한 선정 및 적정 급여 지급	• 45개 기관 552종의 소득 · 재산 자료, 인적 사항 정보, 서비스 이력 정보 등을 연계하여 사회복지 대상자의 정확한 선정 및 적정 급여 지급 가능 • 사회복지 급여 및 서비스 이력을 개인별 · 가구별로 통합 관리하여 중복 급여 차단 • 지방자치단체 차원에서는 복지재정의 효율화를 도모하고, 사회복지 대상자 차원에서는 복지체감도를 향상하며, 정부 차원에서는 복지재정의 누수를 방지하는 등 기대효과 달성

2) 범정부용 사회보장정보시스템

범정부용 사회보장정보시스템은 중앙정부의 각 부처 및 정보 보유기관에서 제공하고 있는 복지사업의 정보와 지원대상자의 자격 정보, 수급 이력 정보를 통합 관리하는 시스템이다. 복지업무 담당자가 정보시스템을 기반으로 민원대응, 업무처리, 복지사업 설계 등 효율적인 복지행정업무를 수행하고, 복지대상자에게 필요한 복지서비스를 맞춤형으로 제공할 수 있도록 지원하기 위한 정보시스템이다.

표 11-4 사회보장정보시스템의 주요 내용

서비스	서비스 내용
복지알림이 서비스	중앙 부처 및 지방자치단체 복지사업의 서비스 대상, 서비스 내용, 신청 절차 등을 각 부처 및 지방자치단체(범정부포털, http://www.ssis.or.kr/lay1/S1T102C316/contents.do), 일반 국민(복지로, www.bokjiro.go.kr)에 제공
복지지킴이 서비스	복지 대상자의 중복이나 부적정한 복지서비스 수급을 사전에 방지하고, 사후 중단할 수 있도록 지원하기 위해 변동 · 부적정 · 중복 관리
업무처리 지원 서비스	복지 대상자의 소득과 재산, 인적 자료, 수급이력 정보를 연계하여 정확한 복지 대상자 선정 및 효율적인 복지 업무처리 지원
서비스 의뢰	각 부처(기관)에서 복지서비스를 신청하기 위하여 방문한 민원인에게 중앙 부처뿐만 아니라 해당 지방자치단체의 각종 복지서비스 안내 및 지원
자격 · 수급 이력 통합 DB 서비스	각 부처별로 분산되어 운영되던 복지서비스 정보(복지서비스 대상자 및 자격 · 수급이력 정보)를 연계하여 통합 관리

3) 사회복지시설 정보시스템

사회복지시설 정보시스템은 사회복지법인이나 시설 업무의 전자처리를 위하여 보건복지부에서 구축한 통합 업무용시스템이다. 사회복지시설 정보시스템의 장점은 다음과 같다.

(1) 사회복지시설 업무의 표준화

사회복지시설 정보시스템은 아동시설, 노인시설, 장애인시설, 부랑인시설, 정신요양시설, 모 · 부자시설 등 시설 내부의 관리업무 분석과 표준화를 통하여, 시설 종류에 관계없이 생활시설과 이용시설이 함께 사용할 수 있다.

(2) 업무처리의 간소화와 효율화

사회복지시설 정보시스템은 시설 내의 수기문서의 관리와 업무처리를 간소화하고, 시스템 내의 모든 업무를 연결하여 업무의 중복을 방지한다. 또한 과거의 자료 조회가 간편하고 필요한 자료의 산출이 가능하다.

(3) 외부 제출자료 작성의 편의성

사회복지시설 정보시스템은 기본적이고 다양한 자료를 제공해 주고, 사용자의 목적에 맞게 다양한 서식을 제공해 준다.

표 11-5 사회복지시설 정보시스템의 주요 내용

구분	주요 서비스
회계	• 전표의 입 · 출력, 검색, 보고서 출력 • 거래내역 관리(지출결의서, 수입결의서 등) • 예산 관리 및 예산 실적 · 잔액 관리
관리	• 임 · 직원의 급여 계산 · 이체 관리 • 교육 · 자격증 · 상벌 · 경력 관리 • 인사발령 · 인사카드 관리 • 근태 관리, 일용직 관리, 퇴직적립금 관리 • 비품 · 소모품 등 자산 관리
세무	• 과세 수입에 대한 부가세 신고, 임 · 직원 급여의 원천세 신고 • 세무 신고, 퇴직정산 · 연말정산 관리 • 기타 원천세 관리(사업 소득, 기타 소득 등) • 매출 · 매입 세금계산서 관리, 신고서류 관리 등

고객관리	• 후원자 등록, 후원금 입력, 영수증 발행 등 • 후원자 및 결연자 정보 관리 • 후원금 입금 · 지급 관리 및 CMS/OCR 관리 • 후원단체 관리, 결연자 통장 관리
이력	• 서비스종별 서비스 이력 관리 • 생활자(이용자) 등록, 검색, 입 · 퇴소 이력 관리 • 기본 사항, 건강 상태, 추가 사항, 가족 사항, 보관품, 방배치 등 상세 정보 관리

2절 마케팅

1980년대 신자유주의의 영향으로 사회복지의 시장화가 이루어지면서, 사회복지는 공급자 중심에서 수요자 중심으로 변화하게 되었다. 이러한 변화로 사회복지의 주체가 다양화되면서 사회복지의 주체들은 경쟁체제로 들어가게 되었으며, 사회복지의 주체들은 자신의 급여와 서비스를 수요자에게 적극적으로 알리고 선택을 받아야 하는 상황에 처해진 것이다. 즉, 사회복지기관에서도 마케팅이 필요하게 된 것이다. 2절에서는 우선 마케팅의 개념을 살펴보고, 사회복지기관에서 마케팅이 필요한 이유와 마케팅의 과정 등을 분석해 보고자 한다.

1. 마케팅의 개념

마케팅(marketing)은 미국 기업의 경영철학에서 나온 것이다. 미국 경영학계의 거장 Peter F. Drucker(1990)는 기업이 고객을 잘 파악하고 이해함으로써 제품(상품과 서비스)을 고객에 맞춰서 판매하는 데 마케팅의 목적이 있다고 하면서 마케팅을 다음과 같이 설명했다. 마케팅은 하나의 철학이다. 마케팅 철학은 고객과 고객의 욕구 충족을 경영활동의 중심에 두는 것이다. 마케팅은 고객을 기쁘게 만드는 것에 열정을 가진 시니어 매니저가 주도한다. 마케팅은 경영 전반을 포괄한다. 전체 비즈니스를 고객의 관점에서 보는 것이다. 그러므로 마케팅에 대한 관심과 책임은 기업의 모든 부분에 침투되어 있어야 한다.

마케팅 개념을 발전시킨 Kotler & Keller(2006)는 마케팅을 기업이 원하는 목표를 달성하기 위해 시장에서 기업과 소비자가 자발적으로 가치를 교환할 수 있도록 만드는 프로그램의 분석 · 기획 · 집행 · 통제 과정이라고 정의했다. 그리고 마케팅의 성공과 실패는 기업이 제품을 시장의 필요에 따라 생산하고, 이를 소비자에게 홍보하여 구매 동기를 추동시키며, 제품 판매에 효과적인 가격을 결정하고, 유통경로를 적절히 활용하는 데 달려 있다고 했다.

Kotler & Keller(2006)의 마케팅 정의를 정리하면, 마케팅은 시장에서 소비자(고객)의 욕구를 충족시키고 예측하는 일련의 관리과정 또는 기업이 소비자들과의 관계를 지속적으로 유지함으로써 이를 통해 소비자들의 욕구를 파악하고, 이러한 욕구를 충족시켜 줄 수 있는 제품을 개발하는 것을 목적으로 하는 소비자와의 일련의 의사소통 과정이다. 이를 더 압축하면 마케팅은 소비자의 욕구를 파악 · 예측 · 만족시키는 경영과정이며, 표적시장(target market)에서 상품(가치)이 거래되도록 만든 프로그램(분석 · 기획 · 집행 · 조정하는 프로그램)으로서 가격결정, 커뮤니케이션, 유통 등의 방법을 활용한다.

2. 사회복지 마케팅

1) 사회복지 마케팅의 배경

우리나라는 1980년대부터 사회복지기관들이 미약한 수준이지만 이벤트, 캠페인, 정기후원자 모집 등 마케팅에 의한 모금을 시작하였다. 1990년대부터는 DM(직접우편), ARS모금, 이벤트, 정기후원자 개발 등 본격적인 모금활동과 운동이 월드비전, 유니세프, 국제기아대책기구, 이웃사랑회 등 대표적인 사회복지기관을 중심으로 전개되었다. 또한 환경운동연합, 참여연대 등 시민사회단체와 사회복지공동모금회, 여성기금, 아름다운재단 등 민간재단이 설립되면서 비영리조직의 마케팅이 점차 활성화되었다.

한편, 사회복지의 민영화 추세 속에서 자신의 서비스를 개인이나 정부에게 유료로 판매하거나 시민으로부터의 모금이 더 필요해진 사회복지기관의 입장에서는 아이디어의 개발과 교환이 절실해졌다. 이런 현실적인 요구 때문에 사회복지기관은 마케팅을 중시하기 시작했다. 하지만 비영리조직은 공익을 추구하는 조직이다. 따라서 영리를 극대화하기 위한 전략의 하나로 활용되는 영리조직의 마케팅과 비영리조직의 마케팅이 동일할 수는 없다. 영리조직과 비영리조직 마케팅의 차이점은 다음과 같이 정리될 수 있다(우종모 · 김재호 · 조당호, 2004).

첫째, 영리조직은 소비자집단으로 구성된 시장 하나를 상대하지만 비영리조직은 서비스를 받는 클라이언트 집단과 비영리조직을 지원하는 후원자 집단 양자를 상대해야 한다. 클라이언트 집단은 자원의 분배 대상이고 후원자 집단은 자원의 동원자이다. 비영리조직은 이 두 집단을 대상으로 마케팅을 해야 한다.

둘째, 생산과 소비의 동시성 또는 불가분성(inseparability)이다. 상품은 생산이 먼저 이루어지고 이어서 소비가 뒤따른다. 그러나 사회복지 부문의 서비스는 생산과 소비가 동시에 일어나는 경우가 많다. 서비스 생산자인 사회복지기관과 서비스 소비자인 클라이언트가 서비스 생산과정에 동시에 참여하기 때문이다. 따라서 사회복지 마케팅에서는 서비스의 생산자와 소비자를 모두 고려해야 한다.

셋째, 영리조직이 이윤을 추구하기 위해 마케팅을 한다면, 비영리조직은 조직이 추구하는 목표를 효과적으로 달성하기 위해 마케팅을 한다. 이윤을 추구할 경우 목표가 하나이기 때문에 마케팅이 단순하지만, 비영리조직의 목표는 하나 이상일 경우가 많아 마케팅이 복잡하다. 이 경우 목표들의 중요성에 따라 우선순위를 정해야 한다. 그리고 이러한 목표를 얼마나 달성했는가에 따라 마케팅의 효과가 평가된다.

넷째, 비영리조직 서비스의 무형성(intangibility)이다. 일반적인 상품은 오감을 통해 인지할 수 있다. 그리고 그것을 통해 평가할 수도 있다. 그러나 비영리조직이 제공하는 서비스는 대부분 무형이어서 마케팅도 쉽지 않다. 그러므로 비가시적이긴 하지만 클라이언트나 후원자에게 만족이나 감동을 주는 서비스를 개발하여 제공하는 마케팅이 필요하다.

다섯째, 비영리조직의 서비스는 다양하고 복잡하다. 영리조직이 판매하는 상품과 서비스는 표준화와 대량소비를 통해 비용의 저렴화를 기한다. 따라서 다양성이 부족하다. 그러나 비영리조직의 서비스는 클라이언트의 개별적 욕구를 중시하기 때문에 서비스의 종류가 다양하고, 서비스 관련 이해집단도 다양하기 때문에 욕구 충족 과정이 복잡할 수밖에 없다. 요컨대 대량생산이 불가능한 서비스를 마케팅해야 하기 때문에 서비스 대비 마케팅 비용이 많이 든다.

여섯째, 영리조직의 마케팅에 비해 비영리조직의 마케팅은 윤리성과 투명성을 강조한다. 예를 들어, 사회복지기관이 모금사업을 전개할 경우 후원자의 개발, 후원을 받는 사람의 선정, 후원금의 전달과정 등이 윤리적이고 투명해야 하는 것이다. 이런 과정에서 윤리성과 투명성이 결여되면 사회적 비난과 지탄이 대단히 크다.

일곱째, 비영리조직 서비스의 소멸성(perishability)이다. 영리조직이 판매하는 상품은 내구성이 있다. 진열대나 창고에 오래 보관해 둘 수 있다는 것이다. 반면에 비영리조직의 서비스는 서비스 제공 기간이 지나면 소멸된다. 다시 서비스를 받고자 한다면 다음 서비스 제공 시까지 기다려야 한다. 다음 서비스가 이전의 서비스와 질이 동일하다는 보장도 없다. 그러므로 비영리조직은 서비스가 최적의 조건에서 제공될 수 있도록 배려해야 하며 마케팅에서도 이 점을 고려해야 한다. 비영리조직 마케팅에서는 서비스의 질적 우수성을 신뢰하게 만드는 것이 중요하다.

여덟째, 비영리조직은 일반 대중의 엄격한 평가를 받는다. 이유는 이들 비영리조직 중 상당수가 정부로부터의 재정적 지원과 면세혜택 등을 받고 있고, 후원자들이나 자원봉사자들의 경제적 · 비경제적 지원도 받고 있기 때문이다. 따라서 비영리조직의 마케팅은 대중의 평가 측면도 고려해야 한다.

2) 사회복지 마케팅의 개념

마케팅은 소비자의 욕구를 발견하여 충족시켜 주는 과정이다. 이를 사회복지기관에 적용한 것을 사회복지 마케팅이라고 한다. 사회복지 마케팅은 클라이언트 또는 후원자의 욕구를 정확히 파악하여 욕구를 충족시킬 수 있는 서비스를 제공하는 과정이다.

사회복지기관은 기업에 비해 대부분 비영리적이고 사회적 책임성을 더 중시하기 때문에 마케팅 전략을 수용하더라도 지나친 상업성을 자제하고 마케팅의 윤리적 측면을 고려해야만 하는 특수성이 있다. 따라서 비영리를 지향해야 하는 사회복지기관의 경우 바로 그 때문에 비영리조직의 마케팅 기법 활용에 대해 부정적인 견해도 있다.

그러나 상품과 서비스를 무조건 많이 판매하는 것을 목적으로 하는 지나치게 상업적인 마케팅이 아니라면 사회복지기관도 마케팅 기법을 적절히 활용할 필요가 있다. 왜냐하면 마케팅이 중시하는 것 중의 하나가 상품과 서비스를 소비하는 사람의 욕구를 파악하는 것이기 때문이다. 사회복지기관의 서비스도 클라이언트의 욕구를 가장 중시한다. 그런 점에서 비영리 사회복지기관과 영리적 마케팅 기법의 접점이 욕구 파악에 있다고 할 수 있다. 말하자면 사회복지기관이 소비자나 클라이언트의 욕구에 충실한 서비스를 개발 · 전달하고, 욕구에 입각해 상호 관계를 유지할 때 그 만족도가 극대화될 수 있는데, 이를 위해 마케팅 기법이 필요하다는 것이다.

3) 마케팅 믹스

마케팅 믹스의 4P란 마케팅의 요소인 상품(product), 가격(price), 유통

(place), 촉진(promotion)을 모두 통합하여 그 효과를 최대한 발휘하는 것을 말한다. 사회복지기관은 사람을 대상으로 하므로, 4P에 사람(person/people)을 추가하여 5P로 정의하기도 한다.

(1) 상품전략

비영리기관의 상품(product)은 프로그램과 서비스라고 할 수 있는데, 영리기관의 브랜드와 같은 상품의 구성요소를 강조함으로써 마케팅을 더욱 효과적으로 할 수 있다. 사회복지공동모금회의 '사랑의 열매'는 기부문화를 확산시키기 위한 상품전략의 예이다. 세 개의 빨간색 열매가 상징하는 것은 더불어 함께하는 사회를 이루자는 의미로, 공동체의 기부를 독려하는 마케팅 효과를 노린 것이다.

(2) 가격전략

가격(price)은 사회복지기관에서 제공하는 프로그램이나 서비스에 참여하기 위해 지불하는 대가를 말한다. 사회복지기관에서 제공하는 서비스는 대부분 무료이지만, 사회교육 프로그램처럼 이용자가 비용을 부담하는 경우도 있다. 따라서 서비스 이용자의 지불능력을 고려하여 가격을 책정하는 것이 중요하다.

(3) 유통전략

비영리기관의 유통(place)전략은 고객이 가장 많이, 그리고 쉽게 사회복지기관을 찾을 수 있도록 하는 것이다. 비영리기관의 유통경로는 급여나 서비스가 기관에서 이용자에게 직접 제공되는 형태로, 중간과정이 없다는 것이 특징이다. 즉, 지역사회가 바로 유통 장소이다. 사회복지행정의 가치 중 접근성이야말로 유통전략과 가장 관계가 깊은 것이다. 서비스 이용자가 서비스에 쉽게 접근할 수 있도록 물리적·심리적 접근성을 높이는 것이 유통

전략의 핵심이다.

(4) 촉진전략

촉진(promotion)전략은 서비스가 필요한 대상임에도 불구하고 아직 서비스를 이용하고 있지 않은 잠재적 이용자에게 서비스를 알리는 것이다. 사회복지기관에서 활용하는 촉진전략으로는 기관소식지의 제작 및 배포, 언론 · 방송매체를 통한 홍보, 인터넷을 이용한 홍보 등이 있다.

4) 사회복지 마케팅의 과정

사회복지기관 등 비영리조직은 영리조직과 달리 스스로 존립에 필요한 자원을 모두 생산할 수가 없다. 다시 말해 비영리조직은 조직의 생존과 성장을 위해 외부로부터 자원의 지원을 받을 수밖에 없다는 것이다. 외부란 정부일 수도 있고 민간기업이나 단체일 수도 있으며 자원봉사자일 수도 있다.

필요한 자원을 외부로부터 효과적으로 조달하기 위해 여러 가지 방법을 지속적으로 개발해야 하는 것이 비영리조직의 과제일 수밖에 없는데, 마케팅도 이런 상황하에서 비영리조직 스스로 선택한 전략인 것이다.

마케팅 기법은 비영리조직이 자신의 목표를 보다 명확하게 이해하고 의사결정을 합리적으로 할 수 있는 관점과 틀을 제공한다. 그리고 사회복지기관이 마케팅 기법을 효과적으로 활용한다면 서비스 프로그램의 개선은 물론 모금이나 후원자 개발에서 상당한 효과를 거둘 수 있다.

일반적으로 사회복지 분야에서는 자금이나 후원자(자원) 개발을 중심으로 마케팅이 전개되어 왔다. 대부분의 사회복지기관은 민간재원의 필요성을 인식하고 상당한 비용과 시간을 투자하여 새로운 후원자 개발이나 후원금의 확보를 위해 노력하고 있다. 그러면 사회복지기관의 마케팅 과정에 대해 살펴보기로 한다(우종모 외, 2004; 정무성, 2005).

(1) 환경적 요인의 분석

사회복지기관이 후원자(자원) 개발을 위해 마케팅 기법을 적용하고자 할 때 가장 먼저 마케팅 활동에 영향을 미칠 수 있는 환경적 요인을 검토해야 한다. 환경적 요인은 제도적 환경과 조직 내부 환경으로 구분된다. 제도적 환경은 모금과 관련된 각종 법규와 정부정책, 경제적 상황 등을 말한다. 조직 내부 환경은 조직의 경쟁력과 조직 내 자원을 말한다. 이러한 환경적 요인을 분석하기 위해 SWOT(strength, weakness, opportunity, threat)분석법이 많이 사용된다.

SWOT분석법이란 조직(기관)의 장점과 약점, 기회와 위협을 분석하는 것이다. 장점과 약점은 조직의 내부적 요인이고, 기회와 위협은 외부 요인이다.

새로운 후원자를 개발하려는 아동복지기관의 예를 들면, 그 기관이 지역사회에서 좋은 평판을 지니고 있었다면 좋은 이미지가 장점(S)이 될 것이고, 내부 운영 자금의 부족을 겪고 있다면 재정적 취약성이 약점(W)이 될 것이다. 그리고 결식아동의 증가와 같은 아동의 문제가 이슈가 되어 있을 경우 그것은 그 기관에 하나의 기회(O)가 될 수 있다. 또한 후원자 개발에 나선 시점에 전반적으로 경제상황이 좋지 않다면 그것이 가장 큰 위협(T)이 될 것이다. 이런 조건들을 객관적으로 파악하기 위해서는 관련 정보가 정확해야만 하는 것은 물론이다. 이와 같이 SWOT분석법으로 장점과 약점, 기회와 위협 요소들을 분석 파악하면 원하는 목표를 달성하는 데 큰 도움이 된다.

(2) 시장조사

시장조사는 잠재적 후원자와 그들이 원하는 것을 찾아내는 작업이다. 잠재적 시장을 분석하기 위해서는 시장을 특성별로 세분화하고, 세분된 각 시장에 대한 책임자를 선정하며, 기부 잠재력을 기준으로 자금개발 활동의 예산을 할당해야 한다. 시장조사를 육하원칙으로 표현하면, 후원하기를 원하는 사람은 누구인가(Who), 후원을 하고자 하는 것이 무엇인가(What), 언제 후원하기를 원하는가(When), 후원하고자 하는 장소는 어디인가(Where), 어떤 방식으로 후원금 내기를 원하는가(How), 왜 다른 기관에 후원하지 않고 우리 기관에 후원하고자 할까(Why)로 정리된다.

마케팅에서 시장조사란 상황 파악이라 할 수 있다. 사회복지기관이 자신의 사업내용과 부합되지 않는 사업이나 주변 환경에 부적합한 사업을 전개하고자 하면 실패할 게 분명한데, 시장조사는 사회복지기관이 이런 판단을 할 수 있게 해 준다.

(3) 마케팅 목표의 설정

마케팅의 목표를 분명하게 설정하기 위해서는 먼저 그 조직의 목적을 검토해야 한다. 조직의 목적은 조직의 사명(mission)을 말한다. 조직의 사명은 조직의 존재 이유이다. 마케팅 목적이 이러한 조직의 사명을 벗어날 수는 없다.

그리고 마케팅 목표의 설정은 문제에 대한 정확한 기술, 표적집단의 성격과 크기, 조직의 정책, 자원동원 등의 변수들을 고려해 결정해야 한다. 일반적으로 목표는 상위목표와 하위목표로 구분된다. 상위목표는 장기적인 목표이고, 하위목표는 대개 1년 이내의 단기적 목표이다. 하위목표는 상위목표에 구속되며, 상위목표는 단수이고, 하위목표는 복수인 것이 보통이다. 그리고 상위목표는 마케팅 기획 초기 단계부터 명확히 규정되어야 하며, 하위목표는 복수이기 때문에 각 목표들의 우선순위가 정해져야 한다.

하위목표는 구체적(specific)이고, 측정 가능(measurable)하며, 달성 가능(attainable)하고, 결과지향적(result-oriented)이면서, 시간적 제한(time-bounded)이 분명해야 한다. 이를 영문 머리글자를 따서 SMART라고 한다. 그리고 목표는 과정과 결과, 즉 목표의 달성 여부를 판단할 수 있는 지표가 있어야 한다. 그래야 마케팅의 성공 여부를 평가할 수 있다.

(4) 시장의 세분화와 표적시장의 선정

마케팅에서 시장을 세분화하는 이유는 사람들의 욕구나 기호가 다양하기 때문이다. 말하자면 다양한 욕구의 효과적인 충족을 위해 시장의 세분화가 필요하다는 것이다. 시장을 다양한 부문으로 나누어 거기에 적합하게 전략적으로 마케팅을 하는 것을 시장의 세분화라고 한다. 시장을 하나로 간주하여 마케팅도 단일하게 할 것인지, 아니면 시장을 욕구에 따라 세분화하여 세분화된 시장마다 다른 마케팅을 적용할 것인지는 마케팅 주체의 판단에 달려 있다. 욕구가 다양하다 하더라도 전체 시장의 규모가 작아 세분화된 시장의 사업성이 없다고 판단될 때는 시장의 세분화는 불필요하다.

시장을 세분화하는 작업에서 중요한 것이 관련 변수의 선택이다. 예를 들어, 소비자 행동일 경우 소비자 시장의 변수는 지리적 변수, 인구통계학적 변수, 심리적 변수, 행동적 변수 등이 된다. 지리적 변수는 지역단위, 지역의 크기, 인구밀도 등이 포함되고, 인구통계학적 변수는 고객의 나이, 성, 가족상황, 소득, 직업, 교육, 종교, 사회계층 등이 포함된다.

사회복지기관의 후원자 개발의 경우 후원자의 소득, 직업, 나이, 종교, 성 등이 주요 변수가 된다. 왜냐하면 이런 변수별로 후원 행위의 차이가 있기 때문이다. 예를 들어, 공무원과 회사원 등 안정된 직업을 갖고 있는 사람들의 후원 확률이 높고, 교육수준이 높을수록 후원을 많이 하며, 30~40대 기혼 중년층과 기독교인의 후원활동이 상대적으로 활발한 것으로 알려져 있다. 따라서 이들 집단을 선정해 마케팅을 하면 성공할 가능성이 높다.

심리적 변수에는 사람들의 개성, 생활 스타일, 소속감, 관계의 지속성 등이 있다. 예를 들어, 자원봉사자나 기부자들이 기관에 시간과 기금을 제공하는 행위는 기관과의 유대감과 친밀감을 형성하게 만든다. 기관에서는 잠재적 후원자들에게 기관에 대한 소속감과 참여 행위의 자부심을 갖게 함으로써 기부 행위를 촉진시킬 수 있다.

행동적 변수는 구매자들이 상품에 대하여 갖고 있는 지식, 태도, 사용 후의 반응 등이 있다. 그러나 이들 변수들을 전부 시장 세분화에 적용할 필요는 없다. 변수들은 상품에 따라 그 중요성이 다르다. 그리고 너무 많은 변수를 사용하면 오히려 과다한 목표와 복잡한 프로그램으로 인해 효과가 반감될 수 있다.

한편, 시장의 세분화 작업을 통해 시장은 동질적인 범주에 따라 세분화된다. 동질적인 부분들을 묶어 시장을 세분화했을 때 공략 가능하다고 판단된 시장이 바로 표적시장이다. 사회복지기관은 이러한 표적시장을 대상으로 가장 적합한 상품이나 서비스를 개발한다. 표적시장의 선정을 통해 가장 큰 구매 관심을 가진 집단을 추출해 낼 수 있으며, 여기에 마케팅을 집중함으로써 마케팅 효과를 극대화할 수 있다.

(5) 프로그램의 수립

사회복지기관의 후원자는 결연후원자, 정기후원자, 비정기후원자, 프로그램후원자 등이 있다. 후원자 개발 프로그램은 후원자의 유형에 따라 다르다. 따라서 각 후원자 유형의 특성을 고려해 후원자 개발 프로그램이 수립되어야 한다.

결연후원은 후원자와 클라이언트를 연결하여 재정적·정신적 지원을 하도록 하는 것이다. 실제로 모금실적이 좋은 사회복지기관들은 모금액의 상당 부분을 결연후원금에 의존하고 있다. 결연후원에서 중요한 점은 후원자에게 클라이언트에 관한 구체적인 정보를 제공하는 일이다. 이를 통해 클라이언트의 욕구에 맞는 지원을 유도해 낼 수 있으며, 후원자의 보람을 극대화할 수 있을 뿐만 아니라 후원기간을 장기간 유지할 수 있다. 그러나 클라이언트에 관한 정보를 제공할 때 클라이언트의 사생활이 노출되어 클라이언트가 낙인을 느끼게 될 수도 있으니 조심해야 한다. 결연후원은 경제적인 것이 주가 되지만 정신적인 것도 있다.

정기후원은 정기적으로 후원금을 내는 것으로 결연후원과 달리 후원대상이 정해져 있지 않다. 대체로 사회복지기관이 선호하는 방식이다. 정기후원의 금액은 정해져 있지 않으며, 소액에서 고액까지 매우 다양하다. 후원자 입장에서는 기부금액 선택의 폭이 넓은 장점이 있다. 그러나 후원대상이 정해져 있지 않아 결연후원에 비해 후원 지속률이 낮은 약점이 있다.

비정기후원은 정기후원과 성격이 동일하나 후원금이 비정기적이라는 점에서 다르다. 비정기후원은 결연후원이나 정기후원과 같이 후원의 지속에 부담을 느끼는 사람을 후원자로 개발해 낼 수 있는 장점이 있다. 그러나 비정기후원은 지속성이 없어 사회복지기관에서 선호하지는 않는 편이다.

프로그램후원은 특정 사업이나 프로그램을 홍보하여 모금하는 방법이다. 결식아동돕기모금이나 노숙자 자립지원을 위한 모금 등이 여기에 속한다. 특정 개인이나 집단의 욕구보다는 사회적 이슈가 되고 있는 사회문제나 문제 집단을 타깃으로 하는 경우 효과를 높일 수 있다.

(6) 마케팅 실행방법

후원자 개발을 위한 마케팅 방법에는 DM(직접우편), 이벤트, 대중매체 광고, ARS, 컴퓨터 통신, CRM 등이 있다.

첫째, DM은 후원을 요청하는 편지를 잠재적 후원자들에 발송하여 후원자를 개발하는 방식으로 가장 전통적인 마케팅 방법이다. DM은 불특정 다수에게 보내기보다는 표적시장을 선정하여 지역, 나이, 사회적 지위, 소득 등에 따라 대상자 목록을 확보하여 보내면 효과가 있다.

둘째, 이벤트는 후원의 특정 동기를 부여하기 위하여 특정 기간과 장소에서 사전 계획하에 특별한 활동을 벌이는 커뮤니케이션 과정이다. 이벤트는 전달자와 수용자가 현장에서 느끼고 소통하며 입체적으로 경험하고 지각하기 때문에 기억에 오래 남는다. 후원자 개발을 위한 사회복지기관의 이벤트로는 자선 음악회, 모금 만찬회, 전시회 등이 있다. 이벤트를 통해 대중의 공감대를 형성하고, 잠재적 후원자와의 관계를 형성하며, 사회복지에 대한 대중교육의 효과를 얻을 수 있다.

셋째, 대중매체 광고는 주로 영리 부문에서 사용하는 마케팅 방법이다. 후원자 개발을 위한 사회복지기관의 대중매체 활용은 아직 미진한 실정이나 라디오나 잡지 등을 통한 마케팅이 점차 활성화되고 있다. 특히 잡지를 통해 후원자를 개발하고자 할 경우에는 잡지의 판매부수, 독자층, 성격 등을 고려하여야 한다.

넷째, 자동응답시스템(ARS)은 모금방송 시청자들이 이 시스템을 통하여 전화를 걸면 통화당 일정 금액의 후원금이 자동으로 전화요금에 부과되어 전화요금과 함께 기부금을 제공하도록 하는 방식이다. ARS의 장점은 손쉽게 적은 금액으로 부담 없이 후원에 참여할 수 있다는 데 있다.

다섯째, 컴퓨터 통신을 활용한 후원자 개발이 활성화되고 있다. 후원자들은 온라인상에서 신용카드를 통하여 후원금을 보내거나 기금후원을 약속한 후 약정 액수를 송금한다. 국내 통신을 통해 후원자를 개발하는 방법으로는 기관에 직접 후원을 요청할 수도 있고, 통신란의 게시판, 대화방, 동호회 등을 통해 후원을 요청할 수도 있다. 그리고 통신회사에 광고비를 지불하고 후원자를 모집하거나 기부금을 요청하는 광고를 낼 수도 있다. 인터넷 홈페이지를 구축하여 기관의 홍보와 모금을 하는 경우도 있다.

여섯째, 기업의 명분지향 마케팅(cause-related marketing: CRM)은 1980년 이후 사회복지기관을 포함한 비영리조직들이 모금을 위해 많이 활용하는 마케팅 기법이다. 이는 미국의 신용카드 회사인 아메리칸 익스프레스 카드에서 처음 사용한 방법인데, 회사는 카드 속에 그려져 있는 회사의 상징인 자유의 여신상을 판촉에 활용하기 위해 자유의 여신상 복원사업을 펼치는 시민단체와 연계하여 개인이 사용한 카드금액의 일정 비율을 시민단체에 기부하였다. 이러한 방식은 기업의 이미지를 높여 주어 기업의 상품 판매에 긍정적인 영향을 미치는 동시에 사회복지기관의 후원자 개발에도 기여한다.

(7) 마케팅 관리

사회복지기관처럼 비영리조직에서는 후원자를 개발하는 마케팅도 중요하지만 관리하는 마케팅도 매우 중요하다. 왜냐하면 사회복지기관 후원자의 중도 탈락률은 매우 높은 편이며, 모금과 후원을 통한 사회복지기관의 재정 충당이 잘 안 되는 주요 이유 중 하나가 후원자의 중도 탈락 때문이다. 이를 줄이기 위해서는 후원자 관리 마케팅이 필요하다.

예를 들면, 신규 후원자의 경우 감사편지, 후원안내서, 신규 후원자 추천용 신청서 등을 발송하고, 기존 후원자는 감사편지, 소식지, 연말연시 카드 또는 생일 카드의 발송, 후원자 만족도 조사, 후원자의 욕구 및 동기 파악, 후원자 관리업무의 전산화 등을 통해 관리한다.

12장 재무관리

재무관리(financial management)는 기관운영에 필요한 자금을 동원하고, 예산을 수립하여 효율적으로 집행하는 일련의 과정이다. 재무관리는 기업과 같은 영리조직이든 사회복지기관과 같은 비영리조직이든 원칙적으로 동일하나, 비영리조직은 이윤을 추구할 수 없기 때문에 모금이나 정부지원 등 기관 외부로부터의 안정적인 재원을 확보하는 데 더 많은 신경을 써야 한다.

12장에서는 1절에서 재정의 원천인 재원에 대해서 알아보고, 2절에서는 필요한 자금을 추정하는 예산의 개념과 과정 그리고 예산의 편성과 집행을, 3절에서는 집행된 자금의 거래, 수입과 지출 등 자금의 흐름을 추적하는 회계와 감사에 대해서 살펴본다.

1절 재원

사회복지기관의 재원(sources of funding)은 매우 다양하며, 다음과 같이 나눌 수 있다.

첫째, 정부로부터 직접 받거나 계약의 형태로 지원받는 정부보조금, 둘째, 재단지원금, 후원금, 기증 등과 같은 기부금, 셋째, 서비스 요금, 임대료, 상품판매 수익 등과 같은 수익사업에 의한 수입, 넷째, 기타 특별행사 수익이나 투자수익 등이다.

이러한 재원은 사회복지기관의 유형별로 차이가 나며, 이를 정리하면 다음과 같다.

표 12-1 기관 유형별 재원

기관 유형		주요 재원	
공공기관		• 정부의 예산 배정	• 민간의 지정 기탁금
민간기관	비영리	• 기부금 • 정부보조금 • 모금	• 서비스 이용료 • 재단의 지원 • Medicaid/Medicare
	영리	• 서비스 이용료 • Medicaid/Medicare	• 정부보조금

출처: Gibelman, 2000: 124의 표 6.2.

1. 정부보조금

전통적으로 정부는 비영리기관을 재정적으로 지원해 왔으며, 지방정부가 관할지역 내의 사회복지기관의 운영비를 지원하는 것이 오랜 관례였다. 정부의 사회복지기관에 대한 예산지원을 보조금(grants)이라 한다.

정부보조금은 정부가 해야 할 사회복지사업을 민간사회복지기관에게 위임하면서 지불하는 자금이다. 정부가 민간사회복지기관에 사업을 대행시키는 이유는 정부조직의 관료주의를 피하고 민간조직의 장점인 전문성과 융통성을 살리기 위해서이다. 그리고 민간사회복지기관의 입장에서 정부보조금은 매우 안정적인 재원이 되므로 선호한다. 그러나 정부보조금을 받게 되면 정부의 감사 등 상당한 제약과 통제를 받게 된다. 정부예산을 사용하기 때문에 불가피한 것이다. 그렇기 때문에 독립성과 자율성을 중시하는 사회복지기관은 정부보조금 신청을 기피한다.

우리나라의 경우 정부보조금은「보조금 관리에 관한 법률」(제2조)에 규정되어 있다. 그에 의하면 "'보조금'이란 국가 외의 자가 수행하는 사무 또는 사업에 대하여 국가(「국가재정법」 별표 2에 규정된 법률에 따라 설치된 기금을 관리 · 운용하는 자를 포함한다)가 이를 조성하거나 재정상의 원조를 하기 위하여 교부하는 보조금(지방자치단체에 교부하는 것과 그 밖에 법인 · 단체 또는 개인의 시설자금이나 운영자금으로 교부하는 것만 해당한다), 부담금(국제조약에 따른 부담금은 제외한다), 그 밖에 상당한 반대급부를 받지 아니하고 교부하는 급부금으로서 대통령령으로 정하는 것을 말한다."

그리고「사회복지사업법」(제42조, 제42조의3)에도 사회복지사업에 대한 정부보조금에 관한 규정이 있는데, 그에 따르면 "국가나 지방자치단체는 사회복지사업을 하는 자 중 대통령령으로 정하는 자에게 운영비 등 필요한 비용의 전부 또는 일부를 보조할 수 있다."(보조금) 그리고 "보건복지부장관은 시 · 도지사 및 시장 · 군수 · 구청장에게 사회복지사업의 수행에 필요한 비용을 지원할 수 있다."(지방자치단체에 대한 지원금)

정부보조금의 지급대상사업의 범위와 기준보조율은 〈표 12-2〉와 같다. 표에서 보듯이 중앙정부의 지방정부에 대한 기준보조율은 지방이 서울에 비해 높고, 지방자치단체에 대한 정부보조율은 재정자주도에 따라 차등 적용되고 있는데, 재정자주도가 낮은 지역일수록 정부보조율이 높다.

표 12-2 보조금 지급 대상사업의 범위와 기준보조율

보조금 지급 대상사업	기준보조율
기초생활보장수급자 생계급여, 주거급여, 의료급여	서울 50%, 지방 80%
영유아보육료 및 가정양육수당 지원	서울 35%, 지방 65%
장애수당 · 장애아동수당	서울 50%, 지방 70%
저소득 한부모가족 지원	서울 50%, 지방 80%

출처: 「보조금 관리에 관한 법률 시행령」 별표 1에서 발췌.

2. 기부금과 후원금

기부금(contributions)이란 개인이나 단체가 사회복지기관이나 기관의 프로그램에 조건 없이 주는 증여를 말한다. 서비스 이용료와 마찬가지로 대부분의 기부금은 사회복지기관에게 유동적인 재원이다. 따라서 사회복지기관들은 기부금을 만들기 위해 다양한 전략을 추구하며, 조직 차원에서의 상당한 노력이 필요하다. 기부금은 오랫동안 사회복지기관의 주요 재원이었으나 현재는 다소 감소하는 추세에 있다.

우리나라의 경우 사회복지기관(사회복지법인의 대표이사와 시설의 장)이 후원자로부터 아무런 대가 없이 무상으로 받은 금품 기타의 자산을 후원금이라고 한다(「사회복지사업법」 제45조). 사회복지기관의 후원금 관리는 「사회복지법인 및 사회복지시설 재무 · 회계 규칙」에 규정되어 있다. 그에 의하면 후원금의 범위, 영수증 교부, 사용내역 통보, 결과보고, 용도 등은 다음과 같다.

1. 후원금의 범위: 법인의 대표이사와 시설의 장은 「사회복지사업법」 제45조에 따른 후원금의 수입 · 지출 내용과 관리에 명확성이 확보되도록 하여야 한다. 시설거주자가 받은 개인결연후원금을 당해인이 정신질환 기타 이에 준하는 사유로 관리능력이 없어 시설의 장이 이를 관리하게 되는 경우에도 또한 같다.
2. 후원금의 영수증 발급: 법인의 대표이사와 시설의 장은 후원금을 받은 때에는 「소득세법 시행규칙」 제101조 제20호의2에 따른 기부금영수증 서식 또는 「법인세법 시행규칙」 제82조 제7항 제3호의3에 따른 기부금 영수증 서식에 따라 후원금 영수증을 발급하여야 하며, 영수증 발급목록을 별도의 장부로 작성 · 비치하여야 한다.
3. 후원금의 수입 및 사용내용 통보: 법인의 대표이사와 시설의 장은 연 1회 이상 해당 후원금의 수입 및 사용내용을 후원금을 낸 법인 · 단체 또는 개인에게 통보하여야 한다. 이 경우 법인이 발행하는 정기간행물 또는 홍보지등을 이용하여 일괄 통보할 수 있다.
4. 후원금의 수입 · 사용결과 보고 및 공개: 법인의 대표이사와 시설의 장은 제19조 및 제20조에 따른 결산보고서를 제출할 때에 별지 제19호 서식에 따른 후원금수입 및 사용결과보고서(전산파일을 포함한다)를 관할 시장 · 군수 · 구청장에게 제출(「사회복지사업법」 제6조의2 제2항에 따른 정보시스템을 활용한 제출을 포함한다)하여야 한다. 시장 · 군수 · 구청장은 제1항에 따라 제출받은 후원금수입 및 사용결과보고서를 제출받은 날부터 20일 이내에 인터넷 등을 통하여 3개월 동안 공개하여야 하며, 법인의 대표이사 및 시설의 장은 해당 법인 및 시설의 게시판과 인터넷 홈페이지에 같은 기간 동안 공개하여야 한다. 다만, 후원자의 성명(법인 등의 경우는 그 명칭)은 공개하지 아니한다.
5. 후원금의 용도 외 사용금지: 법인의 대표이사와 시설의 장은 후원금을 후원자가 지정한 사용용도외의 용도로 사용하지 못한다. 보건복지부장

관은 후원자가 사용용도를 지정하지 아니한 후원금에 대하여 그 사용기준을 정할 수 있다. 후원금의 수입 및 지출은 제10조의 규정에 의한 예산의 편성 및 확정절차에 따라 세입 · 세출예산에 편성하여 사용하여야 한다.

3. 이용료

이용료(fees)는 클라이언트와 제3자(공공사회복지기관, 사회보장, 직업재활, 보험회사 등)가 사회복지기관의 서비스를 사용한 대가로 지불하는 돈을 말한다. 다시 말해 서비스에 대한 클라이언트 차지(client charge)인 것이다(Lohmann, 1989: 119).

서비스 이용에 대한 대가인 이용료로 기관의 재정을 충당하는 것은 수익자부담이라는 자본주의 시장경제의 일반적 원칙에 부합된다. 그리고 서비스 이용자인 클라이언트가 지불하는 이용료 수입은 사회복지기관이 해당 프로그램을 주체적 · 자율적으로 운영할 수 있도록 만들기 때문에 기관으로서는 선호할 만한 재원이다.

이런 장점에도 불구하고 이용료는 유동적이고 불안정하다는 단점을 지니고 있다. 사회복지기관이 서비스 이용자의 이용료만으로 재정을 충당하는 프로그램을 운영한다고 할 때 참여 이용자의 수가 기대 이하이면 재정 적자라는 심각한 문제에 봉착하는 것이다.

이용료를 재정의 주요 수단으로 활용하는 기관의 경우 가장 중시해야 하는 것이 이용료 수입총액에 대한 예측 가능성이다. 이를 위해 기관은 가능하면 장기간 이용료를 지불하는 클라이언트를 확보하기 위해 노력해야 하며, 가급적 개인 클라이언트보다 집단 클라이언트를 이용자로 만드는 것이 좋다. 사회복지기관의 이용료의 종류는 다음과 같다(Lohmann, 1989: 125-126).

- 참가비(participation fees): 사회복지기관의 프로그램에 참가할 때 지불하는 일정액을 말한다.
- 고정이용료(fixed fees): 특정 프로그램을 이용할 수 있는 권리를 구입하는 비용이다.
- 슬라이딩스케일 이용료(sliding-scale fees): 클라이언트의 지불능력을 고려한 이용료이다. 일정 소득 이하의 클라이언트는 이용료를 면제해 주고, 그 이상의 소득을 가진 클라이언트에게는 누진적 이용료를 부과한다.
- 공평 부담이용료(fair fees): 전체 비용을 참가자 수로 나눈 이용료이다. 예를 들어, 주말 여행경비 총액을 참가자 수로 공평하게 나누어 개인 이용료를 책정하는 방식이다.
- 삼자 지불이용료(third party fees): 미국의 Medicare나 Medicaid, 우리나라의 장기요양보험(건강보험공단) 등과 같은 제3자가 사회복지기관의 서비스 이용료를 대신 지불하는 방식이다.

4. 모금

모금은 사회복지기관의 재정 충당방법의 하나로서 조직목표를 달성하는데 필요한 자금을 획득하는 것과 지역사회 주민을 모금활동에 참여시킴으로써 조직목표에 대한 관심을 증진시키는 것이 목적이다. 말하자면 모금은 기관의 재원일 뿐만 아니라 기관을 홍보하는 수단도 된다는 것이다. 일반적으로 모금은 기획, 조사, 제안, 사후평가 등 4단계를 거친다(Rubin & Rubin, 1986: 344-348).

1) 제1단계: 기획(planning)

기관은 어떻게, 언제, 누가 모금을 할 것인지를 기획해야 한다. 모금 방법을 결정하는 일은 쉬운 일이 아니다. 모금방법의 결정은 필요한 자금의 총액, 모금에 소요되는 기간(모금의 속도), 기금의 목적 등에 달려 있다.

첫째, 모금의 규모에 관한 결정이다. 모금 규모가 크면 모금과정에서 기관 회원들 상당수가 배제된다. 모금과정에 많은 사람이 참여하는 특별한 이벤트가 있을 경우 모금 규모가 적절하면 회원들의 참여가 활성화된다. 그러나 모금 규모가 크면 보다 많은 기부자, 기업의 후원, 정부와 재단의 지원 또는 차입금 등 다양한 방법이 요구된다. 이 경우 기관조직의 대표자의 리더십이 중요하다. 반면에 기관 회원의 참여도는 떨어진다.

모금의 속도가 중요하면, 거리 모금, 정부 지원이나 재단의 후원과 같은 방법은 어렵다. 이 경우 새로운 회원이나 이사를 영입하여 기금을 내놓게 만들거나 집집마다 방문하여 모금하는 방법이 가장 빠르다.

기금의 원천이 다양한 경우 모금의 기술적 방법을 선택하는 일이 중요하다. 정부나 재단은 기관이 새로운 프로그램이나 프로젝트를 시작할 때 또는 시범사업을 하려 할 때 지원해 주는 경우가 많다. 대중을 대상으로 하는 서비스의 경우 정부와의 계약을 통해 운영비용을 조달할 수 있다. 부유층은 자신의 존재를 드러낼 수 있는 가시적인 프로그램이나 캠페인에 기부할 확률이 높다. 적극적인 회원은 우편요금이나 전화요금과 같은 기관의 운영비용을 지원하는 데 주저하지 않는다.

둘째, 모금의 시기에 관한 결정이다. 기관의 모금 행사가 유명한 연예인의 콘서트와 날짜가 겹칠 경우 관심을 끌기 어렵다. 다른 기관과 모금 시기가 겹칠 경우도 모금의 결과는 좋지 않다. 반면에 일반 후원자들을 대상으로 할 경우 그들의 봉급날 직후에 모금하면 효과가 있고, 기부금 과세공제 혜택을 볼 수 있는 부유층을 대상으로 할 경우 과세 기간 전에 모금하면 효과가 있다.

셋째, 모금에서 자원봉사자를 활용할 것인가 아니면 모금 전문가를 활용할 것인가를 결정하는 것이다. 보통 자원봉사자가 좋다. 왜냐하면 모금에의 참여 자체가 기관에의 관심과 애정을 높이기 때문이다. 그러나 자원봉사자가 충분치 않으면 모금 전문가를 고용해야만 한다.

2) 제2단계: 조사(research)

모금을 앞두고 기관의 회원들은 서비스 시장 또는 가능한 후원자에 대해 조사를 해야 한다. 후원자들, 후원자들의 재정 상태, 후원 실적 등에 관한 정보를 수집하는 것이다. 재단이나 정부가 어떤 프로포절을 지원하는지에 대해 알아보는 것도 중요하다.

그리고 무엇인가 판매할 계획이라면 지역사회에 그런 수요가 있는지를 사전에 조사해야 하고, 다른 기관에서 동일한 물품을 판매할 계획이 있는지의 여부도 알아보아야 한다. 또한 목표하는 액수의 모금을 달성할 수 있는지와 관련해 가능성 있는 후원자에 대해서도 알아보아야 한다. 기업의 후원을 이끌어 내기 위해서는 기업의 후원 실적을 알아보는 것이 도움이 된다. 처음 후원하는 경우 후원에 응할 가능성 여부를 알아보는 것이 좋다. 콘서트를 계획할 경우 고액의 티켓을 구입할 의사가 있는 사람이 얼마나 있는지에 대해 사전에 알아야 한다. 재단이나 정부를 대상으로 할 경우는 그들이 어느 정도의 후원 또는 지원 자금을 보유하고 있는지에 대해 아는 것이 매우 중요하다. 보통 재단들은 예산의 일정 부분을 후원금으로 사용해야 하는 의무가 있다. 재단들이 어떤 프로그램에 관심(매년 달라질 수 있다)이 있는지를 사전에 알아보는 것도 긴요하다.

3) 제3단계: 제안(presentation)

가능성 있는 후원자를 대상으로 한 제안이다. 기관의 명칭과 목적, 과거의 실적, 현재 필요한 것, 후원의 필요성 등을 담아야 한다. 기금의 사용처 및 그 결과에 대해 기술하는 것도 필요하다. 제안은 기관을 잠재적 후원자에게 소개하는 데 매우 중요하다. 제안의 내용은 정확하고 분명해야 한다.

4) 제4단계: 사후평가(follow through)

후원 내역을 기록하여 주변에 알리고 모금 캠페인을 평가하는 일이다. 후원자와 기부자에게 기금이 어떻게 사용되었으며, 프로젝트가 얼마나 성공적이었는지를 알려야 한다. 그리고 모금 캠페인을 평가하는 일도 중요하다. 평가 결과는 기관의 다음 모금에 큰 도움이 된다.

1단계: 기획	2단계: 조사	3단계: 제안	4단계: 평가
어떻게, 언제, 누가 모금을 할 것인지를 기획한다. 필요한 자금의 총액, 모금에 소요되는 기간(모금의 속도), 기금의 목적 등을 기획한다.	모금을 앞두고 서비스 시장 또는 가능한 후원자에 대해 조사한다. 후원자들, 후원자들의 재정 상태, 후원 실적 등에 관한 정보를 수집하는 것이다.	가능성 있는 후원자를 대상으로 기관의 명칭과 목적, 과거의 실적, 현재 필요한 것, 후원의 필요성 등을 알린다.	후원 내역을 기록하여 주변에 알리고 모금 캠페인을 평가한다.

[그림 12-1] 모금의 단계

한편, 펀드레이싱 전문가 Grace(1997)는 효과적인 모금을 위해 후원투자자 개념을 주장하고 있다. 후원투자자 모금은 기존의 구걸식 모금태도(모금을 거절당할지 모른다는 두려움 때문에 생기는 태도로서 거절의 두려움을 완화시키고자 미안해하는 자세를 말함)를 지양하는 전략적 · 혁신적 모금방법이다. 후원투자자는 자신의 기부금에 대한 대가로 모금기관으로부터 어떤 보답을 받음으로써 후원금을 일종의 투자로 생각하게 된다. 그 보답은 재정적인 보답과 가치적인 보답이 있다. 재정적인 보답은 탄탄한 프로그램, 모금활동, 기부금의 건전한 관리 등의 형태로 나타나고, 가치적인 보답은 문제해결, 서비스 제공, 지역사회 삶의 질 개선 등 기관이 지역사회에 기여하는 것으로 나타난다.

Grace(1997)는 효과적인 모금에 필요한 자원으로 다음과 같은 세 가지를 꼽고 있다.

① 인력: 효과적인 모금을 위해서는 유용한 인력의 동원이 필수적이다. 이사회, 자원봉사자, 직원, 잠재적 기부자, 기부자, 지역사회 주민, 기관과 이해관계에 있는 사람 등을 포함한다. 이들의 참여를 유도하고 그들의 헌신성을 높여야 한다.
② 적절한 예산: 잠재적 기부자, 기부자, 자원봉사자와의 관계를 장기적으로 유지해야 모금에 성공할 수 있다. 이를 위해서는 이들과의 지속적인 관계 구축에 적절한 예산이 투입되어야 한다.
③ 기관의 계획: 기관의 비전, 목표 및 세부 목표에 대한 기부자의 확고한 믿음이 필요하다. 기부자는 모금 그 자체보다는 기관의 프로그램 때문에 기부한다. 기부자는 기관이 지역사회의 문제를 해결하거나 기관의 서비스가 지역사회를 개선한다고 기대하기 때문에 기관에 기부한다는 것이다.

사회복지기관의 모금기법은 DM(직접우편), 이벤트, 대중매체 광고, ARS(자동응답기), 인터넷 등 매우 다양하다. DM은 후원을 요청하는 편지를 잠재적 후원자들에 발송해 후원자를 개발해 내는 전통적인 모금방법이다. 이벤트는 자선음악회, 모금만찬회, 전시회 등 이벤트를 통해 후원자의 후원동기를 이끌어 내는 방법이다. 대중매체광고는 TV, 라디오, 신문, 잡지 등의 광고를 활용하는 방법이다. 자동응답시스템(ARS)은 최근 많이 이용되고 있는데, 자동응답전화를 이용하는 방법이다. 불특정 다수로부터 모금할 수 있는 장점이 있다. 인터넷의 경우 기관의 인터넷 홈페이지, 이메일, 인터넷 동호회 등을 활용할 수 있다.

우리나라 비영리 사회복지기관의 모금활동은 「사회복지공동모금회법」으로 창구가 일원화되고, 「기부금품의 모집 및 사용에 관한 법률」에 의해 엄격한 규제(정부의 허가를 받아야 함)를 받아 사실상 개별 사회복지기관이 이벤트성 모금활동을 하기가 매우 어려운 실정이다. 과거 모금 관련 비리가 일부 있었으나 이제는 시민의식이 성숙하여 그런 일이 발생하기 어렵다. 「기부금품의 모집 및 사용에 관한 법률」을 폐지하여 비영리기관의 모금활동을 장려하고 발전시켜야 한다. 모금은 주요한 민간자원 동원방법인 동시에 시민의식을 고양시키는 동인이 될 수 있다.

5. 사회복지공동모금회

사회복지공동모금회는 우리나라의 가장 대표적인 모금단체이다. 사회복지공동모금회는 모금의 난립과 모금 관련 비리를 방지하기 위해 사회복지모금을 일원화한 것이다.

1975년부터 정부에서 주관하던 이웃돕기모금사업이 1998년 7월 1일 「사회복지공동모금법」이 시행되고 그에 따라 민간법정단체인 전국공동모금회와 16개 지역공동모금회가 설립되면서 모금업무가 이관되었다.

그리고 1999년 4월 1일부터 「사회복지공동모금회법」으로 개정 · 시행되어 지원대상 사업의 적용범위가 사회복지사업 및 기타 사회복지활동으로 확대되고, 개별 독립법인이던 지역공동모금회가 공동모금회 지회로 전환되었다. 이와 함께 모금과 배분사업의 전문성을 인정하여 모금경비 및 관리운영비의 사용한도를 10% 이내로 대폭 확대하고, 예산안과 사업계획도 보건복지부 승인사항에서 보고사항으로 개정하여 자율성을 확보하였다.

공동모금회의 모금사업은 연말연시 집중모금과 연중모금이 있다. 모금액은 중앙과 지회를 합해 연 2천억여 원에 달하며, 배분은 신청사업, 지정기탁사업, 기획사업, 긴급지원사업 등 다양하다. 신청사업은 전문프로그램 사업계획서를 제출받아 심사한 후 지원하는 것이고, 지정기탁사업은 기부자의 의도대로 배분하는 것이며, 긴급지원사업은 시급한 지원이 필요한 사람들에게 배분하는 것이다. 일반배분사업에서 제외된 것은 기획사업을 통해 지원된다. 배분 실적은 지정기탁사업에 가장 많이 배분되고(절반 정도), 기획사업에 약 3할, 나머지는 신청사업과 긴급지원사업에 배분되고 있다.

사회복지공동모금회의 기금은 우리나라 민간 사회복지기관 및 시설의 특별 프로그램의 운영이나 필요한 장비의 구입에 상당한 기여를 하고 있다. 앞으로 사회복지공동모금회는 우리나라를 대표하는 모금기관으로서 시민의 건전한 모금문화를 발전시키고 배분의 투명성과 공익성을 더욱 강화하여 책임 있는 모금기관으로 확고한 위상을 정립해야 한다.

6. 사회복지관의 재원

우리나라 사회복지관의 세입과 세출 현황을 보면 사회복지기관의 재원에 대해서 이해할 수 있다. 〈표 12-3〉에서 보듯이 세입, 즉 재원은 사업수입, 국고 및 지방정부 보조금, 후원금, 전입금 등으로 구성되어 있다는 것을 알 수 있다. 그리고 국고 및 지방비와 같은 정부보조금이 전체 재정의 약 70%를 차지하고 있고, 사업수입이 7.1%, 후원금이 8.2%를 차지하고 있다. 이는 우리나라 사회복지기관의 대부분을 차지하는 사회복지관의 재원 구조가 잘 나타나 있다.

표 12-3 W복지관의 세입 현황 (단위: 천 원)

과목			2017년	2018년	증△감	
관	항	목	예산액	예산액	액수	비율(%)
총계			813,273	721,318	△91,955	
사업수입			58,000	55,000	△3,000	
	사업수입		58,000	55,000	△3,000	
		사업수입	58,000	55,000	△3,000	
보조금수입			601,629	572,288	△29,341	
	보조금수입		601,629	572,288	△29,341	
		국고보조금	0	0		
		시도보조금	30,339	5,733	△24,606	
		시군구보조금	570,740	566,555	△4,185	
		기타보조금	550	0	△550	
후원금수입			67,000	47,000	△20,000	
	후원금수입		67,000	47,000	△20,000	
		지정후원금	19,000	6,000	△13,000	
		비지정후원금	48,000	41,000	△7,000	
전입금			56,689	15,000	△41,689	
	전입금		56,689	15,000	△41,689	
		법인전입금	55,789	15,000	△40,789	
		전입금후원금	900	0	△900	
이월금			27,935	30,000	2,065	
	이월금		27,935	30,000	2,065	
		전년도이월	9,593	20,000	10,407	
		후원금이월	18,342	10,000	△8,342	
잡수입			2,020	2,030	10	
	잡수입		2,020	2,030	10	
		불용품매각	0	10	10	
		예금이자	20	20		
		기타잡수입	2,000	2,000		

2절 예산

1. 예산의 개념과 과정

예산(budgeting)은 기관의 운영에 소요되는 비용을 추정하는 것으로 일정 기간(회계연도)에 걸친 조직의 수입 및 지출에 관한 계획안이다. 사회복지기관에서의 예산은 기관의 예산 관련 규정에 따라 편성되며, 이사회와 같은 심의의결기구의 심의와 의결을 거쳐 확정된다. 사회복지기관은 공익단체이다. 따라서 기관의 수입과 지출은 법과 원칙에 따라 엄격하게 수립 · 집행되어야 한다. 예산은 사회복지기관에 두 가지 측면에서 중요하다. 첫째, 기관의 수입과 지출의 균형을 맞추는 일이다. 둘째, 조직목표에 지출 규모를 맞추는 일이다.

예산의 목적은 기관의 자금을 할당(allocate money)하는 것이다. 예산을 짜기 위해서는 수입과 지출을 먼저 계산해야 한다. 이 일은 기관 설립 첫 해에 가장 어렵다. 수입과 지출을 예상하기 어렵기 때문이다. 이때는 각 부문별로 한 단계씩 짜는 것이 좋다. 프로그램의 각 항목별 비용을 계산해 합산하면 프로그램 운영에 필요한 자금을 개괄해 낼 수 있다. 지출은 서비스 수준과 비용 내역을 알아야 가능하다. 그것은 주어진 서비스 질과 주어진 서비스 총량에 기초하며, 이는 기관의 결정사항으로서 예산 담당자가 임의로 변경할 수 없다. 그리고 사회복지기관의 지출 항목에는 사회복지서비스 관련 지출 이외에도 고정 · 경상경비(fixed & recurring expenses)가 있다. 정규 직원의 임금, 집세, 전기세, 난방비, 통신비, 감가상각비 등이다. 기관은 이런 비용은 매달 고정적으로 지출해야 한다.

수입 추산은 기관 설립 첫 해에 가장 어렵다. 어느 정도 후원금이 들어올지, 정부 지원을 얼마나 받을 수 있을지를 예상하는 일이 쉽지 않기 때문이다. 수입도 소스 항목별로 분리해서 계산한다. 회비 수입, 특별 이벤트 수입, 모금, 정부 지원금 등이 그것이다.

만약 예상 수입이 지출보다 적으면, 모금 기술을 새로 도입하든지 아니면 지출을 줄이든지 해야 한다. 예산은 부정확할 수 있다. 그러나 기관 설립 첫 해에는 수지균형을 맞추는 것이 중요하다. 예상했던 것보다 많은 수입이 발생할 수도 있다. 이 경우 초과 수입은 프로그램에 신중하게 추가 할당되는 것이 좋다. 직원의 봉급 인상에 사용하는 것은 좋지 않다.

수지균형은 예산편성에서 매우 중요하다. 적자가 발생하면 리더는 모든 역량을 재정 수입을 늘리는 데 몰두하게 되고 기관은 절망에 빠질 수도 있다. 수지균형과 관련해 재정 보수주의(fiscal conservatism)의 입장이 있다. 자금에 신중한 태도를 견지하는 것으로 가장 극단적인 재정 보수주의는 지출을 무조건 수입에 맞추는 것이다. 수입을 초과하는 지출을 허용하지 않고, 지출을 수입에 고정시키는 것이다. 만약 기관이 극단적인 재정 보수주의 입장에 서면 재정적자는 결코 발생하지 않을 것이다. 그러나 회원 다수가 새로운 프로그램을 시작할 것을 강력히 요구할 경우 그로 인해 예상하지 않은 재정적자가 발생할 수 있다. 그러나 새로운 프로그램은 기관에 도약과 발전의 전기가 될 수도 있다. 기관은 선택의 기로에 선다(Rubin & Rubin, 1986: 359-362).

예산편성 과정은 일반적으로 다음과 같은 단계를 거친다(Flynn, 1985).

- 제1단계: 해결되어야 할 문제와 대상 집단을 정의하고, 목표와 세부목표를 설정하며, 프로그램 목표가 실제로 달성될 수 있는지 여부를 결정한다.
- 제2단계: 세입과 세출을 산정한다.

- 제3단계: 프로그램 실행 이후의 수입과 지출을 조정하고 수정한다.
- 제4단계: 예산안을 확정한다.

2. 예산편성 방법

사회복지기관의 예산편성 방법은 품목별 예산, 성과주의 예산, 기획예산제도, 제로베이스 예산 등이 있다(최성재 · 남기민, 2000).

1) 품목별 예산

품목별 예산(line-item budgeting)은 수입과 지출의 품목별로 소요될 비용을 단순히 목록화하는 방법으로서 사회복지기관에서 가장 많이 사용되고 있다.

품목별 예산을 짜는 과정의 1단계에서는 품목별 예산의 표준화된 형태를 설계하고, 2단계에서 공통적인 예산 정의와 용어 개발을 하며, 3단계에서는 모든 수입과 지출을 명확하게 산정하고, 4단계에서 예산을 평가한다.

품목별 예산은 단순하고 간단하다. 각 품목은 목적이나 이유가 아니라 그 자체 성격별로 분류(예, 봉급, 수당, 소모품, 식품, 사무용품 등)되며, 상호 독립적이다. 모든 수입과 지출은 품목별로 그 필요성이 분명해야 하며, 예상 수입은 지출 총계와 일치해야 한다. 그리고 수입과 지출은 전년도 품목별 예산과 결산에 일정 비율을 곱해 증감이 결정된다. 이를 '점증주의(incrementalism)'라 한다.

품목별 예산의 장점은 예산수립 작업이 간편하고, 비용의 조절도 용이하다는 것이다. 예산 품목을 정하는 것이나 그 품목의 가격을 추정하는 것이 그리 어렵지 않고, 필요하면 해당 품목의 수량을 조절하여 비용을 조절하는 것도 쉽다는 것이다. 단점은 기관 운영이나 프로그램 실행에 필요한 자원을 어떻게 조달할 것인지는 알 수가 없다는 것이다. 그리고 프로그램 비용과 관리 비용을 비교할 근거가 없어 효과성, 효율성, 생산성, 서비스의 질을 평가할 수 있는 정보를 얻을 수가 없다. 또한 점증주의는 운영상의 창의성을 억제한다.

2) 성과주의 예산

성과주의 예산(performance budgeting)은 정부(지방정부)의 예산편성 방법으로서 구입 물품이나 서비스가 아니라 수행하는 업무에 중점을 둔 관리지향적 예산시스템이다. 예를 들어, 사업계획을 세부사업으로 분류한 다음 각 세부사업을 '단위당 원가×업무량=예산액'의 방식으로 예산을 편성한다. 그 기원은 1913년 뉴욕시 리치몬드구에서 시도한 원가예산제(cost data budget)에 있다고 한다.

성과주의 예산의 장점은 예산안의 내용이 복잡하지 않아 일반인들이 기관의 사업과 목적을 이해하는 데 도움을 주고, 행정부의 정책이나 계획수립을 용이하게 할 뿐만 아니라 입법부의 예산심의를 간편하게 해 주며, 예산편성에 있어서 자금배정을 합리화할 수 있고, 예산집행에 있어서 신축성을 부여하며, 행정통제를 합리화시키며 실적의 평가를 용이하게 하고 실적의 분석을 통하여 얻게 되는 자료를 다음 회계연도 예산에 직접 반영시킬 수 있고, 행정관리에 있어서 계획과 통제를 내재적으로 활용할 수 있으며, 장기계획의 수립과 시행에 도움을 준다는 데 있다.

단점으로는 업무측정 단위와 단위 원가를 산출해 내기가 어렵고,[1] 회계책임이 불분명하며, 정책이나 사업계획에 중점을 두기 때문에 품목별 분류에 비하여 입법부의 엄격한 통제가 곤란하고, 기능의 통합을 지나치게 확대

1) 업무측정 단위를 선정하기가 곤란하다는 것은 단위가 동질적이고, 계산이 가능하고 완결된 업무를 표시해야 하며, 영속성이 있고, 가능한 한 단수여야 하며, 이해하기 쉬운 것이어야 하는데 사실상 용이치 않다. 그리고 단위 원가란 업무측정 단위 하나를 산출하는 데 드는 비용을 말하는데, 회계시스템의 수준이 낮고 유능한 회계직원이 부족한 경우 단위 원가를 계산하기가 쉽지 않다.

시킬 우려가 있다는 것을 꼽을 수 있다.

3) 기획예산제도

기획예산제도(Planning-Programming-Budgeting System: PPBS)란 대표적인 기획예산(planning budgeting)으로서 국가의 장기적인 계획과 단기적인 예산편성을 프로그램을 통해 유기적으로 결합시키는 예산편성 방법이다. 다시 말해 사업을 먼저 기획하고, 세부 프로그램을 작성하며, 이를 토대로 예산을 편성하는 것이다.

PPBS를 위해서는, 첫째, 정부사업의 목표가 명확히 제시되어야 하고, 둘째, 설정된 목표를 달성하는 데 필요한 각종 대안을 효율적 · 체계적으로 검토해야 하며, 셋째, 현재 결정한 정책의 미래 비용을 포함해야 한다. 이를 PPBS 3대 원칙이라고 한다.

PPBS의 기본원리는 한정된 자원을 최적으로 활용하기 위해 능률과 절약을 기하고(절약과 능률), 가능한 한 목표의 달성 정도를 높이고자 하는 것이며(효과성), 시스템 분석이나 비용-편익분석 등 과학적이고 합리적인 방법으로 예산을 편성하는 것이고(과학적 합리성), 이를 통해 주관적인 의사결정을 지양하고 객관적인 의사결정을 하자는 것이며(과학적 객관성), 행정조직과 운영에 있어서 조화, 균형, 통합을 기하자는 것이다(조정).

PPBS의 장점은 조직목표를 보다 정확하게 파악할 수 있고, 여러 목표 중 가장 시급한 것을 선택할 수 있으며, 목표달성을 위한 효율적인 수단의 분석이 가능하고, 합리적인 의사결정이 가능하며, 장기적 사업계획에 대한 객관적 신뢰도가 높고, 조직의 통합적 운영이 가능하다는 것이다.

단점은 목표설정에 여러 가지 이해관계와 정치적 요인이 개입될 소지가 있어 합리적인 목표설정이 어렵고, 최고책임자에게 권한을 집중시키는 중앙집권화 경향이 있으며, 산출과 효과의 수량화(계량화, 정량화)에 중점을 두는데 공공사업에서는 수량화가 어려운 경우가 있고, 과학적 합리성에 입각해 예산을 편성하기 때문에 예산심의에 있어서 이사회의 역할이 축소되며, 품목과 예산이 직접 연결되지 않기 때문에 실제 운영에 있어서 환산작업이 어렵고, 직접비 외의 간접비는 어떻게 배분할 것인지의 문제가 야기된다는 것이다.

4) 제로베이스 예산

제로베이스 예산(Zero-Based Budgeting: ZBB)이란 행정기관의 모든 사업에 전년도 예산을 고려하지 않은 제로베이스에서 새로이 체계적으로 비용-편익분석 또는 비용-효과분석을 통해 사업의 우선순위를 결정하고 이에 입각해 예산을 편성하는 것이다.

제로베이스 예산은 집중적 예산편성방식으로서 목표의 가장 효과적인 달성을 지향하기 때문에 예산의 효율성을 특히 중시하며, 기 집행 중인 프로그램이라 해서 우선권을 부여하지 않는다.

제로베이스 예산의 장점은 재정운영과 자금배정의 탄력성을 유지할 수 있고, 하의상달 방식으로 사업의 효과를 향상시키며, 자원배분의 합리화를 기할 수 있다는 데 있다. 문제점으로는 사업의 축소나 폐지가 쉽지 않고, 목표설정 기능과 기획 기능이 위축되며, 심리적 · 정치적 요인이 무시되고, 업무부담이 과중되며(ZBB를 하기 위해서는 많은 직원과 시간이 필요하다), 분석기법을 적용하는 데 한계가 있는 것 등을 들 수 있다.

표 12-4 예산편성 방법

방법	주요 내용
품목별 예산	수입과 지출의 품목별로 소요될 비용을 단순히 목록화하는 방법으로서 사회복지기관에서 가장 많이 사용되고 있다. 품목별 예산의 표준화된 형태를 설계하고, 공통적인 예산 정의와 용어 개발을 하며, 모든 수입과 지출을 명확하게 산정하며, 예산을 평가한다.

성과주의 예산	구입 물품이나 서비스가 아니라 수행하는 업무에 중점을 둔 관리지향적 예산시스템이다. 사업계획을 세부사업으로 분류한 다음 각 세부사업을 '단위당 원가×업무량=예산액'의 방식으로 예산을 편성한다.
기획예산제도	대표적인 기획예산으로서 국가의 장기적인 계획과 단기적인 예산편성을 프로그램을 통해 유기적으로 결합시키는 예산편성 방법이다. 사업을 먼저 기획하고, 세부 프로그램을 작성하며, 이를 토대로 예산을 편성한다.
제로베이스 예산	행정기관의 모든 사업에 전년도 예산을 고려하지 않은 제로베이스에서 새로이 체계적으로 비용-편익분석 또는 비용-효과분석을 통해 사업의 우선순위를 결정하고 이에 입각해 예산을 편성한다.

5) 우리나라 사회복지법인의 예산편성

우리나라 사회복지법인의 세입 · 세출예산구조(과목구분)는 「사회복지법인 및 사회복지시설 재무 · 회계 규칙」(제10조 제3항)에 그 내용과 기능을 고려하여 관 · 항 · 목별로 규정되어 있다. 관이란 기능별 · 조직별 · 사업목적별 분류를 말하고, 항이란 경상예산별, 사업예산별, 채무상환, 예비비 등을 말하며, 목이란 사업의 성질별 및 사업내용별 구분을 뜻한다.

그리고 정부의 「예산회계에 관한 특례법」에 의하면 예산이 정한 각 관 · 항 · 목 간의 상호 이체는 할 수가 없다. 다시 말해 예산의 목 간 전용은 허용하지만 항 간 전용은 금하고 있는 것이다. 그러나 사회복지기관의 특성상 예산의 전용이 불가피한 경우가 없지 않아 기관장들이 예산운용의 자율성, 재량권, 개별성을 최대한 허용해 줄 것을 정부에 건의했고, 정부는 이를 수용하여 「사회복지법인 및 사회복지시설 재무 · 회계 규칙」을 통해 사회복지법인의 대표이사가 관 · 항 · 목 간의 예산을 전용할 수 있게 허용하였다. 다만 관 간의 전용은 이사회의 의결을 거쳐 관할시장, 군수, 구청장의 승인을 얻어야 하고, 동일 관 내의 항간의 전용은 이사회의 의결을 거쳐야 하며, 예산총칙에서 전용을 제한하고 있거나 예산 성립과정에서 이사회에서 삭감한 경우 관 · 항 · 목으로 전용하지 못한다. 그리고 대표이사는 예산을 전용할 때 관할시장, 군수, 구청장에게 즉시 신고해야 한다(「사회복지법인 및 사회복지시설 재무 · 회계 규칙」 제16조).

3. 예산의 집행

예산집행은 예산을 면밀하게 편성하여 편성한 대로 행해지고 있는지를 확인하고 필요에 따라 지도 · 조정하는 것이다. 예산의 집행은 수입과 지출에 관한 단순한 관리뿐만 아니라 회계의 통제, 프로그램 관리의 통제, 인사관리의 통제, 서비스의 통제, 관리행위의 통제라는 의미도 갖는다(Weiner, 1990: 299-301).

1) 예산집행의 원칙

사회복지기관의 예산은 다음과 같은 네 가지의 의미를 갖는다. 첫째, 기관의 활동을 허가하고 금지하는 규칙, 둘째, 기관의 규칙을 해석하는 기준, 셋째, 규칙 및 기준의 이해 또는 상호 간의 동의, 넷째, 규칙이나 기준에 의하여 타결된 합의서이다.

이러한 예산의 의미에 근거하여 예산 집행의 원칙을 정리하면, 다음과 같다(Lohmann, 1989: 266-270).

(1) 개별화의 원칙

예산은 기관의 제약조건, 요구사항 및 기대사항에 맞게 집행되어야 한다.

(2) 강제의 원칙

예산의 집행에는 강제성을 띠는 명시적인 규정이 있어야 한다. 강제성은 개별성을 무시할 수 있으나, 규정을 동일하게 적용하여 공평성을 기해야 하고 활동을 공식화하는 것이다.

(3) 예외의 원칙

예산의 집행에는 반드시 예외적인 상황을 고려해야 하고, 어떤 상황에서 예외가 적용되는지도 명시해야 한다.

(4) 보고의 원칙

예산의 집행에는 보고의 규정을 두어야 한다. 보고의 원칙이 없으면, 재정 관련 행위를 공식적으로 감시하고 통제할 수가 없다. 예를 들어, 예산의 남용이나 개인적 유용, 항목 변경 등의 사실이 있는데도 보고하지 않으면 재정 활동에 문제가 생길 수 있다.

(5) 개정의 원칙

예산집행에 관한 규칙은 일정한 기간 동안에만 적용할 수 있도록 제한한다. 그리고 일정 기간이 지난 후에는 규칙을 새로 개정할 수 있어야 한다. 예를 들면, 여비, 연료비 등은 물가의 상승과 연계되어 있으므로 일정 기간마다 개정되어야 한다.

(6) 효율성의 원칙

예산의 집행에는 별도로 시간과 비용이 많이 드는 경우가 있다. 따라서 비용과 노력을 최소화하는 정도에서 통제할 수 있어야 한다. 예를 들어, 예산 비행에 관한 보고자료가 많거나 예산 통제업무를 위해 인원이 증가하는 것은 비효율적일 수 있다.

(7) 의미의 원칙

예산을 효과적으로 집행하기 위해서는 규칙, 기준, 의사소통 및 계약 등에 관계되는 모든 사람이 잘 이해할 수 있도록 해야 한다. 예산 집행에 관한 규칙은 명확하게 작성되고, 관련 자료는 쉽게 얻을 수 있어야 한다.

(8) 환류의 원칙

예산집행에 관한 규칙, 기준, 의사소통, 계약 등을 적용할 때 발생할 수 있는 여러 가지 부작용 및 장단점 등 관련자의 의견을 수렴하여 개정과 개선의 기초로 활용해야 한다.

(9) 생산성의 원칙

예산집행은 어디까지나 서비스를 효과적이고 효율적으로 제공하기 위한 수단에 불과하므로, 예산집행이 복잡하여 서비스 제공에 장애와 갈등이 발생하지 않도록 하여야 한다.

2) 예산집행의 통제

예산은 예산집행의 원칙에 따라 적절하게 집행되어야 하나, 언제나 예산이 적절하게 집행된다는 보장은 없다. 따라서 예산을 보다 적절하게 집행하기 위해서는 적절한 통제가 이루어져야 한다(Weiner, 1990: 301-304).

(1) 분기별 할당

수입이 계획대로 들어오지 않을 경우도 있고, 일정 기간에 집중되어 들어오는 경우도 있다. 또한 지출도 항상 일정하지 않고, 일정 기간에 집중되는 경우도 있다. 이러한 경우 수입과 지출을 분기별로 조정하여 균형을 유지할 필요가 있다.

(2) 지출의 사전 승인

일정액 이상의 지출을 할 때 기관 운영자의 사전 승인을 받도록 하는 것이다. 이러한 사전 승인은 수입과 지출의 균형을 유지하는 데 도움이 되고, 때로는 승인을 의도적으로 연기하여 지출을 억제할 수도 있다.

(3) 자금 지출의 취소

예상한 수입이 들어오지 않거나 삭감되어 수입을 예상대로 확보할 수 없을 때, 지출을 잠정적으로 보류하거나 최종적으로 취소할 수 있다.

(4) 정기적 재정현황 보고

기관 운영자는 월별, 분기별로 재정현황을 보고받아 검토하여야 한다. 보고의 내용은 수입과 지출 현황, 인건비, 사업비, 기능별 비용, 서비스 단위당 비용 등이다.

(5) 대체

사업별 또는 계정별로 과다지출이나 과소지출이 발생한 경우, 과소지출에서 과다지출을 메우기 위해 대체를 할 필요가 있다. 이러한 대체는 반드시 기관 운영자의 사전 승인을 받아야 한다.

(6) 지불 연기

이는 기관 내외부의 지불요청에 대하여 의도적으로 적당한 방법을 통해 지불을 연기함으로써, 재정의 여유를 확보하는 것을 말한다. 특히 지불 연기로 인한 불이익이 없는 경우, 지출 요청자의 양해를 얻어 지불을 최대한 연기할 수 있다.

(7) 차용

차용은 은행이나 관련 기관으로부터 자금을 빌리는 것이다. 수입이 지체되거나 계획대로 확보되지 않을 때, 또는 일시적인 과다 지출이 있을 때, 은행이나 관련 기관으로부터 합법적인 방법으로 자금을 차용할 수 있다.

3절 회계와 감사

1. 회계

회계(accounting)는 자금의 거래, 수입과 지출 등 자금의 흐름을 추적하는 시스템이다. 회계시스템은 기관의 현금 균형을 유지하고 적기에 영수증 처리를 하고 자금 차입을 방지하는 데 도움을 주며, 기관이 후원자들에게 그들이 낸 후원금이 정확하게 어떻게 사용되었는지를 알려 주고, 회계자료는 기관운영의 효율성과 효과성을 제고시킨다.

사회복지기관의 회계는 효율적이고 정확해야 한다. 후원자들은 자신의 후원금이 자신이 원하는 대로 사용되었는지의 여부를 알고 싶어 한다. 기관의 회원도 마찬가지이다. 재무행정의 모호함은 기관의 신뢰 추락을 가져온다. 또한 좋은 재무는 실질적으로 재정을 절약하는 것이다. 재정절감은 재정을 잘 관리하여 채무를 줄이고, 재무관리를 잘하여 이자수입을 늘리는 것이며, 제때 영수증 처리를 해 줌으로써 비용을 디스카운트 받는 방법을 통하여 가능하다(Rubin & Rubin, 1986: 356).

한편, 회계는 기관 운영자가 항목별로 지출 흐름을 파악할 수 있게 해 준다. 어떤 항목의 지출이 재정을 악화시키는지를 알 수 있게 해 주는 것이다. 예를 들어, 인건비 지출이 꾸준히 증가해 기관 재정에 압박을 가하는 것이 확인된다면 기관 운영자는 그 이유가 인력을 과잉 채용해서 그런지, 그렇다면 그 이유는 무엇인지, 업무 증가보다 직원 수 증가가 더 빨랐는지, 봉급 수준이 너무 높은지 등 그 이유를 파악해야만 하는데, 회계가 그것을 가능하게 만든다.

자금의 흐름(cash flow)을 파악하는 것은 기관 운영자가 기관을 운영하는 데 매우 중요하다. 매달, 매분기, 매년 수지균형을 맞추는 데 반드시 필요하기 때문이다. 자금 흐름상의 문제를 방지하는 방법은 두 가지가 있다. 하나는 정기적인 지출과 비정기적인 지출을 구분하는 것이다. 그리하여 어떤 항목이 덜 중요한지, 어떤 항목(주로 비정기적인 이벤트나 캠페인 관련 지출)은 즉시 지출해야만 하는지를 가려내어 지출 타이밍을 맞출 수 있다. 다른 하나는 월별 지출 계획을 작성하는 것이다. 특별히 많은 지출을 요하는 달이 있는지 여부를 파악하여 미리 대비할 수 있다(예비비나 차입금으로 조달).

회계 기록은 프로그램의 비용과 서비스 전달비용에 대한 기초 자료가 된다. 이런 정보는 기관의 임무를 수행하는 데 필요한 가장 효과적인 방법을 알려 준다. 회계시스템은 어디서 돈이 나오는지 그리고 어디서 돈이 새나가는지도 알려 준다. 그리고 상세한 회계 기록은 다른 기관과 비용의 비교를 가능하게 만들고, 비용이 불필요하게 높은지의 여부도 알려 준다. 영리기관과 비영리기관의 회계 결과를 비교하는 것도 유용하다. 비영리기관은 비용절감의 동기가 영리기관에 비해 약하다. 양자의 비교를 통해 비영리기관의 비용절감 노력을 자극할 수 있다(Rubin & Rubin, 1986: 362-364).

2. 감사

감사(auditing)는 기관 운영자가 만든 재무결과를 대중에게 법적으로 확정해 주는 것이다. 감사는 보통 회계사(auditors)가 담당하거나 불편부당한 기관 외부 인사에게 맡길 수도 있다. 재단이나 정부가 감사팀을 보내 감사하는 경우도 있다. 감사팀은 회계장부를 주로 감사하지만 필요하면 다른 자료를 열람할 수도 있다.

감사는 반드시 회계가 종료된 후에 해야 한다. 회계의 종료란 회계연도의 모든 재무가 종료되었음을 뜻한다. 회계연도는 기관의 회계가 시작되어 끝나는 기간을 말한다. 회계연도는 보통 매년 1월에 시작된다. 회계를 종료할 때 관리자는 반드시 회계연도 내의 모든 청구서를 살펴 아직 지불되지 않은 부분이 있는지, 수입 중 아직 수금되지 않은 부분이 있는지의 여부도 잘 살펴보아야 한다. 채무와 미수금을 처리한 후에 회계를 종료한다. 이후 감사가 시작된다(Rubin & Rubin, 1986: 364-365).

3. 사회복지법인 및 사회복지시설 재무 · 회계 규칙

1) 총칙

「사회복지법인 및 사회복지시설 재무 · 회계 규칙」은 「사회복지사업법」 제23조 제4항 및 제45조 제2항에 따라, 재무 · 회계 및 후원금관리의 명확성 · 공정성 · 투명성을 높여 사회복지법인 및 사회복지시설의 합리적인 운영에 기여함을 목적으로 하고 있다.

법인 및 시설의 회계연도는 정부의 회계연도에 의하며, 법인 및 시설의 수입 및 지출의 발생과 자산 및 부채의 증감 · 변동에 관하여는 그 원인이 되는 사실이 발생한 날을 기준으로 하여 연도소속을 구분한다. 다만, 그 사실이 발생한 날을 정할 수 없는 경우에는 그 사실을 확인한 날을 기준으로 하여 연도소속을 구분한다.

회계는 법인의 업무 전반에 관한 회계, 시설의 운영에 관한 회계 및 법인이 수행하는 수익사업에 관한 회계로 구분하며, 법인의 회계는 법인회계, 해당 법인이 수행하는 수익사업에 관한 회계는 수익사업회계라고 한다.

출납기한과 관련하여서 1회계연도에 속하는 법인 및 시설의 세입 · 세출에 관한 사무는 다음 연도 2월 말일까지 완결해야 한다. 즉, 2018년도 법인 예산의 경우 2019년 2월 28일까지 완료해야 한다.

2) 예산의 편성

- 예산총계주의 원칙에 의하여 1회계연도의 모든 수입을 세입으로 하고, 모든 지출을 세출로 하되, 세입과 세출은 모두 예산에 계상한다.
- 법인의 대표이사는 매 회계연도 개시 1월 전까지 법인과 해당 법인이 설치 · 운영하는 시설의 예산편성 지침을 정한다.
- 법인의 대표이사 및 시설의 장은 예산을 편성하여 각각 법인 이사회의 의결 및 운영위원회 보고를 거쳐 확정한다. 다만, 법인이 설치 · 운영하는 시설인 경우에는 시설운영위원회에 보고한 후 법인 이사회의 의결을 거쳐 확정한다. 법인의 대표이사 및 시설의 장은 확정한 예산을 매 회계연도 개시 5일 전까지 관할시장 · 군수 · 구청장에게 제출하여야 한다. 예산을 편성할 경우 법인회계와 시설회계의 예산은 세입 · 세출예산 과목 구분에 따라 편성하여야 한다.
- 시장 · 군수 · 구청장은 예산을 제출받은 후 20일 이내에 법인과 시설의 회계별 세입 · 세출명세서를 시 · 군 · 구의 게시판과 인터넷 홈페이지에 20일 이상 공고하고, 법인의 대표이사 및 시설의 장으로 하여금 해당 법인 및 시설의 게시판과 인터넷 홈페이지에 20일 이상 공고하도록 한다.
- 예산에는 예산총칙, 세입 · 세출명세서, 추정대차대조표, 추정수지계산서, 임 · 직원 보수일람표, 당해 예산을 의결한 의사회 회의록 또는 해당 예산을 보고받은 시설운영위원회 회의록 사본을 첨부한다. 단식부기로 회계를 처리하는 사회복지조직은 예산총칙, 세입 · 세출명세서, 임 · 직원보수일람표, 당해 예산을 의결한 이사회 회의록 또는 해당 예산을 보고받은 시설운영위원회 회의록 사본을 첨부한다.

3) 준예산 및 추가경정예산의 편성

(1) 준예산

회계연도 개시 전까지 법인 및 시설의 예산이 성립되지 아니한 때에는, 법인의 대표이사 및 시설의 장은 시장 · 군수 · 구청장에게 그 사유를 보고하고 예산이 확정될 때까지 임 · 직원의 보수, 법인 및 시설 운영에 직접 사용되는 필수적인 경비, 법령상 지급 의무가 있는 경비를 전년도 예산에 준하여 집행할 수 있는데, 이를 준예산이라 한다.

(2) 추가경정예산

확정된 예산에 변경을 가할 필요가 있을 경우 법인의 대표이사 및 시설의 장은 예산을 편성할 수 있는데, 이를 추가경정예산이라 한다. 법인의 대표이사 및 시설의 장은 추가경정예산이 확정된 날로부터 7일 이내에 시장 · 군수 · 구청장에게 이를 제출한다. 법인의 대표이사 및 시설의 장은 예측할 수 없는 예산 외의 지출 또는 예산의 초과 지출에 충당하기 위해 세출예산에 계상할 수 있는데, 이를 예비비라 한다.

4) 예산의 전용과 이월

(1) 예산의 전용

법인회계 및 시설회계의 예산은 세출예산이 정한 목적 외에는 이를 사용하지 못하지만, 관 · 항 · 목 간의 예산을 전용할 수도 있다. 법인과 시설이 관 간 전용 또는 관 내 항 간 전용을 하려면 이사회의 의결 또는 시설운영위원회의 보고를 거친다. 그리고 법인이 설치 · 운영하는 시설은 시설운영위원회에 보고한 후 법인 이사회의 의결을 거친다. 하지만 예산총칙에서 전용을 제한하고 있거나 이사회 및 시설 예산심의 과정에서 삭감한 관 · 항 · 목으로는 전용이 불가하다.

(2) 예산의 이월

법인의 대표이사 및 시설의 장은 법인회계와 시설회계의 세출예산 중 경비의 성질상 당해 회계연도 안에 지출을 마치지 못할 것으로 예측되는 경비와 연도 내에 지출원인 행위를 하고 불가피한 사유로 인하여 연도 내에 지출하지 못한 경비는 이사회의 의결 및 시설운영위원회의 보고를 거쳐 다음 연도에 이월하여 사용할 수 있다. 법인이 설치 · 운영하는 시설인 경우에는 시설운영위원회에 사전 보고한 후 법인 이사회의 의결을 거쳐야 한다.

5) 결산과 회계

법인의 대표이사 및 시설의 장은 법인과 시설회계의 세입 · 세출 결산 보고서를 작성하여 각각 이사회의 의결 및 시설운영위원회의 보고를 거친 후 다음 연도 3월 31일까지 시장 · 군수 · 구청장에게 제출한다. 일반적으로 법인과 시설의 회계는 단식부기를 하지만, 사업수익이 있을 경우 복식부기를 한다.

6) 후원금의 관리

법인의 대표이사와 시설의 장은 후원금의 수입 · 지출을 명확하게 관리해야 한다. 시설거주자가 받은 개인결연후원금을 당해인이 정신질환 등의 사유로 관리 능력이 없어 시설의 장이 이를 관리하게 되는 경우에도 이와 같다. 후원금 관리 시 고려할 사항은 다음과 같다.

- 후원금을 받은 때에는 후원금 영수증 발급
- 후원금은 후원금 전용 계좌로 사용
- 연 1회 이상 해당 후원금의 수입 및 사용 통보
- 후원금 수입 및 사용 결과보고서는 시장 · 군수 · 구청장에게 제출하고 공개

- 후원금은 후원자가 지정한 사용 용도 외의 용도로는 사용 불가
- 후원금은 세입 · 세출예산에 편성하여 사용

7) 감사의 실시

법인의 감사는 당해 법인과 시설에 대하여 매년 1회 이상 실시한다. 감사를 한 때에는 감사보고서를 작성하여 당해 법인의 이사회에 보고하며, 재산상황 또는 업무집행에 관하여 부정한 점이 발견된 때에는 시장 · 군수 · 구청장에게 보고하여야 한다.

13장
책임성과 평가

최근 들어 사회복지기관에 대한 정부와 지역사회 그리고 서비스 대상자의 요구와 기대가 점차 증가하고 있다. 그리고 이러한 요구와 기대와 함께, 정부의 재정 지원을 얼마나 효과적이고 사용하였는지를 평가하고자 하는 경향도 증가하고 있다. 1997년 「사회복지사업법」이 개정되면서, 보건복지부장관 및 시 · 도지사는 보건복지부령이 정하는 바에 따라, 사회복지기관에 대한 정기적인 평가를 의무적으로 시행하고 있다.

13장에서는 사회복지기관 운영의 마지막 단계인 사회복지기관의 평가(evaluating)에 대하여 살펴보고자 한다. 1절에서는 사회복지기관의 책임성에 대해서 분석해 보고, 2절에서는 사회복지기관의 평가에 대해서 구체적으로 알아본다.

1절 책임성

사회복지기관의 책임성은 사회복지의 책임성에서 기인한다. 1절에서는 우선 사회복지의 책임성에 대해서 살펴보고, 사회복지의 주체별로는 어떠한 책임성을 갖는지를 분석해 본다. 그리고 사회복지분야에서 기관 운영을 담당하고 있는 사회복지기관의 책임성에 대해서 알아보고자 한다.

1. 사회복지의 책임성

사회복지는 국가나 사회로부터 사회문제의 해결을 위임받았기 때문에, 이를 수행하는 사회복지기관은 이러한 과제를 수행할 책임을 지는 것이다. 이러한 사회복지의 책임성을 구체적으로 살펴보면 다음과 같다(전해황 외, 2016: 373-375).

첫째, 사회복지의 책임성이란 사회복지서비스 제공의 결과에 대한 책임과 함께, 투입 단계에서부터 최종산출단계까지 전 과정에 있어서 정당성을 의미한다.

둘째, 사회복지의 책임성을 확보하기 위해서는 사회복지기관이 서비스 이용자 그리고 사회복지사와의 관계 등 기관 내부뿐만 아니라, 기관 외부의 지역사회와 관계에서도 정당성을 확보해야 한다.

셋째, 사회복지의 책임성은 서비스의 적절성에 대한 책임을 진다는 것을 의미한다. 즉, 서비스를 제공받는 대상자의 문제를 해결할 수 있는 적정한 선까지의 책임을 진다는 의미이다.

넷째, 사회복지의 책임성은 정부가 지원한 비용과 민간기관의 후원금을 효과적이고 효율적인 서비스를 제공하였다는 객관적인 증거를 제시하는 것이며, 이를 통해 사회복지기관의 투명성을 확보하는 과정이라 할 수 있다.

이러한 사회복지의 책임성은 공공 사회복지기관이나 민간 사회복지기관이나 모두 공익적 목적을 수행하기 위한 조직이기 때문이다. 따라서 사회복지기관의 구조는 이러한 사명에 충실하도록 구성되어야 한다. 사회복지기관의 구조는 그 조직이 수행하는 사업의 정책과 목적, 그리고 확보한 재정에 있어서의 책임성을 담보할 수 있는 형식과 내용으로 조직되어야 하며, 이것이 미흡할 경우에는 정부나 지역사회로부터 엄격한 감시와 규제를 당하게 된다.

2. 사회복지 주체별 책임성

미국 사회사업협회는 사회사업의 주체별 책임성을 크게 네 분야로 나누고 있다(NASW, 1937: 이문국 외, 2016 재인용). 즉, 공공(정부), 사회사업기관, 사회사업 전문직, 서비스 이용자 부문이다.

첫째, 정부는 빈곤완화나 공공의료 등 사회서비스가 필요한 부분에서 재정정책, 법률 정비, 행정적 조치 등을 통해 복지국가 실현을 향한 노력을 해야 할 책임이 있다.

둘째, 사회사업기관은 공공과 민간의 자금을 이용한 각종 프로그램을 통하여 사회서비스를 직접 제공하는 조직이기 때문에, 경제적 효율성 및 윤리적 책임을 다해야 한다. 이를 위해서는 객관적인 평가기준을 마련하고, 회계검사 절차를 통해서 조직을 통제하며, 실천방법에 대한 평가를 받아 책임성을 다해야 한다.

셋째, 사회사업 전문직은 국가로부터 공인된 제도를 통하여 전문직이 된 사회사업가(social worker)이다. 따라서 사회사업가는 서비스에 대하여 윤리적 · 법률적 책임을 다하고 타당성 있는 평가를 통해 효과성을 인정받고 신뢰를 얻어야 한다.

넷째, 서비스 이용자는 공공복지의 수급자이든 민간 프로그램의 대상이든, 모두 일선의 사회사업가와 협력하여 문제해결을 위해 노력하여야 한다.

3. 사회복지기관의 책임성에 영향을 주는 요인

사회복지기관은 지역사회 내의 자원을 동원하여 주민의 복지를 증진시키고자 한다. 따라서 사회복지기관은 대부분의 자원을 외부에 의존하며, 자원제공자들의 위임을 받아 필요한 서비스를 제공하는 것이다. 이러한 사회복지기관의 책임성에 영향을 주는 요인들은 다음과 같다(김형식 외, 2013).

첫째, 내부적 요인으로 서비스의 다양성, 기술의 복잡성, 목표의 불확실성을 들 수 있다. 사회복지기관은 인간의 다양하고 복잡한 문제를 해결하기 위해 다양한 서비스를 제공하고, 전문적인 기술을 사용한다. 이러한 특성으로 인하여 사회복지기관에서 제공하는 서비스의 효과성과 효율성을 측정하기는 쉽지 않다. 또한 서비스의 대상자인 인간의 능동성으로 인하여 서비스 결과의 불확실성은 더욱 커져 서비스의 효과성과 효율성의 측정은 더욱 어려워지는 것이다.

둘째, 외부적 요인으로 공급주체의 다원화를 들 수 있다. 사회복지서비스 공급기관은 전통적인 사회복지기관뿐만 아니라, 시민단체, 종교단체, 심지어는 영리기관까지 점차 확대되고 있다. 따라서 다양한 공급기관 간의 경쟁과 비교가 이루어지고 있으며, 이러한 공급주체의 다원화는 사회복지기관의 책임성 문제로 연결되어, 비민주적 운영사례, 후원금 관리의 투명성 의혹, 모금에 대한 행정비 과잉지출 등이 거론되고 있다.

셋째, 법적 요인으로, 사회복지기관은 「사회복지사업법」에 따라 3년에 1회 이상 평가를 통해 책임을 입증하도록 제도화되어 있다. 사회복지기관은 정부나 지방자치단체가 수행해야 할 기본적인 사회복지업무를 실질적으로 위임받아 실행하고 있기 때문에, 관련법 규정에 따라 책임성을 입증할 법적 책임을 지는 것이다.

4. 사회복지기관의 책임성 유형

사회복지기관은 공공과 민간의 자원을 활용하여 사회문제를 해결하기 위한 사회서비스를 제공하는 기관이기 때문에 다양한 책임성을 갖는다. 이러한 사회복지기관의 책임성은 다음과 같은 유형으로 나눌 수 있다.

① 대상 책임성(coverage accountability): 대상자에 관한 책임성으로서, 서비스가 적절한 대상자에게 적절하게 제공되었는지에 관한 것이다.

② 제공 책임성(delivery accountability): 서비스가 자격 있는 전문가에 의해서 책임 있게 제공되었는가에 대한 책임성을 말한다.

③ 영향 책임성(impact accountability): 서비스를 제공받은 서비스 이용자의 생활에 얼마나 영향을 주었는지, 그리고 변화를 주었는가에 대한 책임성을 의미한다.

④ 효율 책임성(efficiency accountability): 서비스 제공의 효율성과 관련하여 서비스 비용적인 측면에 대한 책임성을 의미한다.

⑤ 재정 책임성(fiscal accountability): 재정 집행의 투명성에 관련된 책임성을 포함한다.

⑥ 법률 책임성(legal accountability): 모든 서비스는 법적인 규정이나 계약을 준수하였는가에 대한 책임성을 내포한다.

⑦ 윤리 책임성(ethical accountability): 모든 서비스가 도덕적으로 바람직한지 그리고 윤리강령과 사회복지원칙에 따라 제공되었는지를 포함하는 책임성을 의미한다.

⑧ 이미지 책임성(image accountability): 서비스 이용자가 사회적으로 낙인

에 대한 이미지로 인하여 부당한 평가절하를 받을 수 있다는 것과 관련된 것으로서, 대상자의 사회적 이미지의 중요성에 대한 책임성을 중요시한다.

⑨ 욕구 책임성(need accountability): 서비스 이용자의 욕구에 충족을 원만하게 이루어졌는가에 대한 이용자 중심의 서비스 제공과 관련된 책임성을 의미한다.

이러한 사회복지기관의 책임성을 관리하기 위한 행동은 다음과 같다(김영종, 2017: 433).

첫째, 사회복지기관은 특정한 상황에서 서비스제공자가 취해야 할 특정한 반응은 어떤 것이어야 하는지를 파악하고 있어야 한다.

둘째, 사회복지기관은 서비스제공자들의 활동을 모니터링하고, 모니터링된 활동을 조직이 선호하는 반응과 비교해 평가한다.

셋째, 사회복지기관은 서비스제공자들의 바람직한 행동을 유도하기 위해 다양한 유인적 동기와 제재 수단을 갖추어야 한다.

2절 평가

사회복지기관의 평가는 사회복지기관의 책임성에 근거하여 이루어진다. 2절에서는 사회복지기관 평가의 의의와, 평가의 유형, 평가의 목적, 평가의 과정 등을 분석해 보고자 한다.

1. 사회복지기관 평가의 의의

사회복지기관의 활동에 대한 중요한 질문 중 하나는 사회복지기관이 제공한 서비스가 얼마나 효과적으로 대상자들의 욕구를 충족시켰는가 하는 것이다. 따라서 사회복지기관의 중요한 과제는 어떤 상황에서 무엇을 목적으로 어떻게 서비스를 제공할 것인가를 찾아내어야 하는 것이며, 사회복지기관의 평가는 전문직의 활동의 결과로 바람직한 결과를 가져왔는지 여부를 파악하는 맥락에서 이루어지는 것이다.

이처럼 사회복지현장에서 사회복지기관과 개별 프로그램 평가에 대한 중요성은 날로 강조되고 있다. 사회복지기관의 평가가 중요시되는 것은 사회복지기관의 자원제공자가 정부 등 공공기관뿐만 아니라 민간기관 등 주체가 다양하기 때문이고, 재정적 자원의 제공자들은 사회복지기관에 대한 신뢰를 바탕으로 자원을 제공하기 때문이다. 따라서 사회복지기관은 전문적인 사회서비스 제공기관으로서 책임성과 투명성을 입증하여야 하는 것이다. 미국이나 영국에서도 1960년대에 대규모 사회복지 프로그램들이 바람직하고 효율적인 결과를 가져왔는지를 알아보기 위하여, 기관평가제를 도입한 역사적 경험이 있다.

최근에는 평가의 의미가 확대되어 가고 있다. 원래 평가는 어떤 활동이 성공적인지의 여부를 결정하는 것이었으나, 점차 평가라는 용어가 보다 광범위하게 사용되고 있다. 이러한 경향은 사회복지기관의 평가에도 적용되어, 사회복지기관의 평가에는 목표달성을 위한 기준의 설정, 성과에 대한 평가, 목표달성을 위한 변화 유도, 책임성의 개발과 같은 기관운영의 전반적인 범위로 확대되고 있다(Rutman, 1984: 10).

2. 사회복지기관 평가의 유형

사회복지기관의 평가는 평가의 주체, 대상, 방법 등에 따라 여러 가지 유형으로 나눌 수 있다(이상구 외, 2009: 359-362).

1) 총괄평가와 형성평가

사회복지 기관의 평가는 평가시점과 접근 방법에 따라 총괄(결과) 평가와 형성(과정) 평가로 구분된다. 총괄평가는 프로그램이 종결된 이후 프로그램 결과를 평가하여 궁극적으로 프로그램이 미친 영향(impact)을 파악하기 위한 것이다. 형성평가는 프로그램 수행 중간에 프로그램 운영 및 활동을 분석함으로써 프로그램의 긍정적인 효과나 부작용의 발생과정을 밝히고, 향후 프로그램 운영개선에 필요한 정보를 얻기 위한 것이다.

(1) 총괄평가(summative evaluation)

프로그램이 종결된 후에 실시하는 것으로, 프로그램이나 기관의 목적과 목표들이 얼마나 효과적, 효율적으로 달성되었는지를 평가하는 것이다. 총괄평가는 목표지향적이며, 효과성 평가와 효율성 평가가 포함된다. 총괄평가는 목적에 따라 다시 효과성 평가와 효율성 평가로 구분할 수 있다(Rubin & Babbie, 2008).

첫째, 효과성(effectiveness) 평가는 프로그램이 원래 의도했던 목표를 달성하였는지를 판단하기 위한 것이다.

둘째, 효율성(effeciency) 평가는 프로그램 효과와 프로그램 비용을 함께 고려한 평가로서 주로 프로그램의 확대여부를 결정할 때 사용한다. 효율성 개념을 단순화하면 프로그램 투입 대비 산출(산출, 투입)이 되는데 투입을 프로그램 비용으로 하고, 산출을 프로그램 효과로 할 경우 효율성은 프로그램 비용 대비 프로그램 효과(프로그램 효과/프로그램 비용)가 된다.

(2) 형성평가(formative evaluation)

형성(과정) 평가는 프로그램의 개발이나 진행과정에서 모니터링(monitoring)과 피드백(feedback)에 소용되는 정보들을 수집하고 평가하는 활동들을 주로 하기 때문에 과정평가(process evaluation)라고도 한다. 총괄평가는 주로 양적 조사로 이루어지는 것이 일반적이지만, 형성평가는 양적 조사, 질적 조사 또는 양적 및 질적 조사의 결합 형태로 이루어질 수 있다(Rubin & Babbie, 2008).

프로그램 수행 중간에 프로그램의 운영 및 활동을 분석함으로써 다음의 두 가지 기능을 수행한다.

첫째, 형성평가는 프로그램이 원래 의도한 대로 운영되고 있는지 파악하여 향후 프로그램 운영전략을 세우고 프로그램의 중단 · 축소 · 유지 · 확대 여부를 결정하는 데 필요한 정보를 제공하기 위함이다.

둘째, 형성평가는 프로그램이 의도한 효과나 예상치 못한 부작용 등이 발생하는 경로를 파악함으로써 총괄평가를 보완하는 기능을 한다.

2) 내부평가와 외부평가

사회복지 기관의 평가는 평가주체에 따라 내부평가(inside-evaluation)와 외부평가(outside-evaluation)로 구분된다. 내부평가는 프로그램을 기획하거나 운영을 담당하는 사람 또는 같은 조직 내의 다른 구성원이 실시하는 평가로서 자체평가로 불리기도 한다. 내부평가는 조직이나 프로그램 운영의 과정이나 결과에 대한 자기반성적 성격을 가진다. 이러한 내부평가는 평가를 통해 얻은 정보를 조직 내에 환류(feedback)함으로써 조직운영이나 프로그램을 개선하고자 할 때 주로 활용된다.

외부평가는 프로그램을 수행하는 조직체가 아닌 조사연구기관, 대학교수 등 외부의 제3자가 행하는 평가이다. 외부평가도 내부평가와 마찬가지로 조직운영이나 프로그램 개선을 목표로 하고 있다. 그러나 평가결과가 제한적으로나마 외부에 공표되거나, 타 기관과의 비교자료로 활용되는 등 평가결과의 활용 방법에 있어서는 내부평가와 차이가 있다.

3) 프로그램 평가와 기관평가

사회복지기관의 평가는 평가대상이 기관인가 프로그램인가에 따라 기관평가와 프로그램 평가로 구분된다. 기관평가에서는 기관의 효과성이나 목표달성을 주로 강조하는 반면 프로그램 평가에서는 프로그램의 효과성, 효율성, 만족도에 주된 관심이 있다. 이처럼 프로그램 평가와 기관평가는 평가대상을 기준으로 명확하게 구분되지만, 여러 선행연구에서는 기관의 평가기준으로 프로그램 평가를 포함시키는 경향이 있다. 그러나 각각 평가의 틀과 기준이 다르게 설정되므로 기관평가와 프로그램 평가는 구분하여 접근할 필요가 있다.

3. 사회복지기관 평가의 목적

우리나라에서 사회복지기관의 평가는 1990년대 사회복지기관의 수가 급격히 늘어나면서 시작되었다. 「사회복지사업법」 제43조의2(시설의 평가)에서는 "보건복지부장관과 시·도지사는 보건복지부령으로 정하는 바에 따라

시설을 정기적으로 평가하고, 그 결과를 공표하거나 시설의 감독 · 지원 등에 반영할 수 있으며, 시설 거주자를 다른 시설로 보내는 등의 조치를 할 수 있다."고 규정하고 있으며, 이에 따라 모든 사회복지기관은 3년마다 1회 이상의 평가를 받도록 규정하고 있다.

이처럼 법률로서 규정하고 있는 사회복지시설 평가의 목적은 다음과 같다.

첫째, 사회복지시설 평가를 통해 사회복지시설의 운영 및 효율화 및 서비스의 질을 제고함으로써 사회복지시설 이용자와 생활자에 대한 사회복지서비스의 질 향상을 도모한다.

둘째, 합리적 평가지표와 평가체계의 개발을 통해 사회복지시설에 대한 객관적인 평가의 틀을 마련한다.

셋째, 전국적으로 사회복지시설을 평가하여 사회복지시설 운영수준에 대한 지역별 · 시설 종별 차이를 파악한다. 그리고 시설 개선을 위한 사회복지시설 운영 수준의 균형화 대책 마련을 위한 기초 자료를 확보한다.

넷째, 사회복지 수요 증대에 따른 사회복지시설 운영 상태에 대한 정보를 제공하여 사회복지시설에 대한 국민의 선택권을 확대하고 보장한다.

다섯째, 국민들에게 직접 복지서비스를 제공하는 사회복지시설의 기능강화를 통해 사회 안전망을 강화하고, 시설운영의 선진화를 통하여 국민의 복지 수준 향상에 기여한다.

여섯째, 사회복지시설 평가 결과, 우수 시설에 대해서는 종사자 처우개선의 일환으로 직원 역량 개발비를 지원하고, 하위 시설에 대해서는 컨설팅을 지원하여 사회복지시설의 품질관리를 도모한다.

4. 사회복지기관 평가의 원칙과 기준

사회복지기관의 평가는 사회복지의 수준향상을 위하여 사회복지기관의 책임성을 확보하고 운영의 투명성을 점검하여, 그 결과를 운영에 반영하고자 하는 것이기 때문에, 사회복지의 가치와 정책목표에 부합하는 원칙과 기준에 의해서 이루어져야 한다.

1) 사회복지기관 평가의 원칙

(1) 서비스의 질 향상의 원칙

사회복지기관의 평가는 운영의 개선 및 서비스의 질 제고를 유도하는 수단으로 작용해야 한다.

(2) 평가 절차의 투명성 원칙

사회복지기관의 평가기준은 평가지표 개발의 의도를 모든 사람이 이해하고 수행할 수 있도록 상세하고 쉽게 구성해야 한다. 또한 평가 기준과 과정을 사전에 공개함으로써 평가 절차의 투명성을 확보해야 한다.

(3) 평가참여의 원칙

사회복지기관의 평가에 참여하는 과정에서 스스로 조직의 문제점을 인식하여 개선하도록 노력해야 한다. 이는 기존의 감사와 달리 평가를 통하여 긍정적인 발전의 기회를 갖도록 하기 위함이다.

(4) 기본선 확보의 원칙

사회복지기관 평가의 목적은 최고의 조직을 선정하는 것이 아니라, 사회복지기관이 전체적으로 적정 수준 이상을 유지할 수 있도록 유도하는 것을 기본 목표로 한다.

(5) 이용자 중심의 원칙

사회복지기관의 평가는 이용자 중심의 평가로, 이용자의 만족도와 서비스의 질을 고려한다. 이를 통해 사회복지기관은 기존의 서비스 제공자 중심에서 이용자 중심의 서비스를 제공해야 한다.

(6) 지역사회 관계의 원칙

사회복지기관은 사회복지기관 평가를 통해 지역사회 내에서 융합될 수 있도록 하여야 한다. 즉, 사회복지기관과 지역사회의 원활한 상호 관계를 유지할 수 있도록 평가가 이루어져야 한다.

2) 사회복지기관 평가의 기준

사회복지기관의 평가는 사회복지기관이나 프로그램이 의도한 목적을 적절하게 달성하였는지를 알기 위한 것이다. 따라서 평가의 기준은 평가의 부분이며, 평가 기준을 어디에 두느냐는 평가의 결과를 결정하는 중요한 요소가 된다. 이러한 사회복지기관 평가의 기준을 정리하면 다음과 같다(이상구 외, 2009: 363-367).

(1) 노력성

노력(efforts)은 프로그램을 위해 동원한 자원이 어느 정도인가에 대한 것이다. 주로 투입 요소에 관한 것으로, 사회복지기관에서 서비스 제공을 위해 물리적 공간과 인력, 기타 자원을 어느 정도나 사용했는가에 대한 것이다. 또한 사회서비스의 특성상 서비스 이용자의 수와 특성에 대한 정보가 중요하게 고려된다.

(2) 효과성

효과성(effectiveness)은 프로그램에 의해 의도된 결과가 성취되었는지를 확인하기 위한 것이다. 서비스 이용자의 변화 정도와 이러한 실적에 관한 정보가 포함된다. 프로그램이 의도했던 성과를 직접적으로 혹은 간접적으로 측정할 것인지에 따라 요구되는 자료들의 성격이 각기 달라진다.

- 직접 자료: 서비스 이용자에 대한 의도된 성과를 직접 측정(예: 취업률 향상, 가족 기능 증진 등)
- 간접 자료: 성과를 추정할 수 있는 간접적인 지표를 측정(예: 서비스 이용자의 참여도, 만족도 등)

프로그램의 효과성 평가에는 서비스 이용자에 대한 개입 목표들이 성취된 정도를 확인해 낼 수 있는 측정을 필요로 한다. 많은 경우에 이러한 자료들은 직접적으로 산출되기 어렵기 때문에, 사회복지기관이나 프로그램의 효과성을 평가하는 것은 매우 어려운 것이다. 흔히 서비스 이용자의 만족도나 참여도와 같은 간접적인 지표들이 직접적인 성과 지표들을 대신해서 사용되는 것도 이러한 이유 때문이다.

(3) 효율성

이 기준은 프로그램의 자원 활용에 따른 정당성의 여부에 주로 관심이 있다. 다시 말해 효율성(efficiency)은 일반적으로 '최소의 자원을 투입하여 최대의 효과'를 내는 것을 의미하며, 투입자원(인력, 자산, 시간 · 물리적 공간 등)과 산출물(이용자의 변화 정도, 서비스 제공 실적 등)의 비율관계를 통해 측정한다.

프로그램이 주어진 자원들을 경제적이고 효율적인 방법을 적절하게 활용했는지, 서비스의 급여들은 과연 비용들에 견주어서 합당한 것인지, 동일한 목적을 달성하기 위해 더 경제적인 방법들은 없었는지 등을 확인하기 위한 것이다. 즉, 노력 대비 성과의 비율이라 할 수 있으나 간혹 효율성의 개념을 서비스 질을 희생하여 성과를 높이는 경우에도 효율성이 달성된다고 잘못 인식하는 경우가 있다. 하지만 엄밀한 의미에서의 효율성은 서비스 질을 일정한 수준 이상으로 유지하는 것을 전제로 한다. 따라서 서비스 질을 희생하거나 포기하여 비용을 저감하였다고 하였을 때, 이는 효율적인 것이 아니라 단지 투입요소를 희생하여 비용이 적게 든 것뿐이다.

효율성은 두 가지 용법으로 사용된다. 보통은 투입-산출(input-output)의 관계를 나타내는 것으로 사용되지만, 투입-성과(input-outcome)와 같은 프로그램 목표 획득에 드는 비용과의 관계에 사용되는 수도 있다.

- 투입-산출 효율성에 관한 평가는 프로그램 노력에 관한 정보를 필요로 한다.
- 투입-성과 효율성의 사정은 노력 정보에다 효과성에 관한 정보를 추가시킨다.

(4) 만족도

만족도는 서비스 이용자가 직접 서비스의 효과성과 질을 평가하는 것과 관련되며, 프로그램 출석률, 조기종결, 서비스 재신청, 과거 이용자의 의뢰 등과 같은 자료를 통해 객관적 측정 분석이 가능하다. 물론 만족도를 측정하는 설문지를 개발하거나 기존의 설문지를 응용하여 인지된 만족도를 측정하는 방법도 사용된다.

5. 사회복지기관 평가의 과정과 영역

1) 사회복지기관 평가의 과정

사회복지기관의 평가는 사회복지기관의 성가를 평가하는 것이다. 따라서 사회복지기관의 평가는 사회복지기관이 이루고자 하는 성과목표의 설정에서 시작되어, 이를 관리되고, 이를 평가하는 순서로 이루어진다. 이러한 평가과정을 정리하면 다음과 같다.

(1) 목표설정

조직의 목표달성을 위해 각 구성원은 어떤 결과물을 낼 것인지 각자 구체적인 목표를 설정한다.

(2) 측정도구 마련

성과를 측정할 수 있는 도구를 마련하여 추후 활동의 결과물을 객관적으로 평가할 수 있도록 준비한다.

(3) 성과수준 결정

성과의 달성도를 평가하기 위한 기준선을 결정한다. 이때 기준선은 전년도를 기준으로 할 수도 있고, 전국적인 평균 혹은 각자의 기대치로 할 수도 있다.

(4) 지속적 관리

구성원들이 제시한 목표를 달성하기 위해 최선의 노력을 기울이고 있는지 모니터링한다. 이때 관리자는 목표달성을 방해하는 요인은 없는지 등을 찾아서 행정적으로 지원하거나 목표를 달성시킬 수 있도록 동기를 부여하고 지지해 준다.

(5) 성과평가

당초 예상한 성과를 달성했는지 평가한다. 혹시 기대한 만큼 성과를 달성하지 못했을 경우, 성과관리의 각 과정에서 어떤 부분을 개선해야 할지를 확인한다. 예를 들어, 목표 설정이 비현실적이었을 수도 있고, 성과를 측정하는 도구가 타당하지 않았을 수도 있으며, 기준선을 너무 높게 잡았거나 목표달성에 이르기까지 현실적인 장벽이 많았을 수도 있기 때문이다.

(6) 환류

성과평가를 직원들에게 통보하고, 인센티브 제공 혹은 컨설팅 등의 형태로 환류하여 지속적인 업무 성과를 향상시킬 수 있도록 종합화한다.

2) 사회복지기관 평가의 영역

사회복지기관 평가의 영역은 「사회복지사업법」과 그 시행규칙에서 규정하고 있다.[1] 이를 정리하면 다음과 같다.

---

1) 「사회복지사업법」 제43조(시설의 서비스 최저기준)
① 보건복지부장관은 시설에서 제공하는 서비스의 최저기준을 마련하여야 한다.
② 시설 운영자는 제1항의 서비스 최저기준 이상으로 서비스 수준을 유지하여야 한다.
③ 제1항의 서비스 기준 대상시설과 서비스 내용 등에 관하여 필요한 사항은 보건복지부령으로 정한다.
「사회복지사업법 시행규칙」 제27조(시설의 서비스 최저기준)
① 법 제43조 제1항에 따른 서비스 최저기준에는 다음 각 호의 사항이 포함되어야 한다.
1. 시설 이용자의 인권
2. 시설의 환경
3. 시설의 운영
4. 시설의 안전관리
5. 시설의 인력관리
6. 지역사회 연계
7. 서비스의 과정 및 결과
8. 그 밖에 서비스 최저기준 유지에 필요한 사항
② 제1항에 따른 서비스 최저기준 대상 시설의 범위는 다음 각 호와 같다. 다만, 시설의 규모, 제공하는 서비스의 특성, 이용자 수 등을 고려하여 보건복지부 장관이 정하는 시설은 제외한다.
1. 법 제2조 제1호 각 목의 법률에 따른 사회복지시설
2. 사회복지관

(1) 시설 및 환경

시설 및 환경은 안전관리, 식품위생, 공간배치 및 청결 상태, 편의시설 설치 상태 등을 의미한다.

(2) 재정 및 조직운영

재정 및 조직운영은 회계 관련 사항, 운영위원회의 구성 및 활동 등이다.

(3) 인적자원 관리

인적자원 관리는 자격증 소지 직원의 비율, 직원의 근속률, 직원의 교육활동, 직원 채용의 공정성, 슈퍼비전, 직원복지 등으로 구성된다.

(4) 이용자의 권리

이용자의 권리는 이용자의 비밀보장, 이용자의 고충처리 등이다.

(5) 지역사회 관계

지역사회 관계는 자원봉사자의 활용 및 관리, 외부자원 개발, 후원금 사용 및 관리 등을 포함한다.

(6) 프로그램 및 서비스

프로그램 및 서비스는 프로그램의 기획 · 실행 · 평가, 사례관리에 관한 사항, 프로그램의 차별성 · 참신성 · 전문성 · 지역사회 조직화 등을 의미한다.

참고문헌

김신영(2008). 직무분석을 통한 대학도서관 직무모형 개발 연구. 연세대학교 대학원 박사학위논문.

김영종(2017). 사회복지행정(제4판). 서울: 학지사.

김형식 · 이영철 · 신준섭(2013). 사회복지행정론. 경기: 양서원.

김희성(2009). 사회복지 프로포절 작성법. 경기: 공동체.

남기민(2005). 현대사회복지학. 경기: 양서원.

문비치(2008). 조직문화, 사원관계 배양전략, 조직-사원 관계성에 대한 통합적 연구. 한국외국어대학교 대학원 석사학위논문.

박경일(2003). 사회복지기관의 TQM 진단평가. 한국사회복지행정학회 편. 한국의 사회복지행정. 서울: 현학사.

박미경(2009). 소방조직문화가 조직시민행동과 이직의도에 미치는 영향에 관한 연구. 전북대학교 경영대학원 석사학위논문.

보건복지부(2014). 보건복지통계연보.

손영아(2008). 사회복지사의 임파워먼트 수준에 영향을 미치는 직무관련 요인분석에 관한 연구: 지역사회복지기관 중심으로. 성결대학교 대학원 석사학위논문.

신복기 · 박경일 · 장중탁 · 이명현(2005). 사회복지행정론. 경기: 양서원.

안병영 · 정무권 · 신동면 · 양재진(2018). 복지국가와 사회복지정책. 서울: 다산출판사.

안윤정(2010). 직무관리 특성, 조직문화, 수행평가가 작업자의 개인작인신념에 미치는 영향. 경기대학교 대학원 박사학위논문.

우종모 · 김재호 · 조당호(2004). 사회복지행정론. 경기: 양서원.

원석조(2018). 사회복지행정론. 경기: 양서원.

이면우(1992). W이론을 만들자. 서울: 지식산업사.

이문국 · 이선우 · 이인재 · 남기철 · 정원오 · 김용득 · 윤정혜 · 신덕상 · 손병돈 · 송인규(2016). 사회복지개론. 경기: 광문각.

이상구 · 전남련 · 김갑용 · 석재은 · 김미자 · 이은화 · 이권일 · 오영식 · 김덕일(2009). 사회복지행정론. 경기: 학현사.

이성기 · 원석조(2018). 사회복지학개론. 경기: 양성원.

이영환(1989). 미군정기의 구호정책. 한국사회복지사론. 서울: 박영사.

이영희(2008). 사회복지기관장의 서번트 리더십이 사회복지사의 직무만족 및 조직몰입에 미치는 영향. 청주대학교 대학원 박사학위논문.

전해황(2016). 지역사회복지론. 서울: 양서원.

정무성(2005). 사회복지프로그램개발론. 경기: 학현사.

정수련(2011). 조직커뮤니케이션 만족, 조직문화 공유도가 조직유효성에 미치는 영향. 한양대학교 교육대학원 석사학위논문.

최성재 · 남기민(2016). 사회복지행정론. 경기: 나남.

하상락(1989). 한국사회복지사론. 서울: 박영사.

한국능률협회(2004). 직무분석 양성과정.

한국사회복지관협회(2004). 2004 사회복지관백서.

한국사회복지행정학회 편(2003). 한국의 사회복지행정. 서울: 현학사.

한용석(2011). 부하의 일-가정 갈등 및 충실화에 관한 상사의 인식이 직무성과평가에 미치는 영향에 관한 실증연구. 동국대학교 대학원 박사학위논문.

황성철(2003). 임파워먼트모델과 사회복지 조직관리. 한국사회복지행정학회 편. 한국의 사회복지행정. 서울: 현학사.

Austin, D. M. (2000). Social work and social welfare administration: A historical perspective. In R. J. Patti (Ed.), *The handbook of social welfare management*. Thousand Oaks, CA: Sage.

Austin, M, J., & Solomon, J. R. (2000). Managing the planning process. In R. J. Patti (Ed.), *The handbook of social welfare management*. Thousand Oaks, CA: Sage.

Bargal, D. (2000). The manager as leader. In R. J. Patti (Ed.), *The handbook of social welfare management*. Thousand Oaks, CA: Sage.

Bass, B. M. (1990). *Handbook of leadership: A survey of theory and research*.

New York: Free Press.

Benson, J. K. (1975). The interorganizational network as a political economy. *Administrativee Science Quarterly, 20.*

Burchardt, T., Hills, J., & Propper, C. (1999). *Private welfare and public policy.* New York: Joseph Rowntree Foundation.

Burns, J. M. (1978). *Leadership.* New York: Harper & Row.

Campbell, J. J., Dunnette, M. D., Lawler, E. E., & Weick, K. E. (1970). *Managerial behavoir, performance and effectiveness.* New York: McGraw-Hill.

Cohen A. C., & Rhodes, G. B. (1977). Social work supervision: A view toward leadership style and job orientation in education and practice. *Administration in Social Work, 1*(Fall).

Coulshed, V. (1990). *Management in social work.* London: Macmillan Publishing Co.

Dolgoff, R., & Feldstein, D. (2000). *Understanding social welfare* (5th ed.). Boston: Allyn and Bacon.

Drucker, P. F. (1990). *Managing nonprofit organization: Practices and principles.* New York: Harper Collins.

Ehlers, W. H. et al. (1976). *Administration for the human services management.* New York: Harper & Row.

Emerson, R. M. (1960). Power-depending relationship. *American Sociological Review, 25.*

Etzioni, A. (1964). *Modern organization.* Englewood Cliffs, NJ: Prentice-Hall.

Farrell, D. (1983). Exit, voice, loyalty, and neglect as responses to job dissatisfaction: A multidimensional scaling study. *Academy of Management Journal, 26*(4).

Fiedler, F. E. (1967). *A theory of leadership effectiveness.* New York: McGraw-Hill.

Flynn, J. (1985). *Social agency policy: Analysis and presentation for community practice.* Chicago: Nelson-Hall.

Fogg, D. C. (1994). *Team-based strategic planning: A complete guide to structuring, facilitating, and implementing the process.* New York: American

Management Association.

Freudenberger, H. J. (1974). Staff burnout. *Journal of Social Issues, 30,* 159-165.

Gates, B. L. (1980). *Social program administration: The implementation of social policy.* Englewood Cliffs, NJ: Prentice-Hall.

Gibelman, M. (2000). Structural and fiscal characteristics of social service agencies. In R. J. Patti (Ed.), *The handbook of social welfare management.* Thousand Oaks, CA: Sage.

Gilbert, N., & Specht, H. (Ed). (1981). *Handbook of the social services.* Englewood Cliffs, NJ: Prentice-Hall.

Gilbert, N., & Terrell, P. (2002). *Dimensions of social welfare policy* (5th ed.). Boston: Allyn and Bacon.

Glisson, C. (2000). Organizational culture and climate. In R. Patti (Ed.), *The handbook of social welfare management* (pp. 195-218). Thousand Oaks, CA: Sage.

Glisson, C., & Durick, M. (1988). Predictors of job satisfaction and organizational commitment in human service organizations. *Administrative Science Quarterly, 33*(1).

Grace, K. S. (1997). *Beyond fundraising: New strategies for nonprofit innovation and investment.* New York, NY: Wiley.

Hanlan, A. (1978). From social work to social administration. In S. Slavin (Ed.), *Social administration: The management of the social services.* New York: Hawarth Press.

Hasenfeld, Y. (1983). *Human service organization.* Englewood Cliffs, NJ: Prentice-Hall.

Hersey, P., & Blanchard, K. H. (1977). *Management of organizational behavior: Utilizing human resources.* Englewood Cliffs, NJ: Prentice-Hall.

House, R. J. (1971). A path goal theory of leader effectiveness. *Administrative Science Quarterly, 16,* 321-339.

House, R. J. (1976). A theory of charismatic leadership. In J. G. Hunt, & L. L. Larson (Eds.), *Leadership: The cutting edge.* Carbondale, Ill.: Southern Illinois University Press.

Johnson, D. P. (1981). *Sociological theory: Classical founder and contemporary perspectives*. New York: John Wiley & Sons.

Karger, H. J., & Stoesz, D. (2002). *American Social welfare policy: A pluralist approach* (4th ed.). Boston: Allyn and Bacon.

Kettner, P. M. (2002). *Achieving excellence in the management of human service organizations*. Boston: Allyn and Bacon.

Kindeigh, J. C. (1950). Social work administration-an area of social work practice? *Social Work Journal, 31*.

Koestler, A. (1979). *A summing up*. New York: Random House.

Koontz, H., & O'Donnell, C. (1976). *The basis of management*. New York: McGraw-Hill.

Kotler, P., & Keller, K. L. (2006). *Marketing management* (12th ed.). Upper Seddle River: Prentice-Hall.

Lipsky, M. (1980). *Street-level bureaucracy: Dilemmas of the individual in public services*. New York: Russell Sage Foundation.

Locke, E. A. (1976). The nature and causes of job satisfaction. In M. D. Dunnette (Ed.), *Handbook of industrial and organizational psychology*. Chicago: Rand McNally.

Lohmann, R. A. (1989). *Breaking even*. 신섭중 · 부성래 역. 사회복지기관의 재무. 서울: 대학출판사.

Luthans, F. (1998). *Organizational behaviour* (8th ed.). Boston: Irwin McGraw-Hill.

Maslach, C. (1976). Burn-out. *Human Behavior, 9*, 16-22.

Maslach, C. (1993). Burnout: A multidimensional perspective. In W. B. Schaufeli., C. Maslach, & T. Marek (Eds.), *Professional burnout: Recent developments and research* (pp. 19-32). Philadelphia, PA: Taylor & Francis.

Maslach, C., & Jackson, S. E. (1981). The measurement of experienced burnout. *Journal of Organizational Behavior, 2*, 99-113.

Maslach, C., Jackson, S. E., & Leiter, M. P. (1996). *MBI: The maslach burnout inventory manual*. Palo Alto, CA: Consulting Psychologists Press.

Maslach, C., Schaufeli, W. B., & Leiter, M. P. (2001). Job burnout. *Annual Review of Psychology, 52*.

McGregor, D. (1966). *The human side of enterprise*. New York: McGraw-Hill.

Mullis, S. (1978). Management applications to the welfare system. In S. Slavin (Ed.), *Social administration: The management of the social services*. New York: Hawarth Press.

Netting, F. E., Kettner, P. M., & McMurtry, S. L. (2004). *Social work macro practice* (3rd ed.). Boston: Allyn and Bacon.

Noe, R. A., Hollenbeck, J. R., Gerhart, B., & Wright, P. M. (1997). *Human resource management* (2nd ed.). New York: Irwin.

Patti, R. J. (1983). *Social welfare administration: Managing social programs in a developmental context*. Englewood Cliffs, NJ: Prentice-Hall.

Patti, R. J. (2000). The landscape of social welfare administration. In R. J. Patti (Ed.), *The handbook of social welfare management*. Thousand Oaks, CA: Sage.

Patti, R. J., Rapp, C. A. Poertner, J. (Eds). (1988). *Managing for service effectiveness in social welfare organization*. New York: Harworth.

Pecora, P. J., & Wagner, M. (2000). Managing personnel. In R. J. Patti (Ed.), *The handbook of social welfare management*. Thousand Oaks, CA: Sage.

Rubin, A. (1987). Case management. *Encyclopedia of social work*. New York: NASW.

Rubin, A., & Babbie, E. (2008). *Research methods for social work* (6th ed.). Belmont, CA: Thomson.

Rubin, H. J., & Rubin, I. (1986). *Community organizing and development*. Columbus: Merrill.

Rutman, L. (1984). *Evaluation research methods: A basic guide*. Thousand Oaks, CA: Sage Publications.

Schoech, D. (2000). Managing information for decision making. In R. J. Patti (Ed.), *The handbook of social welfare management*. Thousand Oaks, CA: Sage.

Siegel, G. B. (1996). Job analysis in the TQM environment. *Public Personal Management, 25*.

Skidmore, R. (1990). *Social work administration*. Englewood Cliffs, NJ: Prentice-Hall.

Smith, G. (1984). *Social work and the sociology of organization.* 장인협 역. 사회복지조직론. 서울: 집문당.

Solomon, B. (1976). *Black empowerment.* New York: Columbia Univ. Press.

Spector, P. E. (1997). *Job satisfaction: Application, assessment, causes, and consequences.* Thousand Oaks: Sage Publications.

Spencer, S. (1959). *The administration method in social work education.* New York: CSWE.

Stein, H. (1965). Administration. *Encyclopedia of social work.* New York: NASW.

Syptak, J. M., Marsland, D. W., & Ulmer, D. (1999). Job Satisfaction: Putting theory into practice. *Family practice management.* http://www.aafp.org/fpm/991000fm/ 26.html.

Thompson, J. D. (1967). *Industrial organization.* New York: McGraw-Hill.

Thompson, V. A. (1961). *Modern organization.* New York: Knopf.

Trecker, H. B. (1971). *Social work administration: Principles and practices.* New York: Association Press.

UNDP(2009). *Handbook on planning, monitoring and evaluating for development results.* New York: UNDP.

Watson, K. W. (1973). Differential supervision. *Social Work, 18*(Nov).

Weiner, M. E. (1990). *Human service management: Analysis and applications* (2nd ed.). Belmont, CA: Wadsworth Publishing Co.

Zastrow, C. (2000). *Social problems: Issues and solutions* (5th ed.). Belmont: Wadsworth.

Zhou, J., & George, J. (2001). When job dissatisfaction leads to creativity: Encouraging the expression of voice. *The academy of management journal, 44*(4).

Zietz, D., & Erlich, J. L. (1984). Confronting burn out and job satisfaction. In F. M. Cox et al. (Eds.), *Tactics and techniques of community practice* (2nd ed.). Itasca, Il: Peacock. House.

찾아보기

[인명]

[내용]

저자 소개

이성기(Lee Sung Kee)

서울대학교 및 동 대학원 행정학 석사, 사회복지학 박사
한국사회복지정책학회 회장
전국사회복지대학원장협의회 초대회장
김해시종합사회복지관 관장
김해시지역자활센터 센터장
김해시다문화가족지원센터 센터장
경남사회복지위원회 위원장
인제대학교 사회복지학과 교수, 사회복지대학원 원장
인제대학교 명예특임교수

〈저서〉
OECD국가의 사회보장제도 비교연구(1996, 한국보건사회연구원)
현대사회의 자원봉사론(공저, 1997, 유풍출판사)
한국의 사회복지(공저, 2002, 유풍출판사)
21세기 사회복지정책(공저, 2002, 청목출판사)
사회복지학개론: 원리와 실제(3판, 공저, 2016, 학지사)
사회문제론(공저, 2016, 공동체)
사회복지학개론(공저, 2018, 양성원)
중국 사회복지의 역사(공저, 2018, 공동체)
사회보장론(공저, 2019, 공동체)

사회복지행정론

Social Welfare Administration

2019년 2월 20일 1판 1쇄 인쇄
2019년 2월 25일 1판 1쇄 발행

지은이 • 이성기
펴낸이 • 김진환
펴낸곳 • (주) 학지사
04031 서울특별시 마포구 양화로 15길 20 마인드월드빌딩
대표전화 • 02)330-5114 팩스 • 02)324-2345
등록번호 • 제313-2006-000265호

홈페이지 • http://www.hakjisa.co.kr
페이스북 • https://www.facebook.com/hakjisa

ISBN 978-89-997-9257-1 93330

정가 18,000원

이 도서의 국립중앙도서관 출판시도서목록(CIP)은 서지정보유통지원시스템 홈페이지(http://seoji.nl.go.kr)와 국가자료공동목록시스템(http://www.nl.go.kr/kolisnet)에서 이용하실 수 있습니다.
(CIP 제어번호: CIP2019004720)